아동문학교육

아동문학교육

하연희 · 김초롱 · 석선화 · 오성숙 · 윤혜원 공저

동문사

머리말

아이들은 이야기 속에서 자랍니다.

어릴 적 밤하늘을 올려다보며 동화 속 주인공을 떠올리던 순간, 마음을 울리던 한 줄의 시, 모험과 용기가 가득했던 책 한 권이 만들어낸 상상의 나래는 우리 삶에 잊을 수 없는 흔적으로 남아 있습니다. 그러나 현대의 아이들은 점점 이야기에서 멀어지고 있습니다. 손끝을 스치는 전자매체의 자극과 끊임없이 변화하는 화면은 아이들에게 쉽게 스며들지만, 진정한 울림을 주는 깊은 이야기를 경험할 기회를 빼앗아가고 있습니다.

문학은 단순히 읽고 쓰는 기술을 넘어, 마음을 어루만지고 세상을 바라보는 창을 열어줍니다. 문학 속 이야기는 아이들에게 타인의 감정을 이해하는 공감능력을 심어주고, 나 자신을 넘어선 더 큰 세계를 꿈꿀 수 있는 상상력을 길러줍니다. 또한, 문학은 아이들의 마음에 깊이 스며들어 감동과 치유를 가져다주는 힘이 있습니다. 그 힘은 단순히 지식을 전달하는 것을 넘어, 아이들의 내면을 풍요롭게 하고, 건강한 사회적 관계를 맺는 데 중요한 밑거름이 됩니다.

이러한 문학의 가치는 특히 유아교육 현장에서 더욱 빛을 발합니다. 유아교사는 단순히 지식을 전달하는 존재가 아니라, 아이들의 삶에 따뜻한 흔적을 남길 수 있는 사람입니다. 아이들에게 책을 읽어주고, 문학적 이야기를 함께 나누는 순간들은 단순히 시간의 흐름이 아니라 아이들 마음속에 희망과 용기를 새겨 넣는 특별한 시간이 됩니다. 이 책은 예비 유아교사들이 교육현장에서 문학을 통해 아이들의 마음을 어루만지고, 따뜻한 메시지를 전달하며, 아이들의 성장과 발달을 돕는 역량을 기르는 데 도움이 되고자 합니다.

책 속에서 만나는 문학적 세계는 아이들에게 무한한 가능성을 열어줍니다. 그 속에서 아이들은 사랑, 희망, 용기, 그리고 공감을 배우며 자신의 내면을 탐색하게 됩니다. 예비 유아교사들에게는 이 문학적 세계를 아이들에게 연결해 주는 다리가 되는 책임이 주어집니다. 이 책은 그 다리를 튼튼히 놓을 수 있도록 돕고자 하는 열망으로 만들어졌습니다. 문학으로 아이들의 마음을 어루만지며, 문학의 힘을 통해 아이들이 더 따뜻하고 아름다운 세계를 만날 수 있도록 하는 유능한 교사로 성장하기를 간절히 바랍니다.

아이들의 손을 잡고, 문학이라는 따뜻한 빛의 길로 함께 걸어가기를 꿈꾸며, 이 책이 교육의 현장과 아이들의 삶 속에서 빛나는 길잡이가 되기를 소망합니다.

2024년 12월 유난히 추운 어느 겨울날

저자 일동

차 례

PART 2

문학으로 배우기

PART 3

실제편: 문학으로 놀기

PART 1

문학 알기

Chapter 1

아동문학의 기초

학습목표

- 문학에 대한 이해를 통해 아동문학의 개념과 특성을 안다.
- 아동문학의 구성요소에 대해 이해한다.
- 아동문학의 교육적 가치를 설명할 수 있다.

생각 열기

- '문학' 하면 떠오르는 것이 무엇인가요?
- 내가 경험했던 '문학'은 어떤 것인가요?
- '문학'이란 무엇인가요?
- 다음 사진을 보고 간단한 글을 지어보세요.

1. 문학에 대한 이해

1) 문학의 개념

사람들은 어려서부터 일상생활과 학업과정에서 많은 문학적 경험을 해오고 있다. 우리 인간에게 문학은 어린 시절부터 가장 순수하게 즐거움을 누릴 수 있게 해주는 것이며, 지적 발달을 도모하고 정서, 심미성, 상상력, 도덕성, 사회성 등 여러 영역 발달에 큰 영향을 미친다.

문학이란 예로부터 학문이라는 뜻으로 사용하는 경우가 많았다. 그러나 점차 그 의미가 한정되어 자연과학이나 정치 · 법률 · 경제 등과 같은 학문 이외의 학문, 즉 순수문학 · 철학 · 역사학 · 사회학 · 언어학 등을 총칭하는 언어가 되었으며, 오늘날에는 문학이란 문예와 같은 의미가 되어 다른 예술, 즉 음악 · 회화 · 무용 등의 예술과 구별된다. 문학(literature)의 어원을 살펴보면 라틴어의 문자(文字)라는 'litera'에서 유래된 것으로 'litera'는 'letter'라는 의미이다. 표준어국어대사전(2024)에서는 문학(literature, 文學)을 사상이나 감정을 언어로 표현한 예술 또는 그런 작품으로서 시, 소설, 희곡, 수필, 평론 등을 포함한다고 정의한다. 즉, 문학은 인간의 삶과 세계를 문자로 표현한 학문이자 예술이며, 인간의 생각이나 느낌을 언어체계로 표현하여 읽는 사람으로 하여금 즐거움과 감동을 경험하게 하고 세계를 이해하는 관점에 영향을 미치는 언어예술의 총체라 할 수 있다(정경미, 조메리명희, 2021).

언어는 문학의 중요한 매개로 사용되며 문학에서의 언어는 일반적인 언어와는 다른 특별한 특성을 가진다. 문학은 본질적으로 작가의 사상과 정서가 형식

있는 상상력을 통해 나타난 예술성이며, 일정 부분 독자에게 의존된 특성을 가진다. 문학은 문학성을 가지며 이는 문학의 중요 가치이다. 문학성은 문학작품으로서의 예술성으로 문학을 문학답게 한다. '문학답다'는 것은 작가의 상상력에 의해 조직화된 언어가 독자로 하여금 이성적 해석이 아닌 감성에 울림을 주어 깨달음 혹은 즐거움에 이르도록 하였다는 의미이다(정경미, 조메리명희, 2021). 즉, 문학성은 언어적 체계를 기반으로 하는 예술적 조직과 표현을 통해 작가가 전하려는 메시지를 독자에게 전달하면서 감흥을 일으키는 문학의 중요한 가치인 것이다.

문학(literature, 文學)은 인간의 삶과 문학을 어떻게 보는가에 따라 형식과 내용이 달리 표현되며 그 정의도 다양한 관점으로 제시하고 있다.

심성경, 이선경, 김경의, 이효숙, 김나림, 허은주(2015)는 다음과 같은 네 가지 관점을 제시하고 있다.

첫째, 문학을 인간의 삶과 연관지어 보는 관점이다. 이 관점은 문학을 인간이 살아가는 삶의 언어적 표현으로 정의한다(김대제, 1996). 문학은 인간의 삶을 언어로 세밀하게 구성하는 것으로, 언어를 통해서 실감 있는 세계, 즉 리얼리티가 있는 세계를 만들어서 전달하는 것으로 정의된다(松居直, 2003). 그러나 인간의 삶을 언어로 표현한 글 중에서는 실제 상황이나 논리, 과학적인 측면이 강조된 것도 있지만 정서적이고 상상적인 표현이 강조된 것도 있다.

둘째, 문학을 작가의 상상력에서 비롯된 작품으로 보는 관점이다. 이 관점은 문학을 작가의 상상력이 만들어 낸 것으로 보아 허구성과 창조성을 강조한다.

셋째, 문학을 예술작품으로 보는 관점이다. 이 관점은 인간의 사상과 감정을 예술적으로 나타낸 말이나 글을 문학이라고 본다. 즉, 언어를 통해 연결하고 구성하고 더 나아가 세련되게 다듬어서 만들어낸 예술이 문학이라는 것이다(松居直, 2003).

넷째, 문학을 사회 · 문화적 요소의 산물로 보는 관점이다. 이 관점은 문학을 한 개인의 탄생에서 죽음에 이르기까지 삶의 의미를 결정짓는 중요한 사회 ·

문화적 유산의 하나로 본다. 문학적 경험을 통해 인간은 삶의 역사와 미래, 기쁨과 슬픔, 아름다움과 추함을 알게 된다는 것이다.

관점	정의
인간 삶의 언어적 표현	언어를 통해서 실감 있는 세계, 즉 리얼리티가 있는 세계를 만들어서 전달하는 것
작가의 상상력	문학을 작가의 상상력이 만들어 낸 것으로 보아 허구성과 창조성을 강조
예술작품	인간의 사상과 감정을 예술적으로 나타낸 말이나 글. 언어를 통해 연결하고 구성하고 나아가 세련되게 다듬어 만들어낸 예술
사회 · 문화적 요소의 산물	한 개인의 탄생에서 죽음에 이르기까지 삶의 의미를 결정짓는 중요한 사회 · 문화적 유산

이상의 개념들과 관점들을 정리하면, 문학이란 인간 삶의 가치 있는 경험과 세계를 상상력을 통해 짜임새 있는 언어로 표현하여 즐거움과 감동을 경험하게 하는 학문이자 섬세하고 총체적인 예술로 시, 소설, 희곡, 수필 등을 포함한다고 정의할 수 있다.

2) 문학의 기원

문학은 문학만이 가지는 고유한 특성과 본질이 있으며 이를 '문학성'이라고 한다. 먼저, 문학의 특성은 '감동'이다. 감동은 어떤 사실을 인식하는 지적인 것이 아닌 감성적인 것에 기반한다. 많은 사람들이 책을 읽으며 기쁨, 슬픔, 분노 등의 다양한 정서를 느끼게 되는 것이다. 다음으로, 문학의 본질은 '창조적 상상'이다. 베이컨(F. Bacon)은 문학이 이성보다 상상력과 밀접한 관계가 있으며 철학은 이성이고 문학은 상상력의 산물이라 하였다.

그렇다면 이러한 문학은 왜 생겨난 것이며 발전된 것일까? 문학의 기원에 대해 인간의 내적 동기에 의해 발생되었다는 심리학적 기원설과 외적 동기에 의해 발생되었다는 사회학적 기원설이 있다.

첫째, 문학의 심리학적 기원설에는 모방 충동설과 유희 충동설이 있다. 모방 충동설은 인간의 모방 충동으로 문학이 발생했다고 본다. 플라톤에서 시작하여 아리스토텔레스에 의해 발전된 모방 충동설은 18세기에 이르기까지 유럽의 문학과 예술에 영향을 끼쳤다. 이데아 사상을 설파했던 플라톤(Platon)은 모방의 관점으로 문학을 바라보면서 예술가들이 문학을 통해 허상의 세계를 소개하고 묘사한다고 비판하였다. 그는 예술가들이 이데아를 혼돈시키고 왜곡시킨다고 하여 문학과 예술가의 가치를 인정하지 않았다. 반면, 아리스토텔레스(Aristoteles)는 스승인 플라톤의 모방 충동 발상에 대한 관점을 달리하여 모방이야말로 예술을 창조하는 원동력이라고 보고 인간의 모방 본능을 충족시키는 예술의 가치를 수용하였다. 유희 충동설은 인간의 유희 충동으로 문학이 발생했다고 본다. 칸트(Kant)는 예술이 인간의 자유로운 정신 활동의 산물이고 그 자유가 예술 작품의 생명력이라고 보았다. 인간은 유희로서 목적성 없이 예술을 즐기고 그 과정에는 인간의 자유로운 정신이 작용하지만 예술적 결과물이 탄생하는 것은 이성적 사고가 개입된다고 하였다.

둘째, 사회학적 기원설은 실용적인 동기에서 문학이 발생했다고 본다. 20세기에 헌(Y. Hirn)과 그로세(E. Grosse)와 같은 학자들은 모든 예술 현상이 사회성을 지닌다고 주장하였다. 그로세는 「예술의 기원(Die Anfängeder Kunst)」(1894)에서 예술의 실용성에 대해 설명하면서 예술은 유희 이상으로 삶과 직결된 문제를 해결하는 등의 실제적 역할을 한다고 보았다. 예를 들어, 무기나 기구 등에 새겨진 조각이나 편물 등은 순수하고 심미적인 예술 충동의 산물이 아니며 부족의 상징이나 주인의 부호 등 실제적 의미를 가진다. 이러한 예는 고대 벽화나 무용, 서적 등에서도 발견되는데 일상생활이나 수렵과 채집 방법을 후대에 전수하는 등 사회적 성취와 목적을 이루는 실용적 방편으로 예술현상이 나타났다는 것을 보여준다.

언어예술의 총체인 문학은 모방과 유희 충동 이상의 사회적 필요와 실용적 기능을 지닌다. 우리나라에서도 전래동요는 누구에 의해 만들어지고 전해졌는지 알 수 없는 것이 대부분이다. 그러나 그 속에 누군가의 자유로움과 즐거움에서 창작된 예술적 결과물로 우리 사회에 남아 노동요, 주술요, 유희요 등 다양하게 삶 속에 전해지고 있다. 문학의 심리학적 기원설과 사회학적 기원설은 시대에 따라 다르게 나타나고 있지만, 문학의 가치와 효용 면에서 두 기원설이 모두 받아들여지고 있다.

3) 문학교육

문학은 가르칠 수 있는 것인가? 지금까지 교육현장에서의 문학교육은 문학작품 위주로 그 작품을 감상하고 내용과 구조를 이해하는 인지적 방법으로 대부분 이루어져 왔다. 문학은 언어라는 매체로 이뤄진 예술이므로 외부로부터의 지도에 의해 이루어지기보다는 자신 내부의 감수성으로부터 받아들여져 표현되는 것이라 볼 때 교육적 측면보다는 문학적 측면이 강조되어야 한다. 그러나 앞서 말한 바와 같이 지금까지 교육현장에서는 교사의 의도하에 문학적 활동이 이루어지고 있으며 교육적 측면이 강조되고 있다. 이제는 문학교육이 문학이 가지고 있는 예술성, 창조성, 감수성을 문학적 경험을 통하여 자연스럽게 문학성을 키워나가도록 지원하는 측면으로 강조되어야 한다. 문학교육은 교수자의 의도보다는 학습자의 자발적 의도가 중시되어야 한다.

고대로부터 전통적으로 교과로 가르쳐온 문학교육은 아동교육의 현장에서도 문학작품을 통하여 언어나 지식의 이해, 정서, 사회성 등 발달 및 교육의 많은 부분을 차지하고 있다. 문학교육은 문학경험이 바람직하게 이루어지기 위한 잠재적·의도적 과정 및 결과이며, 이를 통해 문학성이 발달되기를 기대한다. 즉, 문학교육은 문학작품을 바르게 이해하고 감상하는 능력을 길러 풍부하고 다양한 문학적 체험을 하게 하고, 이를 통해 심미성과 인간에 대한 통찰력을 길러 바람직한 인간상을 형성하도록 지원하는 것이다. 그러하기에 문학교육은 크게 두 가지 관점으로 이해되어야 한다. 하나는 적절한 문학적 경험을 통하여 자연스러운 배움이 일어나도록 하는 것이며, 다른 하나는 문학의 교육적 효과 증대를 위해 문학작품을 이해하고 감상하며 평가하는 능력과 지식을 갖게 해 주는 것이다.

문학교육의 의의는 문학개념의 이해, 문학작품의 이해, 감상, 해석, 평가하는 능력을 향상시키는 데 도움을 주어 미적 감수성을 세련시키며, 문학적 상상력을 발달시켜 인간의 다양한 양상을 경험하게 함으로써 가치로운 인간의 삶을 살도록 하는 데 있다.

2. 아동문학에 대한 이해

1) 아동문학의 개념

아동문학은 아동을 독자로 하는 문학으로 내용면이나 형식면에서 아동에게 읽히는 문학이며 아동이 읽어야 할 문학이다. 그러나 성인도 영원한 영혼의 고향인 동심의 세계를 잊을 수 없기 때문에 아동만이 독자가 아니므로 아동문학의 독자는 협의로는 아동이나, 광의로는 동심적 성인도 포함된다(국어국문학자료사전, 1998, 이응백, 김원경, 김선풍). 대개 아동문학은 태어나면서부터 초등학교 6학년까지 아동을 대상으로 하는 문학적 · 예술적 기준을 충족시키는 특수문학을 의미한다. 그러나 대상을 확장하여 보면 작가가 아동이나 동심의 세계를 추억하는 성인에게 읽힐 목적으로 창작된 시, 동화, 소설, 희곡 등을 총칭한다. 즉, 아동문학은 작가가 아동에게 읽힐 것을 목적으로 창작한 특수문학으로 동요, 동시, 아동소설, 아동극 장르를 총칭한 명칭이다. 아동문학은 아동을 위하는 작가의 적극적인 의도가 포함되어야 하며 문학으로서 예술적 형상화의 방식으로 심미적 인식을 독자에게 전달할 수 있어야 한다. 또한 더 세분화하면 아동문학은 유아문학과 구분될 수 있다. 유아문학은 그 대상인 출생에서부터 취학 전 유아의 발달특성을 고려한 내용과 형식을 갖춘 문학으로 유아문학은 출생에서부터 8세까지의 유아를 위한 문학으로 형식과 내용에서 흥미성, 발달적 특성, 문학성, 예술성, 교육성을 갖춘 문학이라 정의할 수 있다.

	아동문학	유아문학
대상	출생 ~ 초등학교 6학년	출생 ~ 취학 전
특징	동심의 세계에 기초 꿈과 현실이 동반 아동이 이해하기 쉬운 형식과 내용 독자의 계층 다양성으로 폭넓은 난이도	동심의 세계에 기초 삶의 실체와 상상의 세계 경험 그림을 동반하는 형식과 내용 단순 명쾌 반복적인 쉬운 난이도

정리하면, 아동문학은 어린이들이 읽고 즐길 수 있도록 작성된 문학작품이며. 아동의 발달 단계와 감성, 이해력에 맞추어 주로 단순한 언어와 이야기 전개 방식으로 구성되고, 아동이 공감할 수 있는 주제와 상황을 내용으로 한다. 또한 아동문학은 이야기의 재미를 제공하는 것 외에도 정서적, 인지적 발달을 돕고 교육적, 도덕적 가치에 대한 이해를 돕는 중요한 역할을 한다.

2) 아동문학의 특성

아동문학은 아동의 발달적 측면과 심리적 측면을 고려하는 특성을 가진 문학이다. 아동문학은 아동의 현재 상황과 관련이 있어야 하며 모험적이고 유머가 있으며 희망을 담고 있는 내용이어야 하고 다양한 방식을 조화롭게 표현되어야 한다. 이러한 특수성을 가진 아동문학의 특성을 문학성, 예술성, 교육성, 발달심리성으로 살펴볼 수 있다.

(1) 문학적 특성

일반적으로 좋은 구성을 가진 이야기는 논리적이어서 독자가 이야기를 쉽게 이해하고 몰입하여 이야기를 잘 기억하게 하며 재미 또한 느끼게 하는 흥미 요소도 있다.

이야기의 3요소는 인물, 사건, 행위라 할 수 있고, 문학의 4대 요소는 정서,

사상, 상상, 형식이라 할 수 있다. 정서는 마음에서 일어나는 다양한 움직임, 사상은 작가의 가치관과 인생관, 상상은 창조력 및 독자성의 바탕, 형식은 갖추어야 할 언어적 토대이다. 문학을 구성하는 요소는 주제와 소재, 등장인물, 플롯, 배경, 문체이다. 아동문학도 이러한 문학의 구성요소를 갖추지만 성인문학과는 다른 특성을 가진다. 아동문학의 구성요소를 자세히 살펴보면 다음과 같다.

첫째, 주제(theme)는 이야기 속에 들어 있는 핵심 생각이다. 주제는 이야기의 가장 중요한 부분이고 작가의 목적을 나타낸다. 독자가 문학작품을 읽고 난 후 중요하게 받아들일 수 있는 주된 내용으로 주제가 불분명한 작품은 좋은 작품이라 할 수 없다. 아동문학에서 다루어지는 주제는 심각할 필요는 없으나 중요한 본질을 담고 있어서 단순하지만 전 세계적으로 보편타당한 진리를 담고 있어야 한다(박선희, 김현희, 2014). 아동문학의 주제는 어린이들이 쉽게 공감할 수 있는 이야기나 가치들을 중심으로 도덕적 교훈이나 사회적 가치를 전달하는 데 초점을 맞추며, 어린이들의 성장과 발달에 도움이 되는 우정, 용기, 정직, 가족애, 환경 보호 등과 같은 주제가 많다.

칼데콧상 수상도서 58권의 특성을 분석한 서정숙(1995)은 칼데콧상을 받은 책의 주제를 종류와 시대별로 나누어 분석하였는데, 그 종류에는 인간의 심성이나 심리 등 인간이 가지고 있는 여러 면모를 주제로 한 것이 가장 많았고(21권), 다음으로 지혜나 끈기 또는 인내를 통해 문제와 위기를 극복한 것(12권) 그리고 자연을 주제로 한 것(8권), 특정 시대나 장소에서의 생활이나 전통에 대한 것(6권) 등이 있었다.

둘째, 등장인물(Characters)은 이야기 속에 등장하는 다양한 인물이다. 등장인물은 사건의 주인공이 되는 주인공과 주인공의 대립자나 조력자 등의 보조 인물로 나뉜다. 또한 인물의 성격이 이야기가 진행되면서 변화했느냐에 따라 단순한(flat) 혹은 평면적 등장인물과 다면적 혹은 입체적(round) 등장인물로 나눌 수도 있다. 단순한 인물은 조연급의 등장인물로서 이야기가 진행되면서 한 가지 성격 특성만 나타나고 전형적인 인물로 묘사되는 경우가 많다. 예를 들어, 마음씨 나쁜 계모, 개구쟁이 남자애, 권위적인 선생님 등 어떤 사람의 한 가지 측면만 부각되어 나타나는 것이다. 반면에 다면적 인물은 등장인물의 성격이 단순하지 않고 여러 가지 다양한 면을 보여 주며 충분히 발달된 성격을 지니고 있어서 감정의 다양한 폭, 즉 기쁨, 슬픔, 걱정, 신뢰감, 낙심 등을 경험한다 (Russell, 2005). 주로 다면적 인물이 주인공이 되고 보조 인물들과 상호작용하며 관계를 맺어나가는 경우가 많다. 아동문학에서 등장인물은 주제를 나타내주기도 하고 사건을 진행하거나 확장시켜 나간다. 아동문학에서 등장인물은 사람만이 아니라 의인화된 동물, 물건, 장난감 등이기도 하며 이들이 경험하는 성장, 갈등, 해결 과정을 통해 이야기가 전개된다. 또한 아동문학에서 등장하는 인물들은 어린이들이 쉽게 이해할 수 있는 성격을 가지고 있으며, 종종 구체적이고 직관적인 특징을 가지면서 등장인물의 성격이나 행동은 이야기의 교훈과 직결되기도 한다.

셋째, 플롯(plot)은 이야기 속에서 일어나는 일과 사건들이 전개되는 순서다. 잘 쓰인 문학작품의 플롯은 독자의 흥미를 불러일으키는 갈등과 긴장감과 줄거리를 잘 만들어 낸다. 플롯의 가장 중요한 측면을 갈등이라 할 수 있으며 갈등은 다른 사람과의 개인적 갈등, 사회와의 갈등, 자연과의 갈등, 자신과의 갈등 등이 있다. 아동문학의 구성은 일반적으로 발달→전개→위기(절정)→결말로 이루어져 있다. 특히 유아를 위한 그림책의 플롯은 간단한 발단으로 시작하여 이야기가 경쾌하게 전개되다가 절정에 이르러 빨리 만족스러운 결말을 맺는 점진적 플롯(progressive plot)이 주를 이룬다. 그리고 이러한 플롯은 명확하고 만족스러워야 하며, 유머가 있어야 하고, 지나치게 감상적(sentimentalism)이지도 않고, 갈등을 해결하거나 교훈을 강조하기 위해 작위적으로 우연성을 남발해서도 안 된다. 아동문학에서는 갈등과 해결의 과정이 중요하며, 주인공이 문제를 해결하는 과정을 통해 성장하고 교훈을 얻는 구조가 많으며 이를 통해 아동들에게 긍정적이고 희망적인 메시지를 전달한다.

넷째, 배경(setting)은 이야기가 진행되는 시간적인 요소와 공간적인 요소이다. 이러한 배경은 이야기가 전개되는 시대와 장소를 알려주고 등장인물들의 삶의 형식과 문화적인 면을 이해할 수 있게 해준다. 시간적인 요소에서 사실동화의 경우는 주로 작가가 글을 쓰는 시기인 현재가 되고, 역사동화나 전기의 경우는 주로 작가가 생존하기 전 시대인 역사적으로 중요한 어느 시점으로 묘사된다. 그러나 환상동화나 공상과학동화에서는 시공을 초월하여 시간도 과거 · 현재 · 미래를 마음대로 드나든다. 아동문학에서 배경은 주로 아동들이 상상력을 발휘할 수 있는 장소와 시간대로 설정된다. 예를 들어, 숲속, 마법의 세계, 동화적인 왕국 등 현실적이지 않거나, 현실과 상상이 결합된 장소들이 자주 등장한다. 이러한 배경은 인물의 행동과 갈등을 촉진하고, 독자가 이야기 속에 몰입할 수 있도록 돕는 요소이다.

다섯째, 문체(style, language)는 작가가 말하고자 하는 것을 나타낼 때의 표현방식으로 언어의 사용, 단어의 선택, 문장의 구성 그리고 상징과 관련이 된다. 작가가 선택한 단어의 총체인 문체는 작품을 보다 쉽게 읽을 수 있도록 돕고 그 내용을 이해하는 데 도움을 준다. 이러한 문체는 작가가 어떻게 언어를 사용하는지 그 방법들을 생각해 볼 수 있는데, 함축(connotation), 상징(imagery), 비유적 언어(figurative language; 의인화, 직유, 은유)와 과장(hyperbole), 축소(understatement), 암시(allusion), 언어놀이 등이 있다. 언어는 쉽고 재미있게 읽을 수 있는 음악과 같은 것이며, 상상 속에서 자기만의 그림을 그려나갈 수 있도록 하는 언어의 창조과정이라고 할 수 있다(채종옥 · 이경화 · 김소양, 2010). 아동문학에서 문체는 리듬감이 있고 반복이 많으며 즐거워야 한다. 의성어, 의태어, 각운법, 두운법, 리듬처럼 소리를 이용해서 문체에 변화를 주고 아동에게 즐거움을 줄 수 있어야 한다. 아동문학에서 문체와 언어는 아동의 발달과 이해 수준에 맞추어 간단하고 명확한 단어와 문장 구조를 선택하는 기준이 되며, 발음이나 음성적 효과를 활용하여 운율이나 반복적인 표현을 자주 사용하게 되면 아동의 기억에 오래 남고 이야기를 더욱 흥미롭고 즐겁게 만든다. 이러한 반복적 요소가 이야기를 전개해가는 데 리듬감을 주게 되고 아동들은 이러한 문체를 흥미로워한다. 하지만 문학 속의 반복은 단순한 되풀이가 아닌 기존의 의미에 의미를 점차 더해가는 반복을 의미하므로 이야기의 진행에 따라 박진감과 긴장감이 점진적으로 고조되도록 도와주는 역할을 한다. 따라서 아동문학에서 사용되는 문체와 언어적 표현은 유아들이 이해하기 쉬운 어휘를 사용하되 호기심을 불러일으키고 사고력을 활성화시켜 주는 의문문형이나 창의력과 상상력을 불러일으키는 언어로 표현하는 것이 바람직하다.

(2) 예술적 특성

문학은 언어로 창조한 예술이다. 작가가 뛰어난 상상력으로 언어를 사용해서 형상을 만들어내기 때문이다. 아동문학은 문학성과 같이 감동이 있어야 한다. 아동문학이 감동을 유발하기 위해서는 문학적 표현을 바탕으로 한 예술성을 확보해야 한다. 아동문학을 연구하는 예술적 접근(artistic approach)에 대하여 러셀(2005)은 문학을 미술이나 건축, 조각과 음악처럼 하나의 예술형식으로 보고자 하였다. 글을 쓰는 작가도 음악가나 미술가처럼 문학작품을 만들기 위해 단어와 여러 가지 기술들을 동원한다. 그리고 피조물 중에서 예술을 창조하고 사랑할 수 있는 유일한 존재인 인간은 시나 소설을 볼 때 우리의 지성과 감성과 온 마음을 다해 반응하고 사랑해야 하며, 그러한 문학에 대한 사랑을 우리 자신 속에 소중히 간직해야 하고, 우리 자녀들에게도 그 사랑을 길러 주어야 한다고 주장했다. 아동문학은 아동의 눈높이에서 대화하고 함께 여행하며 즐길 수 있어야 한다. 이를 위해 그림을 많이 활용하기에 그림은 이야기의 전개에 따른 분위기와 느낌을 잘 담고 있어야 한다. 아동문학은 이야기와 그림의 조화로운 결합에 의해 문학성과 예술성이 나타나므로 폭넓은 예술적 양식과 다양한 매체와 기법을 활용하여 아동들의 심미성을 길러 줄 수 있다.

(3) 교육적 특성

아동문학은 아동을 대상으로 한다는 점에서 그 내용이 선한 것을 다루어야 하며 교육적이어야 한다. 아동문학의 궁극적인 목표는 육체적, 정신적, 그리고 사회적으로 미성숙한 유아를 건전한 사회적 인간으로 성장시키는 데 중요한 가치가 있다(장혜순, 1997). 아동문학은 교육성을 염두에 두지만 교육성이 아동문학 특성의 한 요소일 뿐 전체가 되어서는 안 된다. 교육성은 작품의 주제로 나타나며, 겉으로 드러나 있으면 흥미성을 잃어버리게 되므로 작품 속에 내재되어 있어야 한다. 교육적인 책은 아동이 성숙해지는 데 도움이 되며 우리가 살고 있는 인간세계와 자연세계, 상상의 세계가 저자와 삽화가의 독창적인 예술적 해석에 의해 잘 나타나 있어야 한다. 지식과 정보를 주입하는 책보다는 감동을 주는 책이 바람직하다. 그러나 아동들의 흥미성을 고려하여 교육성을 간과해서는 안 되는 것이다. 아동문학은 문학적 태도, 감성발달, 심미성 발달 등이 우선되어야 하기에 직접적인 교훈을 제시하지 않더라도 등장인물들의 태도나 행동을 통해 교육적 효과를 얻을 수 있다.

(4) 발달심리적 특성

아동의 발달특성을 고려하는 아동문학에서는 글과 그림뿐 아니라 원작의 의도를 잘 반영하는 다양한 문학교수매체도 의사전달의 중요한 역할을 한다. 아동들은 발달특성상 문해력이 낮으며 인지능력도 낮아 문학을 이해하고 표현하기 위해서 언어에만 의존하지 않고 그림, 몸짓 등 다양한 문학적 표상을 활용한다. 아동의 발달적 특성을 고려하는 책들은 인지적 개념, 자아개념, 사회적 기술, 도덕성, 창의성 등의 발달이 이루어질 수 있도록 꿈과 실재의 조화, 정서적 카타르시스, 지적 호기심 충족 등의 요소를 담고 있다.

3) 아동문학의 가치

문학작품에는 그 사회가 공유하고 있는 경험, 언어, 역사, 가치가 담겨있다. 아동들은 문학작품을 체험하면서 문학작품이 다루고 있는 사회에서 통용되고 있는 가치와 지식을 접하고 문학적 정서와 표현양식을 배우는 동시에 그것과의 소통을 통해 자신을 발전시키며 다양한 삶을 경험한다. 또한 문학작품을 읽음으로써 이야기 줄거리, 사건의 전개과정, 원인의 결과, 사건의 절정 등과 같은 이야기 구조를 이해하고, 문학작품 속에 주인공의 삶을 통하여, 주인공의 행동과 태도를 이해하고, 작가의 삶에 대한 태도와 사상을 경험한다.

심성경 외(2017)는 다음과 같이 아동문학의 가치를 말하고 있다.

첫째, 문학적 경험은 아동에게 즐거움을 주어 독서에 대한 동기의 발달을 돕는다. 책을 통한 즐거움의 경험은 아동에게 문학적 태도와 성향을 길러 주는 가장 기본적인 요소가 될 수 있다. 이야기를 듣고 책을 읽는 행위 자체를 즐기게 됨으로써 아동은 문학을 친숙하게 느끼고 일상생활의 일부로 인식하게 되기 때문에 책 읽기에 관련한 자연스러운 학습 동기를 키우게 된다.

둘째, 문학적 경험은 아동의 언어 발달, 특히 문해력 발달을 돕는다. 좋은 책의 경험은 아동의 읽기와 쓰기 교육을 자연스럽고 성공적으로 이끌 수 있게 해준다(Schickedanz, 1995). 이야기책을 많이 접한 아동은 이야기 내용을 정확하게 이해하고, 앞으로 전개될 이야기의 흐름이나 사건에 대한 예측을 잘할 수 있기 때문에 이야기의 구조를 더 잘 형성해 나간다.

셋째, 문학적 경험은 인지 발달을 돕는다. 아동은 자신의 직접적이고 개별적인 경험에 머물지 않고 문학작품 속의 경험을 통해 일반화되고 사회화된 개념을 도출하여 인지적인 성장을 이룬다.

넷째, 문학적 경험은 아동의 상상력 발달을 돕는다. 상상의 세계는 아동에게 현실의 세계를 풍요롭게 느끼게 해 준다. 아동은 환상적인 문학적 경험을 통해 상상력을 키우며, 동시에 현실 세계에 대해 더 깊고 넓은 의미를 발견해 나갈 수 있다.

다섯째, 문학적 경험은 아동의 도덕적 판단력과 가치의 발달을 돕는다. 옳고 그름에 대한 판단은 한 사회의 구성원이 질서 속에서 함께 살아갈 수 있게 하는 중요한 척도가 된다. 콜버그(Kholberg, 1971)는 유아의 도덕성 발달을 3단계로 구분하였다. 1단계에서는 외적인 권위를 중시하며, 2단계에서는 같은 상황에서도 각기 다른 생각을 할 수 있다고 인식하면서 점차 자기중심성에서 탈피하기 시작한다. 그리고 3단계에서는 행동의 이면에 있는 동기나 의도를 파악하여 도덕적 판단을 하게 되면서 보다 높은 인지적 수준을 보인다. 콜버그에 따르면, 아동의 도덕성 발달은 가르침에 의해서라기보다는 사회적 상호작용을 통한 아동의 자발적인 사고 및 행동의 결과다. 문학은 아동에게 주인공의 사고방식이나 감정을 이해하고, 주인공이 처한 상황에 대한 도덕적인 가치 기준이나 판단을 함께 공유하고 고민하는 과정을 경험하게 한다. 이러한 과정을 통해 아동은 한 가지 상황이나 문제에 대해 여러 각도에서 사고해 볼 수 있고, 다른 사람의 입장에 대한 이해의 폭을 넓혀 감으로써 도덕적인 판단력과 가치를 습득하게 된다.

여섯째, 문학적 경험은 유아의 삶에 대한 긍정적 태도의 발달을 돕는다. 문학 속에는 인간 삶의 역사와 미래, 기쁨과 슬픔, 아름다움과 추함이 포함되어 있다. 아동문학 속에도 아동의 세계 또는 아동이 바라본 성인 세계의 사회·문화적인 배경이 포함되어 있다. 어려워도 잘 이겨내는 주인공의 이야기, 슬프더라도 순리에 맞는 아름다운 이야기, 그리고 행복한 결말의 이야기가 아동에게 삶에 대한 긍정적 태도를 키우게 한다.

일곱째, 문학적 경험은 일상생활에 필요한 태도와 감정의 발달을 돕는다. 아동은 문학작품을 통해 다양한 인간관계와 상황에 대한 경험을 하게 된다. 아동은 문학작품 속의 주인공이나 상황에 비추어 자신의 상황에 대처해 가면서 일상생활에 필요한 태도와 감정을 자연스럽게 발달시킬 수 있다.

- 좋은 구성을 가진 이야기의 특성
  - 논리성
  - 몰입성
  - 흥미성
  - 기억의 용이성

- 재미있는 이야기가 포함하는 요소
  - 반복적 · 누적적 구성 형태
  - 스릴, 긴장감, 모험적 문제해결
  - 행복한 결말
  - 난센스, 우연성, 유머 포함

- 문학적 가치가 있는 작품을 선정하는 기준
  - 이야기의 주체가 적절한가?
  - 생동감이 있는 구성인가?
  - 매력적인 주인공이 있는가?
  - 독특한 문체인가?

*출처: 고문숙, 김수향, 임영심, 손혜숙 (2021)

3. 아동문학교육의 방향

현재 아동문학은 현대사회의 포스트모더니즘, 4차 산업혁명 등의 시대적 변화에 따른 특성들이 반영되어 소재와 표현의 다양성이 증가하였으며 멀티미디어 발전에 따라 획기적으로 활용되고 있다. 사회적 다양화로 인한 가족의 변화에 따른 배려가 문학작품에도 나타나고 있으며, IT산업 발달로 전자책, 미디어 아트 등을 활용한 다양한 형태의 도서들이 출판되고 있다. 또한 전통적인 문학 구성의 형식의 틀을 해체한 장르의 혼합, 패러디, 독자의 스토리텔링 참여, 열린 결말 등 새로운 형식을 구성하는 탈정격화현상도 나타나고 있다. 이러한 상황에서 앞으로 아동문학 교육은 나아가야 할 바를 고민할 필요가 있다. 아동이 몰입하여 문학을 즐기고 문학적 능력과 태도를 형성하기 위해서 아동문학교육의 방향성을 다음과 같이 제시하고자 한다.

첫째, 양방향 소통적 의미예술로서의 아동문학교육으로 나아가야 한다. 책은 작가의 생각을 담은 작품이며 작가는 글과 그림을 통하여 독자와 소통한다. 그러므로 교사와 부모는 단순히 책을 읽어주는 것에서 나아가 작가가 하고자 하는 이야기가 무엇인지 아동이 느끼는 생각과 의견을 나누는 과정을 통하여 아동이 작품 너머의 작가와 양방향으로 소통하는 경험을 제공해야 한다.

둘째, 성장과정을 지원하며 즐거움의 아동문학교육으로 나아가야 한다. 아동이 문학의 가치를 깨닫는 결과보다는 깨달아 가는 과정에 중점해야 한다. 책을 읽고 작가의 생각을 알아가는 과성에 자발적이고 능동적으로 참여하는 가운데 인지적, 사회적, 정서적 발달이 일어나게 지원해야 한다. 아동의 발달을 지원할 수 있는 적절한 책을 선정하여 교사와 부모가 아동과 함께 읽고 나누는 과정에서 언어에 대한 즐거움, 감정을 끌어내는 즐거움, 새로운 것을 창작해내는 즐거움 등을 느끼며 성장이 일어나는 교육을 지향해야 한다.

셋째, 사회적 지식을 전수하는 생활로서의 아동문학교육으로 나아가야 한다. 문학은 문화적 산물이다. 그렇기에 문학은 그 사회의 구성원들에 의해 만들어진 문화적 양상과 사회적 지식을 담고 있다. 아동은 언어와 문학을 통해 이러한 사회적 지식을 경험할 수 있다. 아동에게 문학은 생활 전반에서 일상적 경험이 되어 재현하고, 활용하는 도구가 된다. 그러므로 아동문학교육은 생활 전반에서 문학을 누리며 그 속에 내포된 사회적 지식이 전수될 수 있도록 일상적 경험으로 문학을 받아들일 수 있도록 이루어져야 한다.

생각 다지기

- 나에게 가장 인상 깊었던 책은 무엇인가요?
- 그 책이 나에게 미친 영향을 이야기해 보세요.
- 아동문학교육이 나아가야 할 바를 토의해 보세요.

프레드릭 플래취 글/장세희 역
『천국엔 새가 없다』
홍익출판사(1995)

한스 크리스티안 안데르센 글 · 보리스 디오도로프 그림/김경미 역
안데르센 『인어공주』 비룡소(2010)

권비영 『덕혜옹주』 다산책방(2015)

마거릿 미첼 글 · 이진우 그림/백승자 역
『바람과 함께 사라지다』
한국헤르만헤세(2016)

Chapter 2

아동문학의 역사

학습목표

- 국내 · 외 아동문학의 역사에 대해 안다.
- 국내 · 외 아동문학 작가 및 작품에 관심을 가진다.

생각 열기

- 세계적인 '아동문학상' 얼마나 알고 있니?

	뉴베리상(Newbery Medal) 18세기 영국의 출판인 존 뉴베리를 기념하는 것으로 1922년부터 미국도서관협회에서 주관하여 시상하고 있다. 수상 작가는 미국 국적자 또는 거주자여야 하며 아동문학 작가에게 주어지는 미국 아동문학 최고의 상으로 손꼽힌다.
 https://namu.wiki/w/%EC%B9%BC%EB%8D%B0%EC%BD%A7%EC%83%81	칼데콧상(Caldecott Medal) 19세기 영국의 삽화가 랜돌프 칼데콧을 기념하는 것으로 1938년부터 미국도서관협회 산하의 어린이도서관협회에서 주관하여 시상하고 있다. 뉴베리상이 뛰어난 그림책 작가에게 주어지면서 뛰어난 삽화가에게도 상을 주자는 제안에 따라 시작되었다.
	한스 크리스티안 안데르센상(Hans Christian Andersen Awards) 덴마크 작가 안데르센을 기념하는 것으로 글 분야는 1956년부터, 그림 분야는 1966년부터 국제아동청소년도서협의회에서 주관하여 시상하고 있다. 안데르센 상은 하나의 작품을 평가하는 것이 아니라 작가의 모든 작품을 평가하는 것으로 아동문학 분야의 노벨상이라고 불리기도 한다.
 https://blog.naver.com/jm111jm/222301349313	케이트 그린어웨이상(Kate Greenaway Medal) 19세기 영국의 삽화가 케이트 그린어웨이를 기념하는 것으로 1955년부터 영국도서관협회에서 주관하여 시상하고 있다. 그림책의 그림의 예술성, 글과의 조화 등을 평가한다. (2023년부터는 공식 명칭이 'Carnegie Medal for Illustration'으로 변경됨)

1. 국내 아동문학 역사

우리나라 아동문학 역사, 특히 그림책의 역사는 서양보다 짧으나 한국만의 시대적 특수성을 지니고 있다. 국내 아동문학은 구한말 격동하는 국제 정세와 일제 찬탈 속에서 민족주의적 해방운동과 개화, 계몽 운동, 모국어를 통해 민족의식을 고취하려는 문화운동 및 국권운동에서 시작되었다고 볼 수 있다(이재철, 1983). 그 이후로도 현대의 아동문학으로 우뚝 서기까지 6·25전쟁과 분단국가의 아픔 속에서 진통을 겪게 되었다.

한편, 국내 아동문학의 기원을 『단동십훈』이나 『자장가』 등에서 찾기도 하며, 육당 최남선이 창간한 아동잡지 『소년』(1908)으로 보기도 한다. 국내 그림책의 역사는 짧다고 했으나 오히려 조선시대에 어린이를 포함한 백성 모두에게 삼강윤리를 가르칠 목적으로 만들어진 『삼강행실도』(1434)를 최초의 그림책이라고 보기도 한다. 그러나 국내 아동문학은 그 시작을 논하는 것보다도 전통사회에 어린이를 위한 문헌이 존재한다는 것과 한국 고유의 역사적 특수성을 지니고 있음에 주목할 필요가 있다.

1) 개화기 이전(1908년 이전)

최남선(1890~1957)의 『소년』지를 아동문학의 효시로 본다면, 국내 아동문학의 변천사를 개화기 이전과 개화기 이후로 나누어 살펴볼 수 있다. 영유아기 아이들을 위한 『단동십훈』, 『구지가』, 『서동요』, 『자장가』 등은 오랜 세월 동안 우리 민족의 얼을 담아 불리어 왔다. 조선시대에는 전래설화의 소설화 경향에 따라 재구성되었으며, 조선 말기에는 시대적 · 정치적 상황을 암시하는 전래동요가 있었다.

『독립신문』에는 아이들을 교육하는 것에 힘을 써야 국력이 강화될 수 있다는 논설이 실리기도 했다. 해당 논설에는 영국을 사례로 언급하여 지금과 같은 부강한 나라로 성장할 수 있었던 것은 노동을 하느라 공부하지 못하는 아이가 없도록 했기 때문이라고 주장하였다. 이처럼 갑오개혁을 전후하여 선진 국가들이 부강해지는 이유를 교육에서 찾고, 우리 정부가 교육에 힘을 써야 한다는 생각이 일어나기 시작했음을 알 수 있다.

2) 개화기 이후

(1) 1910년대~1930년대

국내 아동문학이 독립적으로 발전하기 시작한 것은 근대에 들어서이다. 신문학의 기원이라고 할 수 있는 최남선의 『소년』지가 그 출발이었으며, 당시 발행되었던 잡지는 근대적 아동문학 운동의 주요 기반이자 종합교육지로 자리 잡았다. 『소년』지는 1908년 11월에 창간되어 1911년 5월 통권 23호로 종간되었다. 『거인국 표류지』, 『이솝이야기』, 『로빈슨 무인절도 표류기』, 『어른과 아이』 등의 번안물을 비롯한 아동문학이 실렸다. 이후에도 최남선은 1913년에 『붉은 저고리』(1913, 통권 12호), 『아이들 보이』(1913~1914, 통권 12호), 『새별』(1913~1915, 통권 16호) 등의 순수한 아동잡지를 발행하여 아동문학의 토대를 마련하였다.

최남선 『소년』

최남선 『붉은 저고리』

최남선 『아이들 보이』

최남선은 순우리말 창가교육에 대한 관심과 노력도 기울였는데 이는 일제강점기 시기에 일본식 창가로 된 시가교육에 대한 저항으로 볼 수 있다. 실제 독립 직전까지 일본은 조선 민족을 말살하려는 정책의 일환으로서 일본어 사용, 창씨개명 등으로 민족의 언어 · 생활 · 문화 전반에 영향을 끼치고자 하였다. 이러한 시기에 최남선의 노력은 조선 아동들이 일본식 문화에 지배당하지 않도록 하여 우리 민족이 가지고 있는 순수 동심과 고유의 정서를 계승하고자 하는 것에 있음을 알 수 있다. 결국 이러한 노력으로 강제적으로 교육되는 일본식 창가가 조선 아동이 지닌 심성을 해친다는 문제의식을 지니게 하였고, 1920년대 창작동요 보급을 위한 동요운동이 일어나는 단초를 형성하게 되었다.

국내 아동문학사에서 대표적으로 손꼽히는 또 다른 주요 인물로는 소파 방정환(1899~1931)이 있다. 방정환 이전의 시기를 아동문학운동의 발아기라고도 일컬을 만큼 그의 등장은 우리나라 아동문학 역사에서 중요한 사건으로 꼽힌다. 그의 대표적인 업적으로는 최남선의 『소년』, 『붉은 저고리』, 『새별』 등의 잡지에서 사용해 왔던 '어린이'라는 명칭을 보편화하는 데 공헌하였으며, 어린이날을 제정하고자 힘썼다는 것이다. 또한 일본 유학 중에는 우리나라 최초의 단행본인 번안 동화집 『사랑의 선물』(1922)을 출간하였다. 일본유학생들과 함께 '색동회'라는 아동문화단체도 결성하여 우리나라 동극의 출발을 이끌었으며,

한국 최초의 순수 아동잡지 『어린이』(1923~1934, 통권 122호)를 창간하기에 이른다.

방정환(1899~1931)

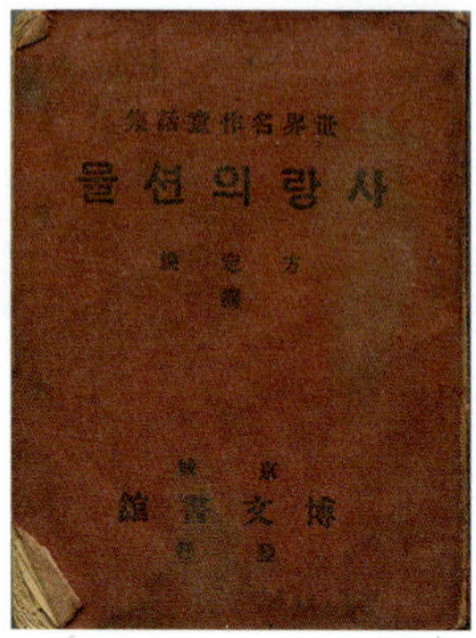

방정환 『사랑의 선물』

방정환 『어린이』

이후에는 아동잡지 전성기를 맞이하게 되었고, 『신 소년』(1923~1934), 『새 벗』(1925~1933), 『아이 생활』(1926~1944), 『별나라』(1926~1935) 등을 비롯한 무수히 많은 어린이 잡지가 창간되었다. 시대적 배경으로 인해 잡지는 민족적 문화운동, 독립운동적 경향이 짙다는 특징을 가진다. 이 시기 아동잡지에 등장한 집필가들도 독립운동가, 언론인, 종교인 등으로 매우 다양하였다. 다만 잡지의 문화운동 및 돕립운동적 성격으로 인해 일제 탄압으로 광복 전까지 폐간하는 일이 많았다.

한편, 이 당시 선교사들에 의해 운영되었던 교회 내에 유치원 교육에서 순우리말의 동요나 동시를 가르치고 배울 수 있었다. 그러한 배경에는 모든 사립학교에 종교교육을 금지하겠다고 선포한 「개정사립학교규칙」(1912)이 있었다. 그러나 교회 내에 설립된 유치원에는 해당 규칙에 근거하여 종교교육에 대한 제재를 할 수 없었으므로 우리 말과 글로 된 문학을 비교적 자유롭게 가르칠 수 있었다. 이로써 유아를 위한 문학이 자연스럽게 창작될 수 있었던 것이다.

1920년대부터 1930년대까지는 동요의 황금기라고 할 수 있으며, 대표적인 창작동요로는 방정환의 『형제별』, 윤극영의 『반달』, 이원수의 『고향의 봄』, 윤석중의 『오뚝이』, 서덕출의 『봄 편지』, 강소천의 『닭』, 방경종의 『왜가리』 등이 있다. 1930년대에 이르면서는 한국 최초의 동시집인 윤석중의 『잃어버린 댕기』와 『윤석중 동요집』이 출간되기도 하였다. 이후에도 여러 작가들의 동화와 작곡가의 동요 및 악보를 엮은 『아기네 동산』(1938)이 출간되었다. 이 시기 동요의 주요 소재로는 인물, 시대, 가족, 시대상 등이 나타났고 이전의 계몽적 메시지보다는 주로 어린이의 정서를 담고 있다는 특징을 가진다. 1930년대 창작동요의 대표 작품으로는 백남석의 『가을』(1932), 김영수의 『여름』, 이동찬의 『개구리』, 윤석중의 『산바람 강바람』 등이 있다.

(2) 1940년대~1950년대

1940년대에는 일제의 민족말살정책으로 인하여 우리말 사용이 금지되었고, 여러 잡지가 폐간되는 일이 잦았으며, 일제 치하의 아동문학은 민족운동 · 문화운동의 방편으로 이어져 왔다. 곧이어 일제 치하에서 벗어나 8 · 15 광복을 맞이하였으며, 아동문학계도 시대적 혼란의 영향을 받게 된다. 광복 이전에는 극심한 일제의 탄압이라는 어려움이 있었다면, 광복 이후에는 이념적 갈등이라는 어려움에 직면하게 되었다. 광복 직후에는 그동안 억눌려 있던 것이 한꺼번에 터지듯 신문과 잡지 등이 쏟아져 나왔으나 이것도 이내 한국전쟁, 경제적 어려움 등으로 인해 빈번하게 폐간되었다. 광복 후에 아동문학계의 두드러진 변화로는 운문 중심에서 산문 중심으로 변하였다는 점이다.

한편, 한국전쟁을 거치면서 좌 · 우파 간 분열이 점차 심화되고 이념 갈등으로 선동적 성격의 출판물이 등장하였으며, 질 낮은 단행본, 학습물 등이 주를 이뤘다. 전쟁으로 인해 출판 시설이 파괴되고, 혼란한 정국 속에서 아동문학은 더디게 발전해나갔으나 마해송, 이원수, 이주홍, 김요섭과 같은 아동문학가들이 등장하여 아동문학의 순수성과 질적 수준을 지켜나가기 위해 노력하였다. 이 시기 마해송의 『모래알 고금』(1957~1958)과 황순원의 『소나기』(1952)와 같은 작품이 등장했다. 1950년대에는 전쟁이라는 역사적 특수성으로 인해 아동문학의 발전적인 특성보다는 저해하는 측면이 강했다. 그러나 이후에는 사회가 안정화되어 가면서 문단의 적극적인 반성이 일고 각종 아동문학단체의 활동이 활발하게 이루어지는 등 아동문학이 문학으로서의 자리매김을 시작하게 되었다.

마해송 글 · 이중섭 그림
『모래알 고금』 경향잡지사(1958)

황순원 글 · 강우현 그림
『소나기』 다림(1999)

(3) 1960년대~1970년대

1960년대부터는 유능한 신인이 등장하고 동인체제 중심의 문학단체가 결성되었으며, 문학상을 제정하는 등의 움직임으로 아동문학 문단이 형성되었다. 『한국 아동문학독본』(1962), 『한국 아동문학전집』(1964), 『소파 아동문학전집』(1969) 등의 문학전집 출판물 발간은 문학사 자료 정리의 기회가 되었다. 소천 아동문학상(1965), 세종 아동문학상(1968) 등의 여러 아동문학상도 제정되어 작가들의 창작 의욕을 고취시키고, 작품의 질적 향상을 이끌어내게 되었다.

한편, 1960년대 초기까지만 해도 동요와 동시의 구분이 뚜렷하지 않아 동요 모집에 동시를 뽑는 일이 잦았고, 이를 계기로 명칭을 동시 공모라고 바꾸기도 하였다. 당시만 해도 동요가 문학의 하위 장르라는 인식이 지배적이었으며, 이는 1970년대까지 지속되었다. 반면 동시 분야는 평면성과 도식적 교육성을 탈피하는 등 발전을 거듭했다.

1970년대에 접어들면서는 현대적 문단이 형성되었고, 〈아동문학가 협회〉, 〈한국 아동문학학회〉, 〈현대아동문학가협회〉가 창립되면서 아동문학에 대한 비평과 우수작품 및 신인 발굴이 적극적으로 이루어졌다. 1960년대의 순수시 추구 경향에서 벗어나 '아동을 위한 시'로의 접근이 이루어지는 등 독자층을 넓혀 갔다. 동화에서는 서민적인 정서를 중심에 두는 이영호, 권정생의 작품이 두드러진다. 특히, 권정생은 1969년에 단편동화 『강아지 똥』을 월간 『기독교교육』에서 발표했고, 이 작품을 통해 제1회 아동문학상을 수상했다. 권정생의 작품에 등장하는 등장인물은 당시 서민들과 같이 힘없고 나약한 모습의 특징을 보인다.

(오른쪽)권정생 글 · 정승각 그림 『강아지 똥』 길벗어린이(1996)

(4) 1980년대~현재

1980년대에 들어서는 유아교육에 대한 관심이 높아지면서 유아용 그림책 출판이 활발하게 이루어지게 되었다. 총 12권으로 이루어진 『전래동화 시리즈』(1981)를 시작으로 전문디자이너가 그림책 제작에 참여함으로써 기존의 글 중심에서 벗어나게 된다. 이 즈음하여 어린 연령의 아이들에게는 그림책의 일러스트레이션이 중요하다는 인식이 생기기 시작했고, 그림 작가들이 단체를 결성하는 등 시각미술의 한 분야로써 일러스트레이션이 자리를 잡아가기 시작했다. 그 이전에는 국내 작가나 전문 일러스트레이터의 부재로 외국 작품을 번역한 번역물이 그림책의 대부분을 차지했기 때문에 이러한 변화는 이후 국내의 아동 그림책에 긍정적인 영향을 미치게 된다. 특히, 류재수의 『백두산 이야기』(1988)는 최초의 단행본 창작 그림책으로 당시 그림책 일러스트레이션에서의 새로운 도전이었다.

류재수 글 · 그림 『백두산 이야기』 보림(2009)

1982년에는 '학교 도서 생활화 방안'을 추진하면서 초 · 중 · 고등학교별 권장 도서를 선정하기도 하였다(이현주, 2002). 또한, 아동을 위한 전문 서점이나 코너가 마련되기 시작하여 1990년대 IMF로 출판시장이 침체되었을 때도 아동문학 시장은 팽창하는 모습을 보였다. 이 시기 방송국을 중심으로 동요 공모도 이루어지게 되면서 동요 창작이 활발하게 이루어지기도 하였다.

1987년을 시작으로 국내 저작권법이 세계저작권 협약에 따라 몇 차례 개정

되면서 국내외 저작물의 무단 복제하거나 출판하는 관행이 사라졌으며(조은숙, 2006), 이러한 배경으로 1990년대에는 세계적으로 검증받은 작가들의 작품이 대거 번역되어 출판되고 국내 작가의 창작 활동도 활성화될 수 있었다. 이 시기에는 아동을 위한 좋은 책을 선정하려는 움직임이 활발해지면서 아동문학 평론 활동이 증가하게 되기도 하였다. 2000년대에는 우리나라 그림책이 세계적으로 인정받기 시작하였으며, 국내에도 우리나라의 창작 그림책 비중이 큰 폭으로 증가하기 시작했다. 국내 아동문학 도서의 양적 · 질적 성장이 폭발적으로 이루어진 시기라고 할 수 있다.

2. 국외 아동문학 역사

우리나라 아동문학은 특수한 역사적 배경을 가지고 발전을 이루었다는 특징이 있다. 그러나 아동을 위한 그림책은 서양에 비해 늦게 발달하여 그들의 영향도 많이 받았다고 할 수 있다. 따라서 서양의 아동문학 역사를 살펴보며 우리나라 아동문학에 미친 영향에 대해 생각해 볼 수 있다. 또한, 서양의 역사를 읽어가다 보면, 아동문학에 있어 가장 중요한 개념인 '아동'이 시대마다 어떻게 인식되어왔는지 알 수 있다. 따라서 서양의 아동문학 역사를 살펴보는 것은 매우 의미 있는 일이라고 할 수 있겠다.

1) 19세기 이전

중세시대에는 어린아이를 그저 성인의 축소판 정도로 여겼으며, 개별적이고 특별한 존재로 생각하지 않았다. 따라서 어린이를 위한 그림책은 존재하지 않았으며, 교육을 위한 학습용으로 대부분 종교적인 것, 생활 규범과 도덕적인 내용 등을 다루었다. 하지만 그것마저도 귀족이나 부유한 가정의 자녀들에게만 읽혔다. 17세기까지는 다양한 이야기들을 구전으로 전하였으며, 구전되어 오는 이야기의 질적 수준이 낮다고 평가된다.

중세 유럽의 문맹률은 매우 높았는데 이러한 이유로 책에 그림을 삽입하여 이해를 돕고자 했다. 그러나 현대적 의미의 그림책과는 구별되며 대부분 종교적 교리를 가르치기 위한 목적으로 제작되었다. 한편, 종교적 목적이 아닌 로

맨스, 기사와 영웅, 전설과 역사, 유머 이야기 등을 담은 챕 북(chap book)도 있었다. 떠돌이 상인이었던 챕 맨(chapman)이 여러 마을을 돌아다니며 자신의 여행담, 보고 들은 경험 등을 마을 사람들에게 들려주었는데, 이런 이야기가 챕 북에 담겼다고 한다. 문학으로서의 질적 수준이 매우 낮았으나, 책값이 저렴할 뿐만 아니라 짧고 이해하기 쉬우며, 다양한 이야기 소재를 다루어 그 당시 서민층에 인기를 끌 수 있었다. 게다가 챕 북은 기존의 구전되어 보존이 어려웠던 구전문학 등을 기록하였다는 점에서 이야기 보전의 의의를 가진다. 또한, 상류층 중심의 독자층을 일반 서민층으로 확대시키는 데 기여했다고 할 수 있다.

챕맨과 챕북

그림을 아동교육의 목적으로 활용한 최초의 근대적 의미의 그림책으로는 모라비아의 코메니우스(Comenius, 1592~1670)가 만든 『세계도회(Orbis Sensualium Pictus)』이다. 다양한 주제마다 그림을 그리고, 각 그림마다 설명을 덧붙여서 아이들이 이해하기 쉽게 만든 일종의 백과사전이다. 코메니우스의 『세계도회』가 어린이를 위한 최초의 그림책이라고 평가받는 이유 중에 하나는 당시 아동을 성인의 축소판으로 바라보는 관점에서 벗어나서 아동을 고유한 특성을 가진 존재로 인식한 데 있다. 고유한 특성을 가진 아동을 배려하여 특별하게 만든 작품이 바로 『세계도회』이기 때문이다.

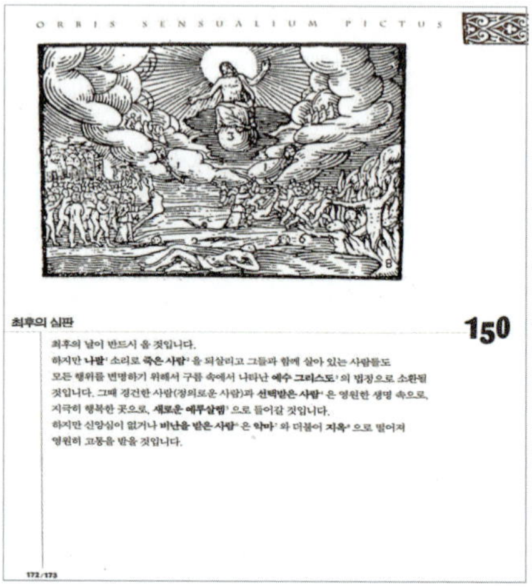

ORBIS SENSUALIUM PICTUS

최후의 심판 150

최후의 날이 반드시 올 것입니다.
하지만 **나팔**' 소리로 **죽은 사람**'을 되살리고 그들과 함께 살아 있는 사람들도
모든 행위를 변명하기 위해서 구름 속에서 나타난 **예수 그리스도**'의 법정으로 소환될
것입니다. 그때 경건한 사람(정의로운 사람)과 **선택받은 사람**'은 영원한 생명 속으로,
지극히 행복한 곳으로, **새로운 예루살렘**'으로 들어갈 것입니다.
하지만 신앙심이 없거나 **비난을 받은 사람**'은 **악마**'와 더불어 **지옥**'으로 떨어져
영원히 고통을 받을 것입니다.

172/173

코메니우스 『세계도회』

그러나 그 이후로도 오랜 기간 대부분의 사람들은 어린이만을 위한 문학작품이 필요하다는 생각을 하지 않았다. 대신 성인을 대상으로 한 문학작품 중에 아동의 흥미와 욕구를 충족할만한 몇몇 작품들은 꾸준히 아동에게 읽혀왔다. 『천로역정』(1678), 『로빈슨 크루소』(1719)와 『걸리버 여행기』(1726) 등은 모두 아동의 특성과 요구를 반영하여 쓰인 책은 아니지만, 현재까지 아동을 위한 동화책으로 인정되고 있다. 그리스인 이솝에 의해 창작되어 구전되다가 프랑스의 라 퐁텐(La Fontaine, 1621~1695)에 의해 정리된 『이솝우화』도 마찬가지이다.

이러한 시기에도 아동을 위한 창작동화를 제작한 프랑스의 동화 작가 샤를 페로(Charles Perrault, 1628~1703)는 구전되던 옛이야기를 재화하여, 『페로 동화집』(1697)을 출판하였다. 동화집에는 『잠자는 숲 속의 미녀』, 『빨간 모자』, 『장화 신은 고양이』, 『신데렐라』, 『푸른 수염의 사나이』 등의 명작동화가 수록되

어 있다. 샤를 페로의 작품은 어린이를 위한 최초의 창작동화라고 평가받으며, 현대에 이르러 '아동문학의 아버지'로 인정받고 있다.

샤를 페로(1628~1703)

샤를페로 글 · 함정임 그림
『페로 동화집』 허밍버드(2013)

18세기 후반에 이르러서는 비로소 아동문학이 타 장르와 뚜렷이 구별되기 시작했다. 영국의 존 뉴베리(John Newberry, 1713~1767)는 『작고 귀여운 책』(1744), 『마더구스의 노래』(1760) 등 아동을 위한 책을 다수 출판하였다. 그리고 영국에서 어린이를 위한 서점을 내고, 챕 북을 중심으로 아동도서를 출판하고 제공하였다. 그는 아동을 위한 책은 싼값으로 판매하였으며, 아동문학을 통해 아동이 즐거움을 느끼고 독서습관을 기를 수 있도록 노력했다. 이러한 뉴베리의 정신을 기념하기 위해 미국에서는 매해 작품성이 가장 훌륭하다고 선정된 아동도서에 '뉴베리상'을 수여하고 있다.

존 뉴베리(1713~1767)

뉴베리상(The Newbery Medal)

2) 19세기 이후

(1) 19세기

19세기는 근대적 문예사조이자 예술운동으로서 낭만주의 사조와 함께 루소(Rousseau, 1712~1778)의 자연주의 사상이 생겨나는데, 이것이 아동문학 발전의 역사적 전환점이 되었다. 오늘날 발달심리에 지대한 영향을 끼친 루소의 성선설과 아동 중심 사상은 근대적 아동문학의 기틀을 마련하는 중요한 계기가 되었기 때문이다. 루소와 같은 교육 철학자들이 등장하면서부터 어린이는 성인과 달리 구별되는 고유의 특징을 가지고 있으며, 독특한 방식으로 세상을 지각한다는 인식이 생겨나게 되었다. 그에 따라 아동의 욕구에 따른 도서 산업이 발전하기 시작했고, 동화 속에서는 아동의 상상력을 촉발시키는 요정과 같은 소재가 나타나기 시작했다. 당시의 뛰어난 예술가들도 동화책의 삽화가로 활동하기도 했는데, 이들은 아동문학의 독창성을 더하는 데 큰 역할을 하여 작가들만큼이나 인정받으며 활동할 수 있었다. 그러나 19세기 중반까지만 해도 어린아이들이 열악한 환경에서 노동력을 착취당하는 경우가 많았기 때문에 진정한 의미에서의 아동을 위한 시기였다고 보기는 어렵다. 19세기 후반부터는 본격적으로 근대적 의미의 그림책이 발전하기 시작하여 그림책의 황금기라고 불리기도 한다.

독일의 언어학자이자 설화 연구가이기도 했던 그림 형제(Jacob Grimm & Wilhelm Grimm, 1785~1863; 1786~1859)는 『어린이와 가정을 위한 동화집』(1812~1815)을 출판하였다. 동화집에 수록된 이야기들은 구전되어 온 옛이야기를 편집한 것으로 알려져 있으며, 『백설공주와 일곱 난쟁이』, 『헨젤과 그레텔』, 『브레멘의 음악대』, 『늑대와 일곱 마리의 양』 등이 수록되어 있다. 다만, 어린이를 위한 책에 옛이야기의 잔혹성, 폭력성을 그대로 노출시켰다는 비판을 받게 되어 수정판을 낼 때마다 교육적이고 예술적인 형태로 다듬는 작업을 거치게 된다. 이로써 전래동화가 아동문학으로 자리 잡게 되었으며, 본격적으로 아동문학이 분화되기 시작했다. 이렇듯 그림 형제의 동화집에 수록된 작품들은 학문적으로 연구하고 개작의 과정을 거치면서 지금까지 세계적으로 인정받는 고전 아동문학으로 손꼽힐 수 있게 되었다.

그림 형제
(Jacob Grimm & Wilhelm Grimm, 1785~1863; 1786~1859)

그림 형제 『그림 동화
(Children's and Household Tales, Grimm's Fairy Tales)』 (1819)

19세기를 대표하는 아동문학가로서 그림 형제와 함께 언급되는 또 다른 인물로는 덴마크 출신의 안데르센(Hans Christian Anderson, 1805~1875)이 있다. 그는 전승문학을 소재로 삼기는 했으나 그림 형제와는 대조적으로 자신의 상상력을 바탕으로 새로운 이야기를 만들어냄으로써 창작동화의 기틀을 잡은 인물로 평가되고 있다. 풍부한 독창성을 발휘하여 『어린이를 위한 동화집』을 출간하였으며, 약 150편의 창작동화를 발표하였다. 대표적인 작품으로는 『미운 오리 새끼』, 『인어공주』, 『벌거벗은 임금님』, 『눈의 여왕』, 『성냥팔이 소녀』가 있으며, 지금까지 세계적으로 많은 어린이 독자들에 의해 읽히고 있다.

한스 크리스티안 안데르센
(1805~1875)

안데르센상
(Hans Christian Andersen Awards)

19세기 이전에는 종교적이고 교훈적인 내용을 주로 다루었다면, 19세기 이후로는 아동의 상상력을 자극하는 환상적 요소를 많이 다루었다. 인간의 자유로운 감정을 중요하게 생각한 낭만주의의 영향을 받은 문학 사조로 인해 아동문학에서도 자유로운 상상과 공상을 허용하게 되었기 때문이다. 이러한 환상성이 잘 드러난 작품으로는 영국의 작가 루이스 캐롤(Lewis Carroll, 1832~1893)의 『이상한 나라의 앨리스』와 이탈리아의 콜로디(Cario Collodi, 1826~1890)가 쓴 『피노키오』가 있다. 이전의 교훈적, 도덕적 이야기와는 다르게 순수하게 아이들의 재미와 기쁨을 추구하는 내용으로 환상동화의 절정이자, 아동문학 역사에 있어서도 중요한 의미로 평가받고 있다.

루이스 캐럴 글 · 존 테니얼 그림 『이상한 나라의 앨리스(Alice in Wonderland)』(1865)

카를로 콜로디 『피노키오의 모험(Le avventure di Pinocchio)』(1883)

당시의 아동문학을 비판적 시각으로 바라보았던 독일의 정신과 의사 하인리히 호프만(Heinrich Hoffmann)은 어린이를 위한 책이 아이답지 않고, 솔직하거나 자연스럽지 못하다고 생각하였다. 그래서 본인의 작품에서는 과장한다거나 유머스러운 그림을 중심으로 이야기를 만들어냈다. 그의 대표 작품으로는 『하인리히 호프만 박사의 더벅머리 아이』(1845)가 있다. 다만, 지나치게 잔인하고 폭력적인 내용을 포함하고 있어서 현대적 관점으로 본 아동문학과 아동교육의 적절성에는 어긋난다고 할 수 있다.

한편, 19세기 아동문학은 삽화의 기능이 강화되었다는 특징을 가지는데, 이러한 시대적 흐름에 힘을 실을 수 있었던 사건이 있었다. 바로, 영국의 출판 기획자인 에드워드 에반스(Edward Evans, 1826~1910)가 그린어웨이(Kate Greenaway, 1846~1901)와 칼데콧(Randolph Caldecott, 1846~1886)과 같은 초기 그림책의 거장들을 발굴해낸 것이었다. 에반스는 어린이를 위해 커다랗고 컬러풀하며, 가격이 저렴한 책을 원했다. 그가 발굴해낸 그린어웨이와 칼데콧은 컬러 인쇄에 적합한 그림을 그릴 수 있는 예술가들이었다. 그린어웨이는 최초의 여성 일러스트레이터로서 감상주의 풍의 그림을 주로 그렸다. 대표 작품으로는 『하멜른의

피리 부는 사나이』(1888)가 있으며, 일러스트레이터의 길을 열게 되었다고 평가받는다. 칼데콧은 전래동화나 희곡시의 글을 기반으로 그림을 그려 그림책을 만들었다. 그는 에반스와 16권의 그림책을 제작하였고, 『익살꾸러기 사냥꾼 삼총사』와 『버림받은 개의 슬픈 이야기』 등이 있다. 그린어웨이와 칼데콧은 각각의 이름을 딴 상이 만들어져 우수한 그림책에 수여하는 등 현대에까지 업적을 기리고 있다.

당시에는 낭만주의의 영향 외에도 시대적 배경과 사회 분위기가 19세기 아동문학의 새로운 특징을 만들어낸다. 식민지 개척과 상업 등에 대한 관심이 커지다 보니, 주로 모험적인 남성상과 가정적인 여성상을 그리게 되었다. 그래서 소년들을 위해서는 모험을 소재로, 소녀들을 위해서는 가정과 일상생활을 소재로 담은 사실 동화의 형태가 나타나게 되었다. 미국의 마크 트웨인(Mark Twain, 1835~1910)이 쓴 『톰 소여의 모험』(1876), 『허클베리 핀의 모험』(1884)과 영국의 스티븐슨(Robert Louis Stevenson, 1850~1894)이 쓴 『보물섬』(1883)은 모험 이야기로 대표된다. 소녀들을 위한 가정과 일상생활에 관한 대표 작품으로는 알코트(Louisa May Alcott, 1832~1888)의 『작은 아씨들』(1868), 버넷(Frances Hodgson Burnett, 1849~1924)의 『소공자』(1885), 『소공녀』(1905) 등이 있다.

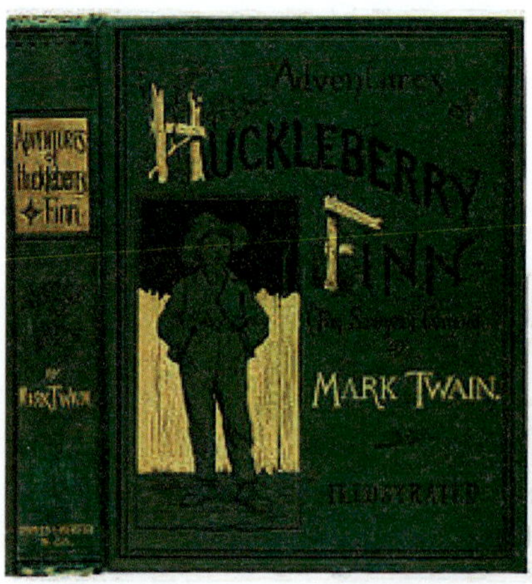

마크 트웨인 『허클베리 핀의 모험(The Adventures of Huckleberry Finn)』(1885)

정리하자면, 19세기는 역사적 배경과 더불어 낭만주의와 아동중심 교육철학을 기반으로 한 아동에 대한 관점 변화로 점차 어린이의 흥미와 재미를 추구하는 비중이 커지고 삽화의 기능이 더욱 중요해졌다. 또한, 인문주의를 통한 문맹률 저하되었으며, 인쇄술의 발달로 값은 저렴하지만, 작품성 있는 책을 대량생산할 수 있게 되는 등 근대적 출판업이 시작되다. 더불어 아동을 위한 서점 등 아동문학의 유통도 이루어지게 된다. 이렇듯 19세기의 다양한 요인들은 20세기 이후 아동문학의 비약적인 발전에 일조하게 되었다.

(2) 20세기~현재

19세기에 시도되었던 아동문학의 환상성이 20세기에 이르러서는 환상동화의 폭발적인 발전으로 이어지게 된다. 더불어 다양한 주제를 다룬 사실동화가 출판되었다. 아동에 대한 인식변화가 20세기에 와서는 절정을 이루게 되고, 그림책은 아동문학에서 매우 중요한 위치를 차지하게 되었다. 이에 발맞춰 본격적인 아동문학의 상업화가 이루어졌고 드디어 아동문학의 전성기를 맞이하게 된다.

한편, 그림책의 역사는 영국에서 시작되었지만 20세기에 들어서는 세계 그림책의 주요 무대가 미국으로 옮겨가게 되었다. 제1·2차 세계대전으로 인해 유럽 사회 전체가 대혼란의 시기를 겪었지만, 미국은 그림책에 대한 적극적인 원조가 이루어졌던 시기였기 때문이다. 그래서 유럽의 많은 예술가들이 자유로운 작품 활동을 위해 미국으로 삶의 터전을 옮겨가게 되었고, 이로 인해 미국이 세계 그림책 시장의 주요한 무대가 되었다.

현대의 그림책은 영국의 작가 포터(Beatrix Potter, 1866~1943)가 만든 『피터 래빗 이야기』(1902)에서부터 시작되었다고 할 수 있다. 이 작품은 특히나 글과 그림의 완벽한 조화를 보여주는 그림책으로 평가받는다. 컬러 인쇄로 출판된 『피터 래빗 이야기』는 어린이들이 저렴한 가격에 질 좋은 그림책을 구매할 수 있기를 바랐던 작가의 의도에 따라 23권의 값싸고 작은 책으로 만들어 팔았다.

이 작품을 포함한 포터의 대표작은 전 세계적으로 엄청난 인기를 누리며 판매되는 등 오늘날까지 많은 사랑을 받고 있다. 영국 환상 동화극으로써 폭발적인 인기를 누렸던 또 다른 작품으로는 스코틀랜드 작가 매튜 배리(James Matthew Barrie, 1860~1937)의 『피터팬』도 있다. 그 외에 밀른(A. A. Milne, 1882~1956)의 『아기곰 푸우』나 생텍쥐페리(Saint-Exupery, 1900~1944)의 『어린 왕자』 등 작품성이 우수한 그림책들도 동시대에 출판되게 된다.

베아트릭스 포터
『피터 래빗 이야기』(1902)

제임스 매튜 배리
『피터 팬』(1911)

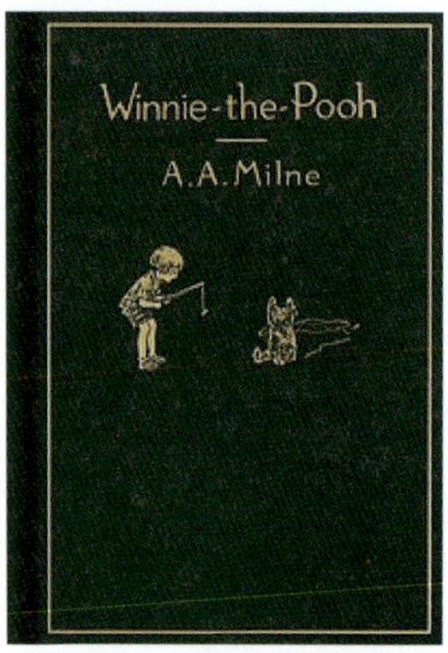

밀른 글 · 셰퍼드 그림
『곰돌이 푸(Winnie-the-Pooh)』
Dutton(1926)

앙투안 드 생텍쥐페리 글 · 그림
『어린왕자(Le Petit Prince)』
갈리마르(1943)

미국에서는 1910년 아동도서관 보급, 1938년 칼데콧상 제정 등의 노력으로 1930년대 이후부터는 미국이 세계 그림책 활동의 중심이 되고, 많은 그림책 작가들을 배출하기에 이른다. 미국 그림책 시대를 열게 한 작품으로는 완다 가그(Wanda Gag, 1893~1946)의 『백만 마리 고양이』(1928)가 있다. 이 작품은 흑백으로 그려진 그림과 글의 조화가 뛰어나다는 평가를 받는다. 그 이후로는 맥클로스키(Robert MaCloskey, 1914~2003)가 원근감을 통해 사실성을 부각시킨 『아기 오리들한테 길을 비켜주세요』라는 작품을 출판하여 칼데콧상을 수상하였다.

20세기 중반 이후로는 제2차 세계대전이 끝나고 인쇄술의 발달과 그림책 기술이 발전하게 됨에 따라 시각적 욕구를 충족시키는 작품들이 다수 출간되게 된다. 대표적으로 모리스 샌닥(Maurice Sandak, 1928~2012)의 『괴물들이 사는 나라』(1963)라는 작품이 있는데, 이는 환상 그림책의 새로운 지평을 열었다고 평가받는다. 파격적인 소재와 내용으로 구성된 환상 그림책은 『괴물들이 사는 나라』출판 이후 본격적으로 발전하기 시작했기 때문이다. 그밖에도 『눈 오는 날』(1962), 『휘파람을 불어요』(1964) 등 콜라주 기법을 활용하여 간결하면서도 강렬하고 아름다운 표현을 해낸 에즈라 잭 키츠(Ezra Jack Keats, 1916~1983)도 주목받았다. 제럴드 맥더멋(Gerald McDermott, 1941~2012)은 『태양으로 날아간 화살』(1974)이라는 작품을 통해 기하학적 형체와 불균형을 아름답게 표현해내기도 했다.

모리스 샌닥 글 · 그림/강무홍 역
『괴물들이 사는 나라』
시공주니어(2002)

에즈라 잭 키츠 글 · 그림/김희순 역
『휘파람을 불어요』
시공주니어(1999)

영국에서는 전쟁 이후 1960년대에 이르러서 찰스 키핑(Charles Keeping, 1924~1988)이나 와일드 스미스(Brian Wildsmith)와 같은 작가들이 활발하게 활동하여 그림책 작가들이 입지를 굳혀나갔다. 존 버닝햄(John Burningham, 1936~2019)의 『지각 대장 존』(1987)이라든가 앤서니 브라운(Anthony Browne, 1946~)의 『고릴라』(1983), 『돼지 책』(1986), 로렌 차일드(Lauren Child, 1965)의 『난 토마토 절대 안 먹어』(2001) 등은 세계적으로 높은 평가와 주목을 받고 있다.

존 버닝햄 글 · 그림/박상희 역
『지각대장 존』 비룡소(1995)

앤서니 브라운 글 · 그림/허은미 역
『돼지책』 웅진주니어(2001)

20세기 이후의 그림책에서는 점차 그림의 비중이 커지고, 작품 주제가 매우 다양해졌으며, 다양하고 참신한 기법을 활용하여 표현하는 작가들이 많아졌다. 특히, 1960년대 이후로는 포스트모더니즘의 영향으로 더욱 다양하고 복합적인 예술작품 형식의 포스트모던 그림책이 등장하기도 하였다. 포스트 모더니즘은 모더니즘에 대한 반성적 움직임으로 나타난 것으로 본다. 19세기 낭만주의는 아동을 바라보는 관점이 변화되고 아동문학 역사에 있어 큰 변화를 이끌어낸 것은 분명하지만 다소 편향적이거나 지나친 감정 노출의 문제를 안고 있었다. 이러한 낭만주의에 이어 나타난 것이 바로 모더니즘인데 인간 지성에 의한 감정 통제, 즉 이성 중심의 시대를 이끌어가게 된다. 그러나 모더니즘도 지나친 객관성에 따른 문제를 안고 있었고, 그에 대한 반동 현상으로 나타난 것이 포스트모더니즘이었다. 포스트모더니즘 그림책은 장르의 혼용, 플롯의 해체, 허구와 사실의 경계선 파괴 등 기존과 매우 다른 창조성을 추구한다. 또한, 본래 작가와 독자의 관계에서 작가는 메시지를 전달하고 독자는 메시지를 수용하는 입장이었으나, 포스트모더니즘 그림책에서는 독자가 작품과 상호작용하며 의미를 구성해나가는 등 능동적인 역할을 부여하였다(노영희, 2010).

정리하자면, 20세기 이후에는 매우 창의적이고 예술적인 작가들이 많이 등장하면서 그림책의 질적 성장이 두드러졌으며, 아동문학 중 그림책의 비중도 커지게 되었다. 빠르게 변화하는 사회 변화로 인해 인간 삶의 모습을 다룬 다양한 주제의 사실동화부터 공상과학 주제를 다룬 그림책이 많이 등장하였다. 무엇보다도 창의적이고 획기적인 환상동화의 큰 발전이 있었다. 세계적인 아동문학상의 제정으로 질적으로 우수한 아동문학 작품을 선별해내고자 하였으며, 이러한 움직임으로 인해 더욱 양질의 그림책을 만들어내도록 하였다. 포스트모더니즘의 영향으로 그림책 속 글과 그림의 양식이나 기법이 매우 다양하고 자유로운 형태로 변화해나갔으며, 그림책을 향한 도전적 시도들은 결국 기존의 수동적 독자 입장에서 능동적인 독자의 태도로 바꾸어놓기도 하였다.

생각 다지기

- 국내 아동문학 역사의 특징은 무엇인가요?
- 19세기 이전 서양의 사회 · 문화적 배경과 아동문학의 특징을 연결지어 설명해 보세요.
- 20세기 이후 서양의 사회 · 문화적 배경과 아동문학의 특징을 연결지어 설명해 보세요.

Chapter 3

아동문학의 장르

학습목표

- 다양한 아동문학 종류에 관심을 가진다.
- 아동문학을 장르별 특성에 따라 구별할 수 있다.

생각 열기

- 내가 좋아하는 아동문학 작품 하나를 떠올려 보세요. 그 작품의 장르는 무엇일까요? 친구와 함께 이야기 나눠보아요.

아동문학의 종류를 분류하는 기준이나 방법은 학자마다 다양하다. 러셀(Russell, 2009)은 영유아들이 처음 접하는 책, 그림책, 시, 전승문학, 환상문학, 근대 사실문학, 전기와 정보책으로 분류하였고 서더랜드(Sutherland, 1997)는 유아문학의 종류를 그림책, 전승문학, 근대 환상문학, 근대 사실문학, 시, 역사동화, 전기, 정보책으로 구분하였다. 국내에서는 박선희와 김현희(2006)가 그림책, 전래동화, 환상동화, 사실동화, 정보그림책, 전래동요와 동시로 구분하였으며, 이상금과 장영희(2007)는 신화, 전래동화, 환상동화, 생활동화, 전래동요와 시로 구분한 바 있다.

한편, 아동문학은 아래 표와 같이 산문과 운문으로 구분할 수도 있으며 이러한 모든 장르를 포함하는 것을 그림책이라고 할 수 있다.

산문	전통문학	전래동화
		신화 및 전설
		우화
	창작문학	환상동화
		생활동화
		정보동화
운문	전래동요 및 동시	
	창작동요 및 동시	

이렇듯 아동문학의 장르를 구분하는 것은 작품을 유형별로 체계화한 것이지만 학자들마다 다양한 의견으로 나타난다. 아동에게는 특정 장르에 편중되어 읽히기보다는 다양한 장르를 골고루 접하도록 할 필요가 있다. 본서에서는 여러 학자들의 분류를 참고하여 유아교육기관에서 가장 흔히 접하게 되는 장르를 기준으로 구분하였다. 동화(전래동화, 환상동화, 사실동화), 동시, 동극, 정보그림책으로 구분하여 각각의 정의 및 특징, 유형, 교육적 가치 순으로 살펴보고자 한다.

1. 동화

1) 전래동화

(1) 전래동화의 정의 및 특징

전래동화는 옛날부터 사람들의 입을 통해 전해 오는 이야기로 작가 미상인 경우가 대부분이다. 구비전승되다 보니, 세부내용이 변화해왔다는 특징을 가지며 오랜 세월 여러 사람들이 함께 만들어 온 공동작품이라고 볼 수도 있다. 지금의 전래동화는 구전되던 옛이야기를 수집 · 기록하여 어린이들에게 읽힐 수 있도록 분류 또는 개작한 것을 의미한다.

이러한 전래동화의 특징은 다음과 같다.

첫째, 고유의 민족 · 문화의 특성을 반영한다. 전래동화는 구비전승되었기 때문에 작가 미상이지만, 각 나라마다 문화, 역사, 사고방식을 반영하고 있다. 이를 통해 같은 문화를 공유하는 공동체 내에서 지켜야 하는 공동 양식을 강화하고 민족을 결속시켰다고 할 수 있다. 그러나 문화와는 관계없이 인간이 추구하는 보편적인 가치를 내포하고 있으므로 한 나라의 전래동화는 세계 어느 나라에서도 비슷한 재미와 공감을 선사한다.

둘째, 주제, 등장인물, 사건 등이 단순하다. 주제는 각각의 스토리마다 차이를 가지고 있으나 대체로 효도, 사랑, 우정 등으로 단순한 편이다. 등장인물들도 왕자, 공주, 영웅, 계모, 마녀, 요정, 괴물 등 전형적인 캐릭터들이 많으며, 사건 전개는 권선징악과 인과응보로 귀결된다. 옳고 그름과 같이 도덕적 개념을 배워가는 유아들에게 선한 일을 하면 보상을 받고, 악한 일을 하면 벌을 받는다는 전래동화의 주제는 좋은 지침이 될 수 있다. 또한, 전개되는 사건은 반복과 대립의 형식을 취한다. 선과 악의 대립 외에도 아름다움과 추함의 대립, 빈부의 대립 등이 있다.

셋째, 관용적인 표현이 많다. 전래동화의 배경은 정확한 공간과 시기를 특정하고 있지 않기 때문에 불분명하다는 특징을 가진다. 따라서 추상적이고 관용적인 표현을 통해 설정해두는 경우가 많다. 관용적 표현은 둘 이상의 낱말이 어울려 전혀 새로운 뜻으로 쓰이는 경우를 의미하는데, 예를 들어 '호랑이 담배 피우던 시절'로 배경의 시기를 설명한다. 관용적 표현 외에도 '아주 오래된 어느 마을에' 또는 '옛날옛날에', '깊은 숲속에', '넓고 깊은 바닷속에'와 같이 추상적인 표현으로 설명한다.

넷째, 줄거리 중심으로 전개된다. 전래동화는 대체로 발단-전개/절정-결말로 구조가 단순하기 때문에 아이들이 쉽게 접근할 수 있으며, 인기가 있다. 도입부에 해당하는 발단 단계에서 배경과 등장인물, 갈등 요인을 드러내며, 이야기가 짧고 간단한 플롯으로 일정한 형식을 유지해나가는 모습을 볼 수가 있다. 결말은 '그래서 ~행복하게 살았답니다' 하고 마무리를 짓는 식이다. 사건의 제시에서 사건의 해소로 이어지는 이야기 구조상 아이들이 이해하기 쉽고, 단순명쾌한 줄거리 중심 전개가 교육적으로 활용되기에도 적합하다.

(2) 전래동화의 유형

우리나라의 경우에는 민담, 우화, 신화, 전설과 같은 전통문학 모두를 전래동화라고 보기도 한다. 전승문학은 대체로 인간 내면의 기본 정서, 특히 동심을 반영하고 있다는 점에서 모든 종류의 전승문학이 전래동화라고 볼 수 있는 것이다. 전래동화의 유형을 살펴보면 다음과 같다.

민담에는 현실에 존재하지 않는 초현실적 존재를 자주 등장시키며, 착하게 살아가는 평범한 주인공이 초현실적 존재의 도움을 받아 역경을 이겨내는 스토리를 전개해나간다. 옛 선조들이 착한 사람은 복을 받는다는 희망을 가지고 민담을 통해 표현해내고 있음을 알 수 있다. 특히, 사회가 지향하는 도덕적 가치관을 담고 있으므로 독자로 하여금 바람직한 생각과 태도에 대해 배우도록 한다.

우화는 사람들에게 필요한 교훈이나 처세술을 담고 있는 짧은 이야기로 말하는 동물들을 주인공으로 등장시킨다. 등장인물에는 인간의 본성을 반영하게 되는데, 예를 들어 여우는 교활함을, 양은 순진함을 상징하기도 한다. 단일사건을 중심으로 이야기가 진행되며 교훈 전달의 뚜렷한 목적을 가진다는 것이 특징이다. 이렇듯 친숙한 동물이 등장하고 교훈적인 내용이라는 점에서 오늘날까지 전 세계적으로 어린이들을 위한 인기도서로 통하고 있다. 익히 잘 알려진 우화에는 고대 그리스에 살았던 노예 이솝이 지었다고 알려진 이솝우화로 『토끼와 거북이』, 『개미와 베짱이』, 『늑대와 양치기 소년』 등의 작품이 있다. 그 이후로 프랑스의 시인 라 퐁텐(Jean De La Fountain)이 이솝의 이야기들을 개작하여 우화집을 내기도 했다. 해당 우화집에는 『해님과 바람』, 『시골 쥐와 도시 쥐』라는 작품을 포함한다.

이솝 글 · 천병희 역 『이솝 우화』 도서출판 숲(2013)

신화는 초월적 능력을 가진 신과 영웅들을 주인공으로 하는 이야기로 세계의 창조신화, 민족의 시조신화, 건국신화 등이 대표적이다. 세계적으로 널리 알려진 것으로는 고대 그리스·로마 신화가 있으며, 유럽의 북구신화도 그리스·로마 신화와 어깨를 나란히 한다. 우리나라 건국신화로는 고조선의 단군신화, 고구려의 주몽 신화, 신라의 박혁거세 신화, 가야의 김수로왕 신화 등이 있다. 어린 아이들에게 읽히기에는 신화의 내용이 다소 어려울 수 있으나 이해를 도울 수 있도록 그림책 등으로 출판되고 있다.

전설은 신의 존재보다는 구체적인 지역 또는 사물과 관련한 내용을 담고 있으며, 구체적인 증거물이 제시되는 편이다. 즉, 특정 시대, 특정 지역 또는 역사적 특정 인물과 관련을 맺고 있는 이야기이다. 시간, 공간, 인물, 물건 등이 구체적으로 언급됨으로써 이야기가 사실이라고 믿게끔 만드는 특징을 가진다.

(3) 전래동화의 교육적 가치

오랫동안 아이들로부터 사랑받아 온 전래동화는 다양한 교육적 가치를 지닌다.

첫째, 아동의 상상력을 자극한다. 전래동화는 현실과 가상을 넘나들며, 초현실적인 등장인물이 자주 등장한다. 이러한 환상적 요소들은 아동에게 재미를 느끼게 하고 몰입하게끔 도울 뿐만 아니라, 마음껏 상상의 나래를 펼치며 현실적 제약으로부터 해방되는 경험을 선사한다. 초현실적인 내용에서 대리만족을 느끼며 정서적 환기가 가능하고, 사고력 및 창의력 발달을 촉진할 수 있다.

둘째, 아동의 어휘력을 신장한다. 구전문학의 특성상 옛 우리말이나 수준 높은 어휘가 자주 등장하기 때문에 전래동화를 읽는 것은 아동의 언어발달에 도움이 된다. 특히, 옛이야기에서 보이는 리듬감 있는 문체나 추상적, 비유적, 관용적 표현 등은 다양한 언어적 자극이 될 수 있다.

셋째, 전통문화와 선조들의 생활 모습 등을 자연스럽게 경험하게 된다. 전래동화는 각 나라의 역사와 사고방식 등 문화나 민족의 분위기를 담고 있기 때문에 고유의 정서를 경험하게끔 한다는 점에 있어서 매우 특별하다고 할 수 있다. 이러한 효과로 인해 아동들이 선조의 생활과 풍습에 대해 익힐 수 있을 뿐만 아니라 자연스럽게 민족적 정체성을 형성하는 데 도움이 될 수 있다.

넷째, 바람직한 가치관과 도덕성 형성에 도움을 준다. 전래동화에서 그려지는 내용은 대부분 충성심, 효심, 사랑, 선과 악, 성실과 게으름의 대조 등 교훈적이고 도덕적인 주제를 담고 있다. 따라서 아동이 재미있게 옛이야기를 듣다 보면 사회 구성원으로서 지켜야 할 사회적·도덕적 규범을 자연스럽게 익힐 수 있게 된다. 이러한 전래동화의 교육적 효과를 기대하는 현대의 많은 작가들이 더욱 화려하고 시선을 끄는 그림책으로 재탄생시키고 있다. 또한, 전래동화에서는 어려움에 처한 주인공이 자신의 노력이나 초현실적 도움을 받아 어려움을 이기고 행복하게 된다는 전개 형식을 자주 사용한다. 이러한 내용을 접하는 아동은 주인공에 동화되어 자신 역시 어려운 상황 속에서도 포기하지 않고 어려움을 헤쳐 나가고자 하는 용기와 자신감을 얻을 수 있다.

전래동화를 통해 다양한 교육적 효과를 얻기 위해서는 몇 가지 고려해야 할 사항이 있다. 본래 옛이야기는 아동만을 독자로 두지 않고, 그 당시의 정서나 분위기를 그대로 담고 있다 보니 아동문학에 걸맞지 않은 잔혹성을 띠고 있을 수 있다. 물론, 지금은 근·현대의 그림책 작가들에 의해 부분적으로 수정한 작품들이 소개되고 있지만, 여전히 아동이 공포를 느낄 수 있을 만한 내용이 포함되어 있지 않은지 확인할 필요가 있다. 또한, 옛이야기의 특성상 당시의 성 역할이나 가족 형태, 특정 고정 관념을 드러내고 있을 수 있다. 그러므로 전래동화를 읽을 때는 현대적 관점으로도 들여다볼 수 있도록 안내가 필요하다.

2) 환상동화

(1) 환상동화의 정의 및 특징

환상동화는 온전히 작가의 상상력에 의해 창작된 것으로 현실에서 존재할 수 없는 초현실적 배경과 등장인물, 사건을 통해 아동의 창의적이고 자발적인 사고를 촉진시킨다. 그러나 마냥 터무니없는 망상이나, 그저 즐거움만을 위한 이야기와는 구별해야 한다. 환상동화는 아동이 현실에서는 경험할 수 없으나 늘 상상하고 꿈꾸는 이상적인 세계를 상징하며, 특히 유아의 물활론적 사고에 부합하는 장치들을 통해 공감하고, 몰입하고, 생각하게 만드는 문학의 한 장르이다. 인간처럼 말하고 생각하는 동물, 괴물, 마법, 요정, 그밖에 상상의 무언가가 펼쳐나가는 이야기는 시대를 초월하여 사람들에게 사랑받아왔다.

이러한 환상동화의 특징은 다음과 같다.

첫째, 초현실적인 배경과 등장인물이 등장한다. 시·공간을 초월하는 배경 안에서 사건이 전개되며, 등장인물들의 모습은 마녀, 괴물, 거인, 요정, 마법사, 도깨비 등 초자연적이다. 그러나 대개 등장인물은 어린이의 성격이나 행동을 닮아있는 경우가 많으며, 이로 인해 아동이 더욱 주인공에 동화되고 몰입하게 만드는 효과를 가져온다. 환상동화는 전래동화처럼 현실에서 존재하지 않는 상상의 세계와 존재가 등장한다는 환상성을 가지고 있으나, 분명 뚜렷이 구분되는 특징을 가진다. 전래동화는 착하고 성실한 등장인물이 도움을 받거나 역경을 이겨내는 이야기 전개를 위해 초현실적 존재나 힘을 등장시키는 경우가 많다. 그러나 현대 환상동화의 환상성은 단지 권선징악의 목표 달성을 위한 것이 아니라 더 광범위한 의미를 내포한다. 예를 들자면, 환상성의 요소를 활용하여 아동의 꿈과 희망, 내면의 심리까지도 묘사하는 경우가 있다.

둘째, 여러 가지 다양한 주제를 다룬다. 환상동화의 주인공들은 현실 세계에서 마주할 수 있는 거의 모든 문제들에 직면한다. 전래동화에서처럼 권선징악, 사랑, 우정, 효와 같은 내용을 다루기도 하지만, 생활동화에서처럼 일상생활에서 부딪히는 문제를 다루기도 하고, 인간의 본능적인 욕구나 두려움과 같은 감정, 삶과 죽음에 이르기까지 매우 폭넓은 주제를 다룬다. 전래동화와는 다르게 환상동화는 작가가 존재하는데, 작가가 의도한 메시지를 독자에게 전달하기 위해 다양한 주제에 환상성을 입혀서 드라마틱하게 전개해나가는 특징을 보인다.

셋째, 전개되는 사건들은 질서와 논리성을 지니며, 초자연성이라는 독특한 플롯을 가진다. 환상동화는 우연적인 사건이 무분별하게 전개되는 것이 아니라, 초자연적인 사건들이지만 질서정연하게 이야기가 전개되는 것이다. 초자연적인 사건을 마주한다거나 마법 등을 사용해서 문제를 해결해나가는 것 모두 환상동화 플롯에서 나타나는 특징이다. 뿐만 아니라, 환상적인 세계를 현실 세계와 대비시키면서 자유자재로 전환이 이루어지기도 한다.

(2) 환상동화의 유형

환상동화의 유형을 나누는 기준은 학자마다 다양하지만, 본서에서는 등장인물의 속성에 따른 분류, 배경의 속성에 따른 분류, 사건의 속성에 따른 분류기준에 따라 환상동화의 유형을 나누고자 한다.

첫째, 등장인물에 따른 환상동화의 유형으로는 초현실적 등장인물의 환상동화, 의인화된 동 · 식물의 환상동화, 의인화된 무생물의 환상동화, 현실적 인물의 환상동화로 구분할 수 있다. '초현실적 등장인물의 환상동화'는 중심인물이 초현실적 성격을 갖는 것을 의미한다. 단, 중심인물이 아닌 주변 인물이 초현실적인 성격을 갖는 것은 제외한다. 초현실적 인물이 마법을 사용하는 모습은 어린 독자들로 하여금 호기심을 이끌어내기에 충분하다. 대표 작품으로는 요코다 미노루의 『코가 늘어나는 임금님』, 토미 웅거러의 『달사람』 등이 있다.

요코타 미노루 글 · 그림/이영준 역
『코가 늘어나는 임금님』 한림출판사(1994)

'의인화된 동 · 식물의 환상동화'는 의인화된 동물 또는 식물이 중심 등장인물로 나오는 동화를 일컫는다. 특히, 물활론적 사고를 하는 유아들에게는 큰 즐거움과 정서 발달에 기여한다. 윌리엄 스타이그의 『치과의사 드소토 선생님』과 베르너 홀츠바르트의 『누가 내 머리에 똥 쌌어?』 등이 대표적이다.

윌리엄 스타이그 글 · 그림/조은수 역
『치과 의사 드소토 선생님』 비룡소(2020)

베르너 홀츠바르트 글 · 볼프 에를브루흐 그림
『누가 내 머리에 똥 쌌어?』 사계절(2008)

'의인화된 무생물의 환상동화'는 의인화된 장난감이나 동물 인형이 중심 등장인물로 나오는 것을 의미한다. 아이들은 자신의 놀잇감이나 좋아하는 물건 등도 사람처럼 말을 할 수 있고, 살아있다고 생각하는 경향이 있다. 이러한 시기에 인간의 사고나 언어, 감정을 가진 물체를 보여주는 동화는 아동의 사고력을 확장시키는 데 도움이 된다. 대표 작품으로는 권정생의 『강아지 똥』, 콜로디의 『피노키오』 등이 있다. '현실적 인물의 환상동화'는 현실적 인물이 현실에서 일어나기 힘든 과장된 사건을 만나는 환상동화이다. 현실 세계에서 현실적 인물이 사건을 만나고 발달을 도울 수 있다. 대표 작품으로는 존 버닝햄의 『지각대장 존』과 아스트리드 린드그렌의 『삐삐 롱스타킹』 등이 있다.

존 버닝햄 글 · 그림/박상희 역
『지각대장 존』 비룡소(1995)

아스트리드 린드그렌 글 · 로렌 차일드 그림/
햇살과나무꾼 역
『내 이름은 삐삐 롱스타킹』 시공주니어(2011)

둘째, 배경에 따른 환상동화의 유형으로는 신비한 배경의 환상동화, 과학적 환상동화로 구분할 수 있다. '신비한 배경의 환상동화'는 시간여행 환상동화라고 볼 수 있다. 실제의 시간과 실제의 공간적 배경을 배제함으로써 초현실적 세계를 창출하고, 현실적 시간개념을 초월하는 시간여행을 하기도 한다. 해결하는 과정에서 과장과 유머를 입히게 되며, 독자로 하여금 즐거움과 쾌감을 맛보게 된다. 특히, 이러한 동화의 효과는 현실에서 제한되고 억눌린 아동의 감정을 정화시켜주기 때문에 어린이의 정서 이야기 속의 시간은 너무 길거나, 너무 짧은데 이렇게 묘사하는 이유는 지금 세상과는 전혀 다른 세상이라는 것을 독자가 믿을 수 있게 만들어야 하기 때문이다. 내표 작품으로는 모리스 샌닥의 『괴물들이 사는 나라』, 『깊은 밤 부엌에서』가 있다. '과학적 환상동화'는 일반 환상동화의 마술이나 초현실적인 것이 과학적 이론이나 원리와 결합된 형태이다. 미래 시대라는 신비한 배경을 두고 있지만 신비한 배경의 환상동화와 구분이 되는 것은 어느 정도 과학적 사실에 기초를 두기 때문에 실현 가능성을 가진다고 볼 수 있다. 이야기 자체가 실현 가능성이 있으며, 시간여행을 위해 마술적인 것이 아닌 과학 기술적인 장치가 활용된다. 다만, 현실 세계에 없는 인물이 등장하고 현실 세계와는 다른 시간과 공간을 사용한다는 측면 때문에 환상동화에 포함시키는 것이다.

모리스 샌닥 글 · 그림/강무홍 역 『깊은 밤 부엌에서』 시공주니어(1994)

셋째, 사건의 속성에 따른 환상동화의 유형으로는 비현실적인 사건이 있는 환상동화, 초현실적 사건의 환상동화로 구분할 수 있다. '비현실적 사건이 있는 환상동화'는 현실적 주인공이 비현실적 사건을 만나게 되는 내용이다. 배경으로는 현실 세계와 환상 세계가 구별되지 않는 특징을 가진다. 마법을 사용하는 것이 아니라 상상이나 꿈을 통해 현실적으로 일어날 수 없는 사건을 만나게 되는 이야기 구조를 가진다. 대표 작품으로는 존 버닝햄의 『지각대장 존』과 사토 와키코의 『도깨비를 빨아버린 우리 엄마』 등이 있다. '초현실적 사건의 환상동화'는 평범한 인물에게 일어난 사건과 문제를 마법과 변형에 의해 해결하게 되는 것으로, 평범한 인물이 문제 상황에 봉착했을 때 그것을 마법적으로 해결하는 사건 중심의 이야기이다. 대표 작품으로는 윌리엄 스테이그의 『당나귀 실베스터와 요술 조약돌』, 『멋진 뼈다귀』 등이 있다. 이러한 이야기 속 등장인물들은 마법을 사용하는 과정에서 때로는 매우 과장된 행동으로 묘사되기도 한다. 이러한 표현은 오히려 유아에게 큰 즐거움과 호기심을 불러일으킨다.

사토 와키코 글 · 그림/이영준 역
『도깨비를 빨아 버린 우리 엄마』 한림출판사(1991)

윌리엄 스타이그 글 · 그림/이상경 역
『당나귀 실베스터와 요술 조약돌』
다산기획(1994)

(3) 환상동화의 교육적 가치

흔히 판타지(fantasy)라고 불리는 '환상'은 현실 세계에서 나타나지 않는 것을 상상을 통해 만들어내거나 바꾸어놓는 활동이나 결과를 의미한다. 따라서 환상동화 속에서는 현실 세계와 환상 세계를 대비시키고 그것 간의 전환이 자유자재로 이루어진다. 이러한 특징으로 인해 반복적으로 노출할 경우 아동에게 교육적으로 긍정적인 영향을 미칠 수 있다.

첫째, 가상과 현실의 구분해내는 데 도움이 된다. 유아기까지의 아동은 상상과 실제의 구분이 모호하다. 그래서 꿈에서 본 장면을 실제 경험한 장면으로 오인하는 경우를 볼 수 있다. 그러나 이러한 발달 특성을 가진 아동들에게 현실 세계와 환상 세계의 대비와 전환이 자유로운 환상동화를 반복적으로 노출한다면, 오히려 가상과 현실을 자연스럽게 구분해내는 데 도움이 될 수 있다(서정숙, 남규, 2020).

둘째, 아동의 상상력을 자극한다. 상상하기 위해서는 새롭게 사고하고, 낯선 새로운 세계를 창조하고, 꿈꾸는 것을 즐거워해야 하는데 환상동화에서 펼쳐지는 사건과 등장인물들은 이것을 충분히 충족시켜준다. 현실 세계에서는 볼 수 없는 마녀나 괴물, 요정, 인간처럼 말하고 행동하는 무생물과 동 · 식물 등 초현실적 존재들이 등장하므로 아동에게 상상을 통한 새로움과 즐거움을 안겨준다. 또한, 보거나 들은 것을 상징화하는 능력은 인간만이 가지는 고유한 능력인데, 환상동화는 이러한 사고의 이미지화를 돕는 효과적인 도구라고 할 수 있다.

셋째, 삶의 중요한 가치들을 배울 수 있다. 가족 간의 사랑, 친구 간의 우정, 동료와의 협력, 선과 악 등의 주제들은 다른 아동문학의 장르에서도 등장할 수 있다. 그러나 환상동화는 흥미로운 이야기 전개 속에서 독자인 아동이 스스로 주제를 발견해나가도록 돕는다는 것에 특징을 가진다. 환상적 이야기 속에서도 인간 삶의 중요한 가치들을 다루고 있으므로 삶을 잘 이해할 수 있도록 돕는데 그 역할을 한다고 할 수 있다.

넷째, 심리적 보상을 통해 긍정적 자아 형성에 도움을 준다. 아동은 세상에

태어나 주변으로부터 받는 여러 자극과 상호작용에 의해 자신을 인식하게 된다. 그러나 자신의 생각에 미치지 못하는 신체적, 능력적 한계를 경험하게 되면서 스스로의 모습에 실망하기 쉽다. 게다가 아동의 많은 도전과 요구는 현실적으로 받아들여지지 않는 경우도 있는데, 이로 인해 자주 위축되기 쉽다. 그러나 아동은 환상동화 속에서 역경을 헤쳐 나가고, 마음껏 모험을 즐기는 등장인물을 자신과 동일시함으로써 심리적 위안과 대리만족을 얻게 된다. 이를 통해 긍정적인 자아를 형성할 수 있다.

환상동화를 통해 다양한 교육적 효과를 얻기 위해서는 유아 발달단계에 따른 적합성을 고려해야 한다. 환상 정도에 따라 환상성이 높은 고도 환상동화, 환상성이 낮은 동화로 구분될 수 있는데, 어린 연령의 아동은 고도 환상동화를 이해하는 데 어려움을 따를 수 있다. 따라서 아동의 인지 발달 수준에 적합한지 살펴보고 선정해야 한다.

3) 사실동화

(1) 사실동화의 정의 및 특징

사실동화는 아동의 삶에서 일어날 수 있는 사건 등을 소재로 하므로 생활동화라고 하기도 한다. 그러나 생활동화는 교훈을 위주로 쓰인 것이 많아서 사실동화의 예술적 의미를 축소시키는 경향이 있는 관계로 최근에는 사실동화라는 용어를 주로 사용한다. 전래동화, 환상동화처럼 초자연적인 힘이나 초현실적 세계가 등장하지 않고 실제 현실에서 일어날 수 있는 사건을 다루는데, 주로 아동이 일상생활에서 실제 경험하는 문제들을 다룬다. 그밖에도 아동의 삶에 직·간접적으로 영향을 미칠 수 있는 사회적 문제를 다루기도 한다.

이러한 사실동화의 특징은 다음과 같다.

첫째, 우리 삶에 밀접한 다양한 주제를 다룬다. 분리불안, 동생에 대한 질투의 감정, 두려움 등 아동 내면의 문제뿐만 아니라, 내면에 영향을 미치는 외부의 사건 등을 포함한다. 즉, 부모나 선생님과의 관계, 다양한 가족 유형별 관계, 반려견, 다문화, 자연 및 주변환경과의 관계 등을 다룬다.

둘째, 등장인물과 배경이 현실적이다. 전래동화의 등장인물처럼 전형적인 인물이 아니며, 환상동화에서처럼 초현실적인 인물도 아니다. 사실동화의 등장인물은 현실 속에서 만날 수 있는 인물로 아동의 입장에서 경험할 수 있거나 공감이 가는 인물이다. 배경도 대체로 일상생활에서 볼 수 있는 모습으로 묘사되고, 과거의 이야기라면 그 시대적 배경을 고스란히 담고 있다.

셋째, 등장인물의 대화나 생각 등이 실제 대화인 듯 자연스럽게 묘사된다. 그래서 사실동화 속 이야기 전개는 훨씬 사실적이고 생생하게 전달된다. 환상동화에서처럼 무생물이나 동·식물이 인간처럼 말하거나 생각할 수 없고, 그저 일상에서 보이는 그대로의 모습으로 묘사된다. 예를 들면 사실동화 속 강아지는 사람처럼 말하지 못하고, '멍멍' 또는 '왈왈'이라고 짖는 것으로 묘사된다.

(2) 사실동화의 유형

사실동화의 주요 주제 및 소재를 중심으로 유형을 구분할 수 있다. 아동의 발달과업과 성장, 일상과 놀이, 가족관계, 사회관계, 사회문제, 자연환경으로 나누어 소개하고자 한다.

아동의 발달과업과 성장을 다룬 사실동화는 실제 아동의 연령이 증가함에 따라 주어지는 발달과업을 성공적으로 다룰 수 있도록 돕는다. 동화를 읽는 아동이 어려움을 이겨내고 자신에게 주어진 과제를 성공적으로 해내는 주인공에 동화되면서 주인공이 겪는 어려움에 함께 힘들어하고, 문제를 해결하는 과정에서 함께 기뻐하게 된다. 대표적인 작품을 중심으로 살펴보면, 쓰쓰이 요리코의 『이슬이의 첫 심부름』에서는 첫 심부름을 성공적으로 해내는 주인공이 등장하고, 에즈라 잭 키츠의 『휘파람을 불어요』에서는 끊임없는 시도를 통해 마침내 휘파람을 불 수 있게 되는 주인공이 등장한다. 이러한 주인공의 모습은 독자인 아동의 발달과업 및 성장에 도움을 주며, 대리만족과 간접적 해소를 경험하게 끔 할 수 있다.

일상과 놀이를 다룬 사실동화는 아동이 일상생활에서 겪을 수 있는 다양한 에피소드와 즐겁게 놀이하고자 하는 동심을 그대로 담아낸다. 마거릿 초도스 어빈의 『오늘은 무슨 옷을 입을까?』에서는 보통의 아동들이 입고 싶은 옷을 가지고 부모님과 실랑이를 벌이는 흔한 에피소드를 담고 있다. 에즈라 잭 키츠의 『눈 오는 날』에서는 그야말로 눈 위에서 아이가 하는 놀이를 예쁘게 그려내고 있다. 한태희의 『구름 놀이』에서는 하늘의 구름을 바라보며 다양한 상상을 하는 아이의 모습을 보여주기도 한다. 이렇듯 아동의 일상과 놀이를 담은 사실동화는 자신의 모습을 빗대어 생각할 수 있게 하고 정서적인 안정감을 느끼도록 한다.

에즈라 잭 키츠 글 · 그림/김소희 역
『눈 오는 날』 비룡소(1995)

한태희 글 · 그림 『구름 놀이』
미래엔아이세움(2004)

가족관계를 다룬 사실동화는 주로 가족과 갈등을 겪기도 하지만 곧 해결되고 가족 간의 소중함을 확인하게 되는 줄거리로 이루어져 있다. 또는 이혼가정 등 다양한 모습의 가족을 보여주며 자연스럽게 수용할 수 있도록 돕기도 한다. 베라 윌리엄스의 『엄마의 의자』는 일하는 엄마가 집에서 쉴 수 있는 의자를 마련하기 위해 가족이 함께 동전을 모으는 이야기를 통해 가족의 소중함과 사랑을 확인할 수 있게 한다. 가족관계에서는 형제관계도 중요한데, 특히 어린 형제들끼리의 경쟁, 질투를 다루어 줌으로써 실제 아동의 불만과 스트레스가 해소되는 경험을 하게 한다. 형제 각자의 역할에 대해 생각해보게끔 도와주기도 하며, 대표적으로 울프 닐슨의 『나는 형이니까』와 쓰쓰이 요리코의 『순이와 어린 동생』이 있다. 그밖에도 조부모와의 관계와 사랑에 대해서 다루기도 한다. 토미 드 파올라의 『오른발, 왼발』이나 『위층 할머니, 아래층 할머니』는 조부모의 병이나 죽음을 경험하는 과정을 통해 인간 삶에 대한 이해를 도울 수 있는 대표적인 작품이다.

쓰쓰이 요리코 글 · 하야시 아키코 그림/양선하 역
『순이와 어린 동생』 한림출판사(1995)

토미 드 파올라 글 · 그림/이미영 역
『위층 할머니, 아래층 할머니』 비룡소(2003)

사회관계를 다룬 사실동화는 여러 관계 속에서 상호작용하며 사회성이 발달하는 아동기에 도움이 될 수 있다. 연령이 증가함에 따라 가족, 친구, 이웃 등 더 넓은 지역사회로 관심이 확장되는데, 특히 유아들은 모든 장난감이 내 것인 가정에서 벗어나 기관에서 또래들과 나눠 써야 하고, 싸우면 화해할 줄도 알아야 하는 등 친구를 사귀고 사이좋게 지내는 방법에 대해 배워나가게 된다. 이때, 친구와의 관계를 다룬 사실동화에 등장하는 주인공의 비슷한 처지와 어려움이 아동을 위로해주고 지혜롭게 관계를 맺어나가는 방법에 대해 배울 수 있게 된다. 대표적으로 낯선 동네에서 새로운 친구를 사귀는 내용으로 샘 맥브래드니의 『미안해』라는 작품이 있다.

사회문제를 다룬 사실동화는 실제 세계 곳곳에서 일어나고 있는 전쟁의 실상을 그리기도 하고, 가난과 인종차별, 장애에 대한 편견의 문제를 다루기도 한다. 아동들은 자신의 삶과 밀접한 내용이 아니더라도 어른들의 대화나 TV 등을 통해 다양한 사회문제를 접하고 궁금해한다. 우리나라 같은 경우는 종전국가가 아닌 언제라도 전쟁이 일어날 수 있는 분단국가로서 이 사회를 살아가는 아동들의 이해를 돕기에 적합한 내용을 담을 수 있다. 이억배의 『비무장지대에 봄이 오면』에서는 고향을 그리워하는 할아버지의 이야기를 통해 분단이 아픔과 통일에 대한 희망을 이야기하고 있다. 외국인 이모부를 가족으로 받아들이기까지 아이의 심리를 묘사한 선현경의 『이모의 결혼식』은 다문화사회에 흔히 볼 수 있는 이야기이며, 호세 캄파나리의 『난민이 뭐예요?』는 난민에 대해 이해하기 쉽게 조근조근 알려주는 식의 사실동화로 대표적인 사회문제를 다루고 있다.

이억배 글 · 그림 『비무장지대에 봄이 오면』
사계절(2010)

호세 캄파나리 글 · 에블린 다비디 그림/
김지애 역
『난민이 뭐예요?』 라임(2018)

자연환경을 다룬 사실동화는 자연환경에 큰 호기심을 가지고 탐색하려는 아동들에게 지적 호기심을 충족시켜준다. 기후 현상과 계절의 변화, 산과 바다 등 자연의 아름다움, 동물의 일생 등 아동이 흥미를 느낄만한 내용을 다룬다. 또한, 자연의 아름다움 뒤에 위기상황을 보여줌으로써 환경오염이나 기후위기의 심각성을 강조하기도 한다. 비 오는 날 두 남매가 밖에서 보내는 시간을 그린 미터 스피어의 『야호 비 온다!』, 늦가을의 모습을 표현한 정순희의 『바람 부는 날』, 겨울잠을 자기 전 곰의 이야기를 담은 데지마 게이자부로의 『아기곰의 가을 나들이』 등 다양한 작품이 있다.

피터 스피어스 글 · 그림/비룡소 편집부 역
『야호 비 온다!』 비룡소(2011)

정순희 글 · 그림 『바람 부는 날』 비룡소(1996)

(3) 사실동화의 교육적 가치

아동의 구체적 삶을 소재로 실제 현실에서 일어날 수 있는 사건을 다룬 사실동화는 다양한 교육적 가치를 지닌다.

첫째, 문제를 해결할 수 있는 지혜를 얻을 수 있다. 사실동화는 아동이 현실에서 겪을 수 있는 다양한 문제, 즉 부모로부터의 분리, 친구 관계, 싫어하는 일을 해야 한다거나 하는 상황을 다룬다. 실제 아동이 고민하는 문제를 사실동화 속에서 지혜롭게 풀어나가는 모습을 보여줌으로써 문제해결력을 얻을 수 있다.

둘째, 심리적 위안과 안정감을 얻을 수 있다. 사실동화는 아동이 심리적으로 성장하는 과정을 담고 있기도 하다. 성장과정 속에서 두려움과 긴장감, 질투와 분노, 그 밖의 다양한 감정 조절의 문제를 만나게 되는 아동은 자신과 비슷한 심리상태에 있는 사실동화의 등장인물들을 통해 위안을 얻게 된다. 말썽꾸러기 같은 모습은 마음대로 하고만 싶은 아동의 욕구를 반영하기도 하고, 아동이 어찌하지 못하는 상황, 즉 부모의 이혼이나 상실의 경험 등을 묘사하기도 하여 심리적 해소를 가능하게 한다.

셋째, 사회적 문제에 관심을 가지게 한다. 사실동화의 주제는 아동 주변을 둘러싸고 있는 환경뿐만 아니라 세계적으로 이슈가 되는 사회적 문제를 다루기도 한다. 전쟁과 가난, 다문화, 장애, 편견과 차별 등의 소재를 통해 아동이 타인과 사회현상에 대해 이해할 수 있도록 돕는다.

사실동화를 통해 다양한 교육적 효과를 얻기 위해서는 몇 가지 고려해야 할 사항이 있다. 먼저, 아동이 동일시할 수 있는 또래 유아나 친숙한 등장인물을 확인한다. 그리고 너무 교훈을 주는 것보다는 유아의 삶과 밀접하고 흥미를 느낄 수 있는 내용인지 확인할 필요가 있다.

2. 동시, 동극

1) 동시

(1) 동시의 정의 및 특징

시는 문학의 한 장르로서 자연이나 인생에 대하여 일어나는 감흥과 생각을 함축적으로 표현한 글이라고 할 수 있다. 한자를 그대로 풀이하면 '아이의 생각'이라고 할 수 있는 동시는 성인이나 어린이가 동심을 함축적이고 운율적으로 담아낸 글이다.

이러한 동시의 특징은 다음과 같다.

첫째, 비유적이고 함축적인 표현과 운율이 있는 동시는 독자로 하여금 감수성을 불러일으킨다. 비유적 표현은 빗대어 표현하는 방법으로 크게 직유법, 은유법, 의인법이 있다. 직유법은 '~듯이', '~같은', '~처럼'과 같은 말을 사용하며, 은유법은 암시적으로 빗대어 표현하는 것으로 '내 마음은 갈대'와 같이 표현할 수 있다. 의인법은 생명이 없는 물건이나 사람이 아닌 것을 사람인 양 표현하는 것을 의미한다. 이러한 비유적 표현을 사용함으로써 언어의 감각을 익힐 수 있게 된다. 또한, 동시는 음악적이므로 내용만큼 중요한 것이 소리라고 할 수 있고 소리와 리듬에 민감하게 반응할 수 있다. 따라서 동시에서의 운율과 강세, 리듬, 비유적 · 함축적 표현은 아동들의 강한 반응을 이끌어내며 언어적 감수성을 증진시킨다.

둘째, 음성상징어의 사용이 빈번하다는 것이다. 특히 어린 아동일수록 말을 배워나가는 단계이므로 의성어, 의태어, 반복적인 언어 표현에 큰 흥미를 가지고 말놀이를 즐기게 되는데, 다양한 언어 표현 기법을 사용하는 동시는 이 시기 아이들에게 언어적 자극을 주기에 적절하다. 또한, 이러한 상징적 언어는 아동 내면에 심상을 형성하게 되므로 아동의 상상을 불러일으키는 데에도 도움이 된다.

셋째, 산문과는 구별되는 글의 형식을 가진다. 주로 운문이라고 비교하여 설명되는데, 연속된 줄글로 이루어진 산문과는 다르게 단어 몇 개가 이어진 행과 여러 개의 행으로 구성된 연으로 구성된다. 그러나 모든 시에서 이러한 형태가 나타나는 것은 아니며, 행의 구분이 없으며 줄글로 이루어진 산문시도 있다.

(2) 동시의 유형

동시는 내용과 형식에 따라 나눌 수 있다. 내용에 따라 서정시, 서사시, 서경시로 나눌 수 있고, 형식에 따라 정형시, 자유시, 산문시, 동화시로 나눌 수 있다. 유아들에게 다양한 유형의 시를 소개함으로써 시를 이해하고 즐길 수 있는 능력을 향상시킬 수 있다. 형식에 따른 동시의 유형을 소개하면 다음과 같다.

먼저, 일정한 형식과 규칙에 맞추어 지은 정형동시이다. 정형동시는 4.4조, 4.3조, 7.5조의 일정한 외형률을 가지고 있다. 외형률은 겉으로 드러나는 운율을 의미하는데, 주로 시조와 같이 형식이 정해져 있는 시에 많이 나타난다. 따라서 정형동시는 글자 수를 일정하게 반복하는 것, 앞이나 뒤에 똑같은 글자를 배치하는 것으로 운율을 나타낸다. 대표적으로 한인현의 3.4.5조의 외형률을 가진 『섬집 아기』가 있다.

섬집 아기

- 한인현 -

엄마가 섬그늘에 굴 따러 가면
아기가 혼자 남아 집을 보다가
바다가 불러 주는 자장노래에
팔 베고 스르르르 잠이 듭니다.

아기는 잠을 곤히 자고 있지만
갈매기 울음소리 맘이 설레어
다 못 찬 굴 바구니 머리에 이고
엄마는 모랫길을 달려옵니다.

둘째, 글자 수, 행수, 운율에 있어 일정한 형식을 따르지 않는 자유동시이다. 정형률에서 벗어난 동시 형태를 추구하고자 한 작가들로부터 시작되었으며, 현대 동시작가들에 의해서 창작되는 대다수의 창작동화가 자유동시에 속한다고 할 수 있다. 대표적으로 윤동주의 『오줌싸개 지도』가 있다.

오줌싸개 지도

- 윤동주 -

빨래줄에 걸어 논
요에다 그린 지도
지난밤에 내 동생
오줌 싸 그린 지도

꿈에 가 본 엄마 계신
별나라 지돈가?
돈 벌러 간 아빠 계신
만주 땅 지돈가?

셋째, 자유동시와 쉽게 구분되지 않으나 행 구분이 없고, 산문체로 구성된 산문동시이다. 현대시는 정형시에서 자유시로, 그리고 산문시의 순서로 발전하였으며 그 과정을 통해 정형률 해체가 이루어졌다. 대표적으로 윤동주의 『소년』이 있다.

소년

- 윤동주 -

여기저기서 단풍잎 같은 슬픈 가을이 뚝뚝 떨어진다.
단풍잎 떨어져 나온 자리마다 봄을 마련해 놓고
나뭇가지 우에 하늘이 펼쳐 있다.
가만히 하늘을 들여다보려면 눈썹에 파란 물감이 든다.
두 손으로 따뜻한 볼을 쓸어보면
손바닥에도 파란 물감이 묻어난다.
다시 손바닥을 들여다본다. 손금에는
맑은 강물이 흐르고, 맑은 강물이 흐르고,
강물 속에는 사랑처럼 슬픈 얼굴-
아름다운 순이(順伊) 얼굴이 어린다.
소년은 황홀히 눈을 감아 본다. 그래도
맑은 강물은 흘러 사랑처럼 슬픈 얼굴-
아름다운 순이(順伊)의 얼굴은 어린다.

넷째, 형식 면에서 시적인 짜임새를 가지고 있으면서 동화적인 내용과 형태를 가진 동화시이다. 동화시가 창작되기 시작한 1920년대에는 정형률의 형태를 취한 동화시가 많았으나 갈수록 자유 형태를 취하는 동화시가 증가해왔다. 대표적으로 윤동재의 『영이의 비닐우산』이 있다.

영이의 비닐우산

- 윤동재 -

주룩주룩 비 내리던
월요일 아침.
학교 가는 길에 영이는
비를 맞으며 교문 앞 문방구 옆
시멘트 담벼락에 기대에
잠들어 있던 거지 할아버지를 보았다.
그 옆에 같이 잠들어 있던
쭈그러진 깡통엔
찬밥 덩이 대신 빗물이 가득 고여
촐촐 넘치고 있었다
짓궂은 아이들 몇이 할아버지 어깨를
툭 건드려 보고 지나갔다.
문방구 아주머니는 아이들에게
물건을 팔다가도 연신 밖을 내다보며
"미친 영감태기 아침부터 재수 없게
또 우리 담벼락에 기대어 늘어졌노."
"영감태기, 영감태기 뒈지지도 않고."
아침 자습을 마치고 영이는 다시
교문 밖으로 나가 보았다.

거지 할아버지는 여전히 비를 맞으며
잠이 들어 있었다.
영이는 누가 볼까 좌우를 둘러보며
아침에 가져온 비닐우산을
할아버지 머리 위에 살며시 펴서
씌워 드렸다.
그날 오후는 다시 하늘이 말갛게 갰다.
영이는 집으로 돌아가면서 교문 앞
문방구 집 담벼락을 살폈다.
그곳엔 거지 할아버지도 찌그러진 깡통도 보이지 않았다.
아침에 영이가 씌워 드린 비닐우산만 접혀져
담벼락에 꼿꼿이 세워져 있을 뿐.
영이는 멍하니 서서 우산을 보고 있었다.
말갛게 갠 하늘을 쳐다보며 중얼거렸다.
"할아버지가 가져가셔도 괜찮은 건데……"

(3) 동시의 교육적 가치

동시는 유아교육에서 매우 중요한 역할을 하는 문학 장르로, 언어발달뿐만 아니라 정서적, 창의적, 사회적 발달을 고루 지원하는 교육적 도구로 활용될 수 있다. 동시는 운율, 비유, 상징 등을 통해 인간의 경험과 정서를 함축적으로 표현하며, 이는 유아들이 언어를 배우고 세상을 이해하는 데 깊은 영향을 미친다.

우선, 동시는 유아의 상상력과 창의력을 자극하는 데 효과적이다. 동시는 의성어와 의태어를 포함한 다양한 시적 표현을 활용하여 유아가 머릿속에서 동시 내용을 생생하게 이미지화할 수 있도록 돕는다. 예를 들어, "졸졸 흐르는 개울물"이라는 표현은 단순한 설명 이상의 이미지를 전달하며, 유아의 사고를 구체적이고 생동감 있게 만들어 준다. 이러한 과정을 통해 유아는 자연스럽게 상상력을 발달시키고, 창의적으로 사고하는 능력을 키울 수 있다.

동시는 유아의 언어적 감수성을 키우는 데도 큰 도움을 준다. 동시는 음악적인 리듬과 반복을 포함하고 있어, 유아들이 즐겁게 동시를 듣고 따라 읽게 만든다. 특히, 운율이 살아있는 짧은 동시 구절은 유아들에게 쉽게 암기되며, 반복적으로 낭송할 때 언어적 자신감을 형성하는 데 기여한다. 짧지만 혼자서 또는 친구들과 함께 동시를 외워 낭송해보는 경험은 유아들에게 성취감과 자기효능감을 제공한다.

어린 시절에 좋은 동시를 즐긴 경험은 평생 동안 시를 좋아하고 즐기는 태도 형성의 기초가 된다. 따라서 교사들은 유아들이 좋아하고 즐길 수 있는 좋은 동시를 신중히 선택하고 제공해야 한다. 좋은 동시는 다음과 같은 특성을 가지고 있다.

① 귀에 쏙 들어오는 운율감

동시의 리듬감은 유아들이 내용을 즐겁게 기억하고 흥미를 느낄 수 있도록 한다. 이로 인해 언어를 보다 친근하게 접할 수 있는 환경이 형성된다.

② 의성어와 의태어의 생동감

동시 속에서 사용된 의성어와 의태어는 유아가 내용을 시각적으로 떠올리기 쉽게 만들어 준다. 예를 들어, "싹싹"이나 "반짝반짝" 같은 표현은 유아들에게 생생한 이미지를 전달하여 상상의 즐거움을 선사한다.

③ 시각적 요소를 활용한 독창성

시를 주제와 관련된 특정 모양으로 구성한 모양시는 시각적으로 흥미를 불러일으키며, 유아들의 호기심을 자극한다. 이러한 시각적 자극은 문학적 접근 방식을 다채롭게 만든다.

④ 웃음을 유발하는 유머

유머가 가미된 동시는 유아들에게 긍정적인 감정을 심어주고, 동시를 통해 즐거운 경험을 할 수 있도록 돕는다. 유머는 또한 유아들이 긴장을 풀고 사회적 관계를 형성하는 데 유익한 도구가 된다.

⑤ 호기심을 자극하는 문답 형식

묻고 답하는 구조로 구성된 동시는 유아들의 흥미를 끌기에 적합하며, 상호작용을 유도하여 더욱 몰입할 수 있는 기회를 제공한다.

좋은 동시는 유아들의 일상적 경험과 관련된 내용을 담고 있어야 하며, 직유나 은유적 표현도 유아가 이해할 수 있는 수준이어야 한다. 또한, 유아가 쉽게 암기할 수 있는 길이와 언어적 리듬을 가지고 있어야 한다. 특히, 의성어와 의태어가 포함된 동시는 유아가 시의 내용을 머릿속에서 쉽게 그릴 수 있도록 돕는다. 이러한 동시를 통해 유아들은 단순히 언어를 배우는 것을 넘어, 시를 사랑하고 즐길 수 있는 문학적 기초를 다질 수 있다.

사회적 발달 측면에서도 동시는 중요한 역할을 한다. 동시는 혼자 읽는 경험뿐만 아니라 친구들과 함께 낭송하거나 감상을 공유하는 활동을 통해 사회적 상호작용의 기회를 제공한다. 이러한 경험은 협력, 경청, 타인의 감정에 대한 공감을 배우는 데 중요한 밑거름이 된다. 예를 들어, 유아들이 함께 동시를 낭송하며 리듬을 맞추는 활동은 집단 내에서의 조화와 협력의 중요성을 자연스럽게 깨닫게 한다.

나아가, 동시는 유아의 문화적 소양을 함양하는 데도 기여한다. 전통적인 동시는 특정 문화의 가치와 정서를 담고 있어, 유아들이 다양한 문화적 배경을 이해하고 존중하도록 돕는다. 이를 통해 유아는 자신의 문화적 뿌리를 이해하는 동시에, 다른 문화와의 차이를 긍정적으로 받아들이는 태도를 배울 수 있다.

이처럼 동시는 단순히 문학적 즐거움을 주는 것을 넘어, 유아들의 전인적 발달을 지원하는 다차원적인 교육적 가치를 지니고 있다. 교사와 부모는 이러한 동시의 가치를 충분히 인식하고, 유아가 동시를 즐길 수 있는 환경을 조성함으로써 유아교육에서 동시를 적극적으로 활용해야 할 것이다.

예비유아교사의 문학적 감성을 키우는 활동 실제

예비유아교사의 문학적 감성과 동시에 대한 이해를 도우며, 흥미를 가질 수 있는 활동 실제로 '동시 짓기'를 소개해보고자 한다. 동시 짓기는 특별한 재료가 필요한 것이 아니므로 쉽게 시도해볼 수 있다. 다만, 색을 입히거나 어울리는 그림을 그려보기 위해 색연필 또는 사인펜 등을 활용해보는 것은 도움이 된다. 아래 사진은 실제 대학의 아동문학교육 수업에서 진행한 동시 짓기 결과물이다. 주제는 자유롭게 선택하되, 동시의 특성과 종류에 대해 학습한 것을 생각하며 활동을 진행할 수 있다. 본 활동에서 사용했던 기본적인 재료는 싸인펜과 헌 달력이었다. 필요에 따라 꾸미는 재료를 더 준비하여 사용하였다. 그러나 공책, 이면지, 노트북 등 활용할 수 있는 대체 자료로도 얼마든지 가능하다. 아래의 활동 결과물 사진을 참고하여 '동시 짓기'를 시도해 보자. 잠재되어 있는 문학적 감성을 일깨우기에 매우 효과적인 방법이다.

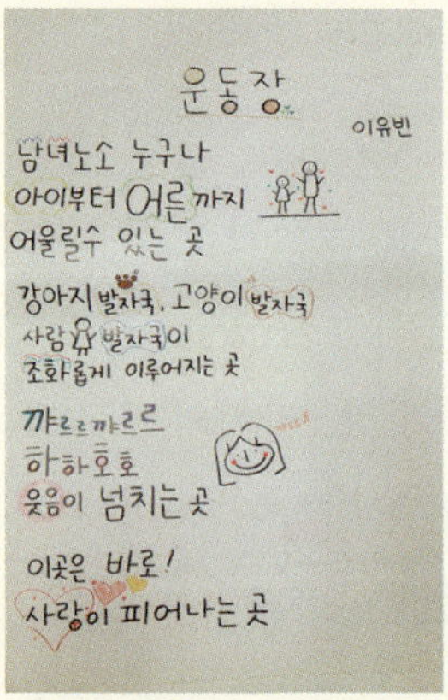

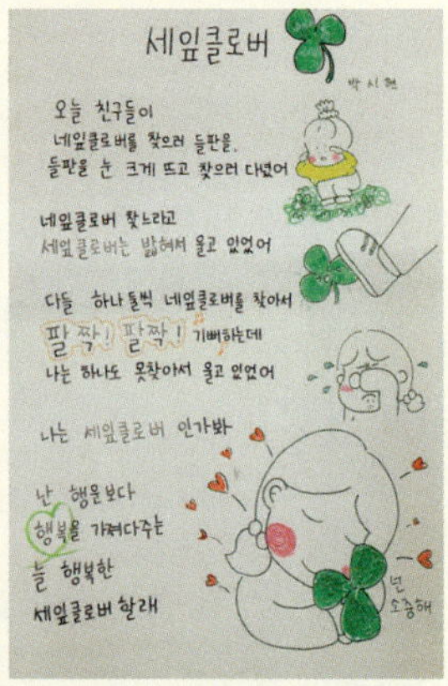

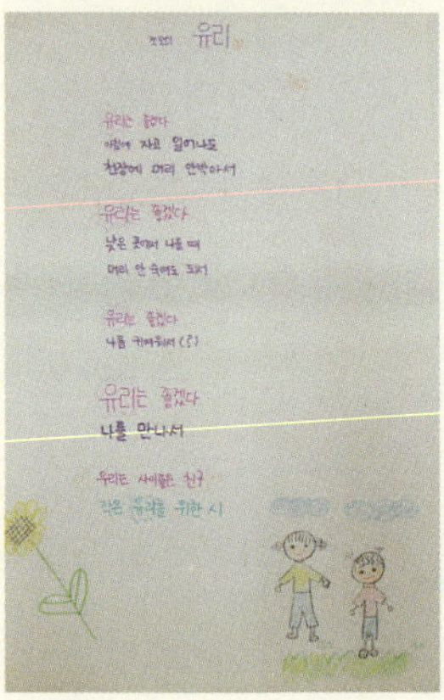

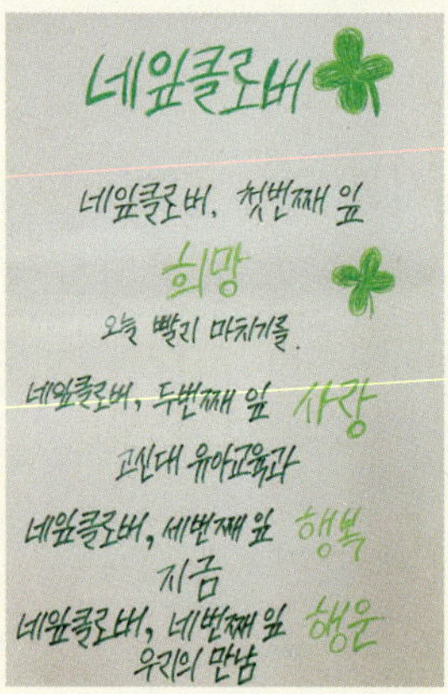

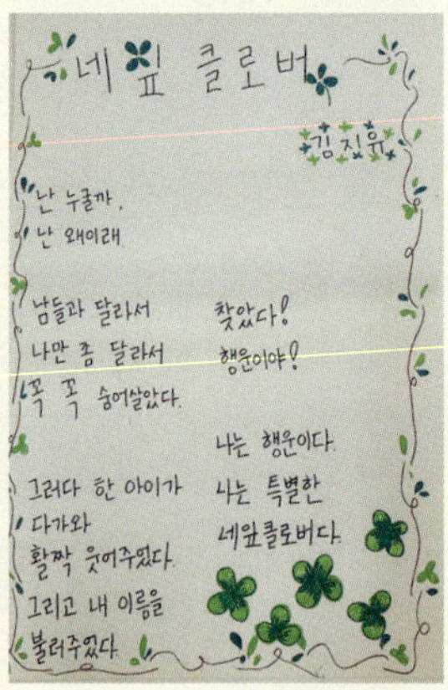

Tip 예쁜 풍경화나 그 밖의 아름다운 이미지, 또는 관련된 영상을 준비하여 감상한 후, 동시 짓기를 진행할 수 있다. 주변의 사소한 장면, 아름다운 풍경을 직접 감상하고 나서 시도해보는 것은 더욱 좋다. 동시 짓기가 어렵다면, 감상평을 간단하고 함축적인 문장으로 표현하는 활동부터 진행해보기를 추천한다.

2) 동극

(1) 동극의 정의 및 특징

동극은 어린이들이 중심이 되어 연극 형식으로 이야기를 표현하는 예술적 활동으로, 유아교육에서 중요한 문학적 및 예술적 학습 도구로 활용된다. 동극은 단순히 이야기를 전달하는 것을 넘어, 언어 표현 능력, 창의력, 상상력, 그리고 협력과 사회성을 길러주는 종합적인 교육적 가치를 지닌다. 이는 이야기 속 등장인물과 사건을 몸과 언어로 표현함으로써 유아가 주체적으로 참여하고 몰입할 수 있도록 하는 장르이다. 동극은 연극과 비슷하지만, 유아의 발달 수준에 맞게 단순화된 형식으로 진행되며, 창의적 표현과 자발적인 상호작용을 강조한다.

동극의 특징은 다음과 같다.

첫째, 단순하면서도 상징적인 내용과 구성이다. 동극의 이야기 구성은 대개 유아가 쉽게 이해할 수 있는 짧고 단순한 줄거리로 이루어진다. 그러나 이 단순한 내용 속에는 유아의 상상력을 자극할 수 있는 상징적이고 은유적인 요소가 포함되어 있다. 예를 들어, 용기, 우정, 협동심과 같은 가치들을 전달하기 위해 동물이나 자연물을 의인화하는 기법이 자주 사용된다.

둘째, 언어적 표현과 신체적 움직임의 결합이다. 동극은 유아가 직접 대사와 행동으로 이야기를 표현하도록 함으로써 언어적, 비언어적 의사소통 능력을 동시에 발달시킨다. 대사의 반복적 연습은 유아의 언어 발달에 도움을 주며, 역할에 몰입해 몸짓으로 표현하는 과정은 정서적 표현력과 신체적 자신감을 길러준다. 이를 통해 유아는 자신의 감정을 자유롭게 표현하고, 다른 사람의 감정을 이해하는 공감 능력을 배울 수 있다.

셋째, 집단적 참여와 협동의 경험을 제공한다. 동극은 대부분 여러 명의 유아가 함께 참여하여 각자의 역할을 맡고, 이야기의 완성을 위해 협력해야 한다. 이러한 과정에서 유아는 공동의 목표를 이루기 위해 타인과 조화를 이루는 법을 배우며, 사회적 기술을 자연스럽게 익힌다. 또한, 동극은 유아들 간의 관계 형성을 도와주는 역할을 하기도 한다.

넷째, 즉흥성과 창의성이 강조된다. 동극의 대본은 고정적일 수도 있지만, 유아의 창의적인 아이디어가 반영될 수 있도록 자유롭게 수정되거나 즉흥적으로 진행되기도 한다. 이러한 특성은 유아가 자기주도적으로 문제를 해결하고, 창의적인 아이디어를 표현하는 데 큰 도움을 준다.

다섯째, 음악과 무대 장치의 활용이다. 동극은 음악, 의상, 소품 등을 활용하여 유아들이 극에 몰입하고 즐거움을 느낄 수 있도록 한다. 배경음악과 효과음은 이야기를 더욱 생동감 있게 만들어주며, 소품과 무대는 유아가 상상력을 발휘하는 데 중요한 역할을 한다.

동극은 이처럼 유아들이 자신의 생각과 감정을 자유롭게 표현하면서도 타인과 소통하고 협력할 수 있는 기회를 제공한다. 이는 유아의 전인적 발달을 촉진하는 강력한 교육적 도구로 자리 잡고 있다.

(2) 동극의 유형

동극의 유형은 그 구성 요소와 표현 방식에 따라 다양하게 나뉜다. 본 문서에서는 동극의 주요 유형을 세 가지 기준에 따라 살펴보고자 한다. 내용과 소재에 따른 유형, 표현 방식에 따른 유형, 그리고 참여 방식에 따른 유형이다.

첫째, 내용과 소재에 따른 동극의 유형이다.

① **동화 기반 동극**: 잘 알려진 동화를 각색하여 연극 형식으로 표현하는 유형으로, 유아들이 친숙한 이야기 속에서 쉽게 몰입하고 공감할 수 있도록 돕는다. 예를 들어, 『백설공주』나 『해와 바람』과 같은 이야기를 각색한 동극이 이에 해당한다.

② **창작 동극**: 교사나 유아들이 직접 이야기를 창작하여 구성한 동극으로,

유아들의 상상력과 창의성을 극대화할 수 있는 장르이다. 이는 아이들이 스스로 이야기를 만들고 표현하는 과정을 통해 자기표현력을 키운다.

③ **주제 중심 동극**: 특정 교육적 목표나 주제를 중심으로 구성된 동극으로, 환경 보호, 우정, 협동 등 교훈적 메시지를 전달한다. 이러한 동극은 유아들이 중요한 가치를 자연스럽게 배우도록 돕는다.

둘째, 표현 방식에 따른 동극의 유형이다.

① **대사 중심 동극**: 대사를 통해 이야기의 전개와 감정을 표현하는 동극으로, 언어능력 발달에 효과적이다. 아이들은 대사를 암기하고 전달하며 언어 표현력을 높인다.

② **동작 중심 동극**: 대사보다는 몸짓과 동작을 통해 이야기를 표현하는 유형으로, 신체표현 능력을 발달시키는 데 유용하다. 음악과 춤을 함께 활용하기도 한다.

③ **혼합형 동극**: 대사와 동작을 조화롭게 활용하여 이야기를 전달하는 동극으로, 종합적인 표현력을 키우는 데 적합하다.

셋째, 참여 방식에 따른 동극의 유형이다.

① **교사 주도 동극**: 교사가 주도적으로 내용을 구성하고 유아들이 따라 하는 형태로, 초보 단계의 유아들에게 적합하다. 교사의 지도하에 유아들이 점차 동극 활동에 익숙해질 수 있다.

② **유아 주도 동극**: 유아들이 직접 역할을 정하고, 대사와 동작을 창작하여 진행하는 형태로, 창의성과 주체성을 기를 수 있다. 이는 유아들의 상호작용과 협동 능력을 높이는 데도 기여한다.

③ **집단 즉흥 동극**: 정해진 대본 없이 유아들이 즉석에서 이야기를 만들어가는 유형으로, 상상력과 문제 해결 능력을 기르는 데 효과적이다.

이처럼 동극은 다양한 방식으로 구성되고 활용될 수 있으며, 각 유형은 유아의 발달 단계와 교육적 목표에 따라 선택적으로 활용될 수 있다. 교사와 유아가 함께 창의적인 과정을 경험하며 이야기를 만들어가는 동극은 교육적 효과뿐만 아니라 유아들에게 큰 즐거움과 성취감을 제공한다.

(3) 동극의 교육적 가치

동극은 유아교육에서 단순한 연극 활동을 넘어, 아동의 전인적 발달을 돕는 중요한 교육적 도구로 자리 잡고 있다. 동극을 통해 유아는 다양한 학습 경험과 정서적, 사회적 성장을 이룰 수 있다. 이는 언어 표현, 창의력 발달, 사회적 협력, 그리고 심리적 안정감을 제공하는 등 다방면에서 교육적 가치를 지닌다.

첫째, 언어 표현 능력을 발달시킨다. 동극은 유아들이 대사를 암기하고 표현하는 과정을 통해 언어 구사 능력을 향상시킬 수 있는 기회를 제공한다. 유아들은 동극에서 대화를 통해 말의 의미를 배우고, 언어를 통해 자신의 생각과 감정을 전달하는 법을 익히게 된다. 이는 자연스럽게 유아의 어휘력과 의사소통 능력을 발달시키는 데 기여한다.

둘째, 창의력과 상상력을 자극한다. 동극에서 유아는 자신이 맡은 역할을 상상하고, 그 역할에 맞는 대사와 행동을 창조적으로 표현해야 한다. 이러한 활동은 유아의 상상력을 자극할 뿐 아니라 창의적인 문제해결 능력을 키워준다. 특히, 동극에서 새로운 이야기나 상황을 만들어가는 활동은 유아의 독창적 사고를 길러주는 효과가 있다.

셋째, 사회적 기술과 협동심을 배울 수 있다. 동극은 대개 여러 유아가 함께 참여하여 각자의 역할을 맡아 협력하여 이야기를 완성하는 활동이다. 이 과정에서 유아는 타인의 의견을 존중하고, 협력하여 목표를 이루는 법을 배운다. 이는 유아의 사회적 기술과 타인에 대한 공감 능력을 자연스럽게 발전시킨다.

넷째, 정서적 안정감과 심리적 보상을 제공한다. 동극에서 유아는 자신이 맡은 역할에 몰입하며 이야기를 이끌어가는 주인공이 된다. 이 과정에서 유아는 성취감과 자신감을 느낄 수 있으며, 자신의 감정을 표현하고 해소하는 기회를 갖게 된다. 특히, 동극에서 문제를 해결하거나 역경을 극복하는 이야기는 유아에게 심리적 위안을 제공하고 긍정적인 자아 개념을 형성하는 데 도움을 준다.

다섯째, 삶의 중요한 가치를 배울 수 있다. 동극은 사랑, 우정, 협동, 정의와 같은 다양한 주제를 다룸으로써 유아들이 삶의 기본적인 가치들을 이해하고 내면화할 수 있도록 돕는다. 유아들은 동극 속 이야기와 등장인물을 통해 삶의 교훈을 자연스럽게 배우게 된다.

동극의 교육적 가치를 극대화하기 위해서는 유아의 발달단계와 관심사에 적합한 내용을 선정하고, 유아들이 자발적으로 참여할 수 있는 환경을 조성하는 것이 중요하다. 동극은 단순히 즐거움을 주는 활동을 넘어, 유아들에게 다양한 학습과 성장의 기회를 제공하는 중요한 문학적, 예술적 경험이 될 수 있다.

동화구연

▪ **동화구연이란?**

동화구연은 말하는 구연자가 음성언어와 표현언어로 듣는 청자에게 흥미 있고 재미있게 이야기를 들려주는 것

▪ **동화구연의 교육적 가치**

① 구연자와 아동 간 친밀감 형성
② 아동이 동화 내용에서 즐거움 느낌
③ 의사소통 등 총체적인 언어발달의 기초 형성
④ 상상력과 창의력 발달
⑤ 판단력과 도덕성, 가치관 형성
⑥ 책과 친숙해지고 독서 습관 형성
⑦ 사회성 및 문제해결력 발달

▪ **동화구연의 기본 요소**

① 구연자 : 이야기를 들려주는 사람으로 동화의 내용이 잘 전달될 수 있도록 음성의 변화, 표정, 자세, 감정 등을 살려 표현

② 동화내용 : 동화를 듣는 대상자의 연령과 발달 수준, 흥미 등을 고려하여 내용 선택
③ 청자 : 동화를 듣는 사람으로 바른 자세로 듣는 자세 필요

동화구연의 선정

① 구연자와 청자가 모두 흥미를 끌 수 있는 내용
② 상상력을 자극할 수 있는 환상적인 내용
③ 일상생활을 소재로 하거나 또래 아동 또는 동물이 등장하는 등 친밀감을 주는 내용
④ 이야기의 전개 과정이 직접적이고 대화체로 구성되어 있는 내용
⑤ 너무 길지 않고 단순하고 반복적인 내용
⑥ 기승전결의 구조로 되어 있고 만족할 만한 결말이 있는 내용
⑦ 성장에 도움을 주고 재미와 감동을 주는 내용

동화구연 개작의 원리

① 보존 : 원작에서 작가가 말하고자 하는 중심 생각이나 가지 보존
② 삭제 : 현시대에 맞지 않거나 비교육적인 부분, 불필요한 부분 삭제
③ 첨가 : 청자의 이해 수준에 맞고 구연의 효과를 위해 필요한 부분 첨가

동화구연 개작의 방법

① 문장의 어미는 문어체에서 구어체로 바꿈
② 아동의 연령에 맞는 쉬운 단어와 문장으로 고침
③ 평면적인 언어를 입체적이고 활동적인 언어로 바꿈(의성어, 의태어 사용)
④ 바탕글을 대화체로 고침(바탕글과 대화체의 비율 1:3 또는 2:3)
⑤ 구연 시 한 문장의 길이가 길지 않도록 불필요한 부분 삭제
⑥ 비교육적인 부분은 교육적인 내용으로 수정
⑦ 등장인물의 수와 성별을 고려 다양한 목소리가 활용되도록 조정(2~5명 적절)

*출처: 김영애, 박선주(2016), 색동회(2018).

3. 정보그림책

1) 정보그림책의 정의 및 특징

정보그림책은 아동 독자를 대상으로 특정 주제에 관한 정보를 시각적, 언어적으로 제공하는 그림책의 한 장르로, 유아의 호기심과 지적 탐구심을 자극하고 학습을 지원하기 위해 만들어졌다. 이 책은 '정보책', '지식정보책', '지식그림책' 등 다양한 이름으로 불리며, 유아문학의 한 영역으로 점차 인정을 받고 있다. 정보그림책은 단순한 정보 전달을 넘어, 아름다운 삽화와 서사적 요소를 활용해 정보를 흥미롭고 효과적으로 전달한다.

정보그림책의 주요 특징은 다음과 같다.

첫째, 다양한 주제와 내용을 다룬다. 정보그림책은 동식물의 생태, 과학적 원리, 역사적 사건, 문화와 전통 등 유아들이 호기심을 가질 수 있는 다양한 주제를 포괄한다. 이러한 주제는 유아들이 "왜?", "어떻게?"라는 질문을 던지는 자연스러운 탐구 과정을 도와준다. 예를 들어, 공룡의 생태나 날씨의 변화에 관한 정보그림책은 유아의 탐구심을 자극하고, 세상에 대한 이해를 넓히는 데 기여한다.

둘째, 시각적 요소의 강조이다. 정보그림책은 글과 함께 삽화, 사진, 다이어그램 등 다양한 시각적 자료를 활용하여 정보를 직관적으로 전달한다. 이러한 시각적 자료는 유아 독자가 복잡한 개념을 쉽게 이해하도록 돕고, 흥미를 높이는 역할을 한다. 특히, 세밀화된 삽화나 실제 사진은 구체적이고 객관적인 정보를 제공하며, 어린 독자들의 시각적 집중력을 높인다.

셋째, 이야기와 정보의 조화이다. 정보그림책은 단순한 사실 나열에 그치지 않고, 허구적 이야기를 통해 정보를 전달하는 경우가 많다. 예를 들어, "갯벌이 좋아요"와 같이 캐릭터를 의인화하여 정보를 전달하면 어린 독자들이 정보에 쉽게 몰입하고 이해할 수 있다. 이러한 방식은 특히 설명글 형식에 익숙하지 않은 어린 독자에게 유익하다.

넷째, 교육적이고 실용적인 목적을 가진다. 정보그림책은 학습을 목적으로 하며, 독자가 일상생활에서 유용하게 활용할 수 있는 지식을 제공한다. 이 과정에서 아동은 새로운 개념을 이해하고 이를 바탕으로 탐구와 실험을 시도하며 학습의 즐거움을 느낄 수 있다. 정보그림책은 이러한 실용적 학습 경험을 통해 아동에게 학문적 자신감을 심어준다.

다섯째, 독자의 발달단계에 맞춘 구성이다. 정보그림책은 유아의 연령과 인지 발달 수준에 따라 적합한 언어와 시각적 요소로 구성된다. 글의 길이, 어휘 수준, 삽화의 복잡도가 독자 수준에 맞춰 조정되며, 유아들은 이를 통해 점진적으로 더 깊은 학습으로 나아갈 수 있다. 예를 들어, 어린 유아는 그림 중심의 단순한 구성에서 시작해 점차 복잡한 정보와 세부적인 설명이 포함된 그림책을 접하게 된다.

이처럼 정보그림책은 아동에게 재미와 학습을 동시에 제공하는 효과적인 교육 도구로, 세상에 대한 지적 호기심을 충족시키고, 정보와 지식을 친근하게 접할 기회를 제공한다. 교사와 부모는 정보그림책을 활용하여 유아가 다양한 주제에 관심을 가지고 탐구와 학습의 즐거움을 경험할 수 있도록 적극 지원해야 한다.

2) 정보그림책의 유형

정보그림책의 종류는 매우 다양하다. 다루는 주제와 정보 전달 방식에 따라 다음과 같은 주요 유형으로 나눌 수 있다.

첫째, 동식물의 생태를 다룬 정보그림책이다. 이 유형은 동물과 식물의 생태, 한살이, 서식 환경 등을 다루며, 유아들에게 자연을 사랑하고 보호하는 태도를 심어준다. 예를 들어, 『개구리가 알을 낳았어』(이성실 글, 이태수 그림/다섯수레, 2008)는 개구리의 한살이를 세밀화로 보여주며 자연의 신비를 간접적으로 경험할 수 있도록 돕는다.

둘째, 우리나라 전통문화를 다룬 정보그림책이다. 전통문화를 그림과 설명으로 쉽게 풀어내 유아들이 우리 문화에 대한 이해와 자긍심을 갖도록 돕는다. 『한지돌이』(이종철 글, 이춘길 그림/보림, 2012)는 한지의 제작 과정과 쓰임새를 소개하며, 전통문화의 아름다움을 전달한다.

셋째, 세계 여러 나라의 문화를 다룬 정보그림책이다. 이 책들은 다양한 나라의 생활 방식, 전통, 환경을 소개하여 유아들이 다문화적 사고를 기르도록 돕는다. 『이글루를 만들자』(울리 쉬텔처 글 · 사진/비룡소, 2009)는 에스키모인들이 얼음으로 집을 짓는 과정을 사진과 함께 설명하며, 각 나라의 독특한 문화적 특징을 보여준다.

넷째, 자연현상을 다룬 정보그림책이다. 유아들이 궁금해하는 비, 눈, 번개 등의 자연현상을 과학적 지식과 결합하여 설명한다. 『물방울의 모험』(마리아 테를리코프스카 글, 보흐단 부텐코 그림/담푸스, 2010)은 물의 순환 과정을 유아의 눈높이에 맞춰 전달한다.

다섯째, 환경문제를 다룬 정보그림책이다. 환경오염, 멸종위기 동식물, 기후변화 등의 문제를 소개하며, 자연 보호의 중요성을 강조한다. 『난지도가 살아났어요』(이명희 글, 박재철 그림/마루벌, 2013)는 쓰레기 매립지가 생태 공원으로 변화하는 과정을 통해 환경 보존의 필요성을 일깨운다.

여섯째, 다양한 직업을 다룬 정보그림책이다. 요리사, 소방관, 의사 등 직업 세계를 소개하며, 유아의 사회적 관심과 직업에 대한 호기심을 자극한다. 『요리사가 되고 싶어』(펠리시티 브룩스 글, 키이스 뉴웰 그림/문학동네, 2015)는 요리사의 일상과 역할을 그림과 함께 설명한다.

일곱째, 도구와 기술을 다룬 정보그림책이다. 정원 가꾸기, 농사, 의료 등 다양한 도구의 형태와 쓰임새를 유아의 눈높이에 맞춰 설명한다. 『일과 도구』(권윤덕 글 · 그림/길벗어린이, 2011)는 다양한 도구가 어떤 일에 어떻게 사용되는지를 구체적으로 보여준다.

여덟째, 다양한 내용 기반 정보그림책이다. 정보그림책의 내용은 매우 다양하며, 성 역할, 탄생이나 철학 같은 인간에 관한 것, 자연과학, 음악 및 미술 같은 예술 분야, 그리고 우리 사회나 세계에 관한 지식을 다루는 책 등으로 나눌 수 있다. 예를 들어, 『철학이 좋아!』(장 피에르 드나리 글, 로랑 고도 그림/논장, 2014)는 유아가 철학적 질문을 통해 사고력을 기를 수 있도록 돕는다.

이처럼 정보그림책은 다양한 주제를 통해 유아들이 세상을 이해하고 탐구하는 데 도움을 준다. 각각의 유형은 유아의 발달 수준과 관심사에 맞추어 선택될 수 있으며, 학습과 즐거움을 동시에 제공한다.

3) 정보그림책의 교육적 가치

정보그림책은 단순히 정보를 전달하는 것을 넘어 유아의 전인적 발달을 지원하는 중요한 교육적 가치를 지니고 있다. 정보그림책은 유아의 호기심을 충족시키고, 사고력과 어휘력을 증진하며, 설명적 텍스트에 대한 이해를 돕고, 현실과 허구를 구분하는 능력을 키우는 데 유용하다.

첫째, 정보그림책은 유아가 주변 세계에 대해 가지는 왕성한 호기심을 충족시킬 수 있다. 유아는 우주, 동식물의 생태, 다른 나라의 문화, 전통, 자연현상 등 다양한 주제에 대해 질문을 던지며 세상을 탐구하려는 경향이 있다. 정보그림책은 세밀한 삽화와 정확한 정보를 통해 이러한 호기심을 해소하고, 새로운 지식을 습득하는 즐거움을 제공한다. 예를 들어, 『선인장 호텔』(브렌다 기버슨 글, 메건 로이드 그림/마루벌, 2010)은 사막에서 선인장이 생존하고 성장하는 과정을 통해 유아의 자연 탐구심을 자극한다.

둘째, 정보그림책은 유아가 주어진 정보를 통해 더 깊은 사고를 할 수 있는 기회를 제공한다. 동식물의 생태, 먹이사슬, 탄생과 죽음 같은 주제는 유아가 자연과 생명을 이해하고, 반편견적 사고와 창의적 문제 해결 능력을 키우는 데 도움을 준다. 예를 들어, 『지렁이가 흙 똥을 누었어』(이성실 글, 이태수 그림/다섯수레, 2015)는 자연의 순환과 생태계를 이해하도록 돕는다.

셋째, 정보그림책은 유아가 일상생활에서 접하기 어려운 전문 용어와 다양한 어휘를 학습하도록 돕는다. 예를 들어, 『한지돌이』(이종철 글, 이춘길 그림/보림, 2012)는 한지 제작 과정과 관련된 전통적인 어휘를 소개하며 유아의 언어적 표현 능력을 확장시킨다. 이러한 어휘 학습은 유아의 읽기 능력을 향상시키고 학문적 성취에도 긍정적인 영향을 미친다.

넷째, 정보그림책은 유아가 설명적 텍스트의 구조와 형식을 이해하도록 돕는다. 설명적 텍스트는 주제 제시, 특징 묘사, 비교, 요약 등 체계적인 구조를 가지고 있어, 유아가 과학, 사회, 수학 교과서의 형식을 이해하는 데 중요한 기초가 된다. 『선인장 호텔』은 선인장의 생태를 객관적이고 체계적으로 설명하여 유아가 설명적 글에 대한 친숙함을 가지도록 돕는다.

다섯째, 정보그림책은 객관적이고 사실적인 내용을 제공함으로써 유아가 현실과 허구를 구분하는 능력을 키울 수 있도록 돕는다. 이는 유아가 논리적 사고를 발전시키고, 실제 세상을 더 잘 이해하는 데 기여한다. 3~4세 유아는 흔히 상상과 현실을 혼동하지만, 정보그림책을 통해 현실의 개념을 점진적으로 익힐 수 있다.

여섯째, 정보그림책을 통해 유아는 자신이 궁금해했던 내용을 이해하고 탐구하는 성취감을 느낀다. 이는 정서적 안정과 자기효능감 형성에 기여하며, 학습에 대한 긍정적인 태도를 심어준다.

이처럼 정보그림책은 유아의 학습과 정서 발달을 전인적으로 지원하는 강력한 도구로, 가정과 교육 현장에서 적극적으로 활용되어야 한다.

생각 다지기

- 전래동화와 환상동화의 차이점은 무엇인가요?
- 사실동화의 교육적 가치에 대해 설명해 보세요.
- 정보그림책을 활용한 활동에 대해 생각해 보세요.

예비유아교사의 문학적 감성을 키우는 활동 실제

예비유아교사의 문학적 감성과 그림책에 대한 이해를 도우며, 흥미를 가질 수 있는 활동 실제로 '그림책 만들기'를 소개해보고자 한다. 그림책 만들기는 직접 그리거나 오려 붙이거나 하는 방법으로도 만들 수 있고, 전자 기기를 활용해서 만들 수도 있다. 방법과 그림책 주제와 내용의 제한을 두지 않으며, 반드시 제작 전 스토리 및 캐릭터 만들기와 콘티를 작성해보기를 추천한다. 같은 주제, 같은 재료로도 다른 작품이 만들어지기 때문에 주제와 재료를 통일해도 상관은 없다. 아래의 활동 결과물 사진을 참고하여 '그림책 만들기'를 시도해 보자. 잠재되어 있는 문학적 감성을 일깨우기에 매우 효과적인 방법이다.

작품명: 행복동에는요!

작품명: 사랑

작품명: 무엇을 살까?

작품명: 과일을 찾아요

작품명: 모자를 벗겨봐

모자를 벗겨봐
남자아이의 모자를 벗겨봐!!
개굴! 개굴!
이모의 모자를 벗겨봐!
박사님의 모자를 벗겨봐!
요리사의 모자를 벗겨봐!
맛있는 음식!
카우보이의 모자를 벗겨봐!!
여자아이의 모자를 벗겨봐!!
탐험가의 모자를 벗겨봐!!

Chapter 4

그림책

학습목표

- 그림책의 특징과 구성요소를 알아본다.
- 아동문학에서 그림책의 가치를 이해한다.
- 좋은 그림책을 선정하는 경험을 한다.

생각 열기

- 기억에 남는 그림책이 있나요?
- 나는 어떤 기준으로 그림책을 고르는지 이야기해 보아요.
- 좋은 그림책이란 어떤 그림책일까요? 생각을 나누어 보아요

곤살로 모우레 글 · 알리시아 바렐라 그림
『공원을 헤엄치는 붉은 물고기』
북극곰(2016)

김장성 글/오현경 그림 『민들레는 민들레』
베틀북(2014)

1. 그림책의 이해

1) 그림책의 정의와 특성

그림책은 글과 그림의 상호작용을 통해 독자에게 의미를 전달해주는 도서로 아동문학의 가장 대표적인 장르이다. 그림책은 문학과 미술이라는 서로 다른 예술 형식이 독특하게 결합되어 의미를 생성한다(Nodelman & Reimer, 2003). 글과 그림은 그림책의 의미를 구성하는 텍스트(Text)이다. 글 텍스트와 그림 텍스트의 두 가지 의사소통방식을 채택한 장르(Nikolajeva, 2005)인 그림책은 언어와 인지발달 수준이 미숙하여 글 읽기가 부담스러운 어린 아동들에게 유용한 매체이다. 글 텍스트와 그림 텍스트의 상호작용을 바탕으로 이야기의 통합적인 전달을 추구(Edwards & Saltman, 2010)하는 그림책은 영유아들에게 책에 대한 즐거움과 긍정적 태도를 길러줄 수 있다.

일반적으로 문학은 글로 구성된 책을 말하지만 그림책은 반드시 그림을 포함한다는 특징이 있다. 그림책은 아동이 최초로 접하여 읽고 즐기는 책이며, 문학성과 예술적인 기준을 만족시켜주는 책이다. 그림책의 문학성인 글은 서사를 주된 역할로 하며 그림으로 표현하지 못하는 소리나 움직임을 묘사하고, 예술성인 그림은 이미지 형상화가 주된 역할로 글을 보완하거나 글의 표현을 명료화하며 서로 밀접한 상호의존성을 가진다.

즉, 그림책은 글과 그림이 상호 공존하고 유기적으로 결합하여 내용과 의미를 전달하며 독자의 배경지식과 경험에 따라 해석과 의미가 다양하게 나타나는 종합예술이다.

2) 그림책의 가치

그림책의 가치는 어른이 아이에게 읽어 주는 동안 그림책의 세계를 함께 알아가며 정신적 공감대를 형성하며 성인과 아동의 유대감을 높일 수 있는 매체라는 데에 있다. 또한 그림책은 아동의 인지적 성장은 물론 정서적 안정감, 상상력과 창의력을 신장시킬 수 있는 즐거운 놀잇감이 될 수 있으며 아동이 그림책을 통해 재미와 즐거움을 느끼며 욕구를 충족시키고 세상을 탐험하며 이해하는 데 도움을 준다. 그림책은 아동들의 생활을 풍요롭게 만들어 준다.

이러한 그림책의 가치를 노운서, 김명화, 노명희, 박현경, 백미열(2019)은 다음과 같이 정리하였다.

- 아동문학의 가치 중 가장 중요한 요소인 감동을 준다. 아동들은 감동이라는 말의 뜻은 몰라도 그림책으로부터 재미를 발견할 때 감동을 얻는다.
- 그림책은 언어를 발달시키는 데 큰 공헌을 한다. 아동은 그림책을 읽거나 어른들이 들려주는 이야기를 들으면서 새로운 단어를 배우게 된다.
- 아동들은 그림책을 가까이하기 시작함으로써 세상에 대한 지식과 경험을 확장하게 된다. 어린 독자들은 매력적인 이야기에 더 이끌리고, 그래서 책을 더 읽게 되고, 더 많이 배우게 된다.
- 그림책은 아동들이 책 읽는 것을 사랑하도록 이끈다. 아동은 매일 매일 그림책을 읽으면서 그들에게 흥미 있는 이야기, 흥미 있는 정보, 유머가 있는 이야기를 찾게 된다.
- 그림책은 아동들 자신의 감정을 탐험하는 일을 촉진시킨다. 아동들은 그림책을 통해 인간들의 경험세계에 대한 통찰력을 얻게 되고 자신들을 더

잘 이해하게 된다.

- 그림책은 전 세계의 다양한 인종, 종교, 국민성, 사회, 경제 상황 속에 처해 있는 수백만 어린이를 반영한다. 글과 그림의 작가들은 어린이들의 꿈과 현실을 통찰하여서 그림책에 이를 반영한다.
- 그림책은 아동의 생활에 강력하게 영향력을 미친다. 교사들은 교육과정에 그림책을 적절하게 적용함으로써 책이 주는 힘과 유익한 영향력을 활용할 수 있다.

또한, 황은순, 김현경, 이보영, 오미경, 이지영(2017)은 아동들이 부모나 교사와 함께 그림책을 통해 상상의 세계를 경험하고 즐거움과 기쁨을 공유하며 다양한 상황과 세계에 대해 간접적인 경험을 하게 되므로 문학성과 예술성을 균형 있게 가지면서 더불어 교육적으로 가치가 있어야 한다고 보았다. 그러므로 그림책이 갖추어야 하는 교육적 가치를 다음과 같이 제시하고 있다.

- 책을 가까이하는 태도를 형성할 수 있다. 그림책에는 즐거움과 재미가 있어서 그림책을 통해 즐거움과 재미를 경험한 유아들은 평생 동안 책을 사랑하고 즐기며 소중하게 여기는 태도를 갖게 될 것이다.
- 정서생활을 풍요롭게 할 수 있다. 유아는 그림책 속의 등장인물과 함께 정서적 경험을 하면서 감정이입을 하고 등장인물과 동일시하는 특성이 있어서 그림책 속 등장인물의 감정을 이해하고 동일시하는 정서적 경험을 통해 정서생활이 풍요로워진다.
- 상상력을 자극하여 창의적인 사고발달을 돕는다. 유아는 시간과 공간을 초월하여 현실과 상상의 세계를 넘나들 수 있는 독특한 사고능력을 가지고 있다. 또한 그림책은 현실적으로 존재하지 않은 사물이나 사건을 마음 속에 그려보고 구체화할 수 있는 능력을 요구한다. 따라서 유아는 그림책을 통해 상상력을 자극하고 사고력을 발달시키며 창의적인 사고능력을 발달시킬 수 있다.

- 다른 사람의 삶의 여러 형태를 이해하도록 돕는다. 유아는 그림책 속의 등장인물의 삶을 간접 경험함으로써 다른 사람들이 겪는 문제 및 문제해결과정을 알게 된다. 이 과정을 통해 유아는 주변 사람들에 대한 이해가 넓어진다.
- 심미감을 발달시킨다. 그림책은 작가의 독창적이고 문학적인 표현과 화가의 개성적인 표현이 담겨있어 유아에게 예술적인 감흥을 준다. 즉, 유아는 자연스럽게 그림책을 통해 작가의 창의적 언어에 대한 심미감과 함께 화가의 독특한 예술적 표현에 대한 심리적 감상력을 발달시킨다.
- 올바른 언어의 사용을 돕는다. 그림책의 이야기는 정확한 문법 구조를 가지고 있을 뿐만 아니라 아름다운 시적 언어로 되어 있어 자연스럽게 세련된 언어를 사용할 수 있게 된다.
- 초기 문해능력과 이야기 문법(grammar of story)발달을 돕는다. 유아는 그림책을 즐겨 읽는 가운데 자연스럽게 읽고 쓰는 능력이 발달된다. 뿐만 아니라 유아에게 이야기의 감각(sense of story) 및 이야기의 구조(schema of story)에 관한 이야기 문법발달을 돕는 기회를 주므로 그림책을 통해 시각적 이야기와 언어적 이야기를 지각하여 이야기 구조를 이해하게 된다.
- 사물에 대한 개념형성 및 주변 세계에 대한 이해를 돕는다. 유아는 그림책을 통해 이야기 속에 내포된 사물, 사건에 대한 지식을 형성할 뿐 아니라 삽화를 통해서도 사물에 대한 개념을 형성한다. 뿐만 아니라 그림책에 글과 그림으로 묘사된 주변 세계에 대한 폭넓은 이해가 증가한다. 그림책은 특히 나이가 어린 유아들에게 사물이나 환경에 대한 개념형성에 중요한 매개역할을 한다.
- 유아는 그림책을 통해 구체적인 것과 추상적인 것 간의 연결고리를 형성하여 지각적인 발달을 돕는다. 그림책은 유아들이 문자에서보다는 영상적인 정보로부터 더 많은 이해를 얻도록 돕는다. 유아들은 그림책 속의 작은 시각적인 정보로부터 전체(whole)를 탐색하며, 영상자료로부터 정보를

추출하는 기술을 발달시키는 기회를 가진다.

아동의 그림책 경험은 아동의 정서적, 인시적, 사회적 성장과 안정감을 촉진시켜 주는 새로운 경험을 제공해 주며, 그림책을 읽어주는 부모나 교사와 아동 간의 질적 상호작용을 돕는 매개체 역할을 하게 된다. 그러나 가장 중요한 것은 아동의 그림책 경험이 학습적인 접근보다 놀이로써 접근하여 아동이 문학을 즐기게 하는 것이다.

2. 그림책의 구성

1) 구조적 구성요소

그림책의 외현적 특징으로 볼 수 있는 구조적 요소인 주변 텍스트는 본 텍스트를 담는 역할을 하며 글과 그림에 시너지 효과를 가져다준다.

(1) 판형

그림책의 외형과 크기는 표지와 함께 그림책 선정에 영향을 미치는 요소이다. 최근에는 작가의 의도, 책의 내용과 분위기에 따라 다양하고 세심하게 고려되는 부분으로 이야기 속 시점과 공간의 활용 등도 최적화하여 드러낼 수 있는 판형을 선택한다.

판형	그림책 정보	
세로로 긴 외형	 가에탕 도레뮈스 글 · 그림/박상은 역 『텅 빈 냉장고』 한솔수북(2019)	 토미 웅거러 글 · 그림/김정하 역 『달사람』 비룡소(1996)
가로로 긴 형	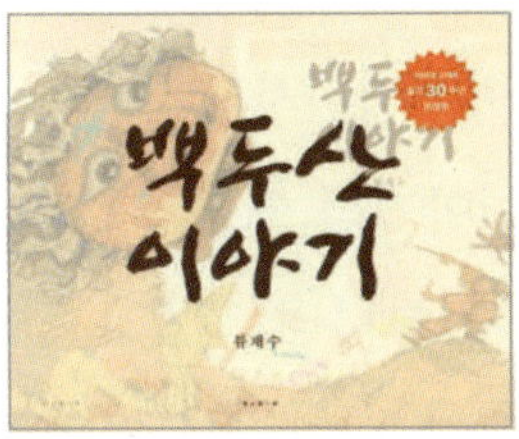 류재수 글 · 그림 『백두산 이야기』 보림(2018)	 신선미 글 · 그림 『한밤중 개미요정』 창비(2016)
정사각형	 제럴드 맥더멋 글 · 그림/김세희 역 『하늘과 땅을 만든 이야기』 봄봄출판사(2004)	 이석구 글 · 그림 『두근두근』 고래이야기(2022)
제목 이미지 반영	 야시마 타로 글 · 그림/윤구병 역 『까마귀 소년』 비룡소(1996)	 박현정 『새색시』 초방책방(2004)

(2) 표지

표지는 그림책을 보호하는 기능과 상징적인 역할을 하는 것으로 앞표지와 뒤표지가 있으며, 필요에 따라 겉싸개와 띠지가 사용된다. 그림책 제목, 작가, 출판사 이름, 그리고 그림책 내용을 잘 나타낼 수 있는 그림이 담겨 있는 앞표지는 독자가 그림책의 세계로 들어가는 문의 역할을 한다. 앞표지의 그림과 제목은 독자로 하여금 책을 읽고자 하는 동기를 유발해야 하므로 그림책의 내용이나 특징을 한눈에 알아볼 수 있도록 하면서 매력적이어야 한다.

뒤표지는 그림책의 주요 내용을 대표적으로 다루기보다는 그림책 내용의 일부분이나 그림책 내용에 대한 독자의 평, 출판사 정보 등 그림책과 관련된 다양한 정보가 담겨 있다. 뿐만 아니라 이야기의 여운과 상상의 여지를 남겨두도록 구성되기도 하고, 앞표지와 뒤표지가 하나의 그림으로 이어져 그림책의 내용을 나타내기도 하며, 뒤표지에 또 다른 이야기를 덧붙인 경우도 있다.

표지 형태	그림책 정보
연결 – 앞표지와 뒷표지의 그림 한 장면으로 연결	 첼리 두란 라이언 글 · 아놀드 로벨 그림/정대련 역 『힐드리드 할머니와 밤』 시공주니어(2017)
	 김용택 글 · 정순희 그림 『나비가 날아간다』 미세기(2005)
호기심 유발 – 뒤표지의 베어 문 자국으로 호기심 유발 앞표지와 뒷표지의 관점 변화로 흥미를 유발하고 이야기 내용을 내포함	 올리버 제퍼스 글 · 그림/유경희 역 『와작와작 꿀꺽 책 먹는 아이』 주니어 김영사(2017)
	 이영경 글 · 그림 『아씨방 일곱동무』 비룡소(2009)

(3) 면지

면지는 표지를 열었을 때 나타나는 공간으로 양쪽 펼침면과 뒤표지 전의 양쪽 펼침면을 의미한다. 면지는 제본할 때 책의 내용지와 표지를 단단하게 연결해주는 실용적인 역할을 함과 동시에 책에 대한 다양한 정보를 상세히 싣거나, 책의 장식적인 측면도 가지고 있다. 최근에는 그림책 내용의 일부로 활용되어 그림책의 내용 심화 또는 확장, 그림책 내용이나 주인공 심리를 암시하는 기능, 예고, 번외편, 에필로그나 프롤로그 등 작가들이 그림책의 앞, 뒤 면지에 본문 내용과 관련된 상징적 그림을 제시함으로써 독자가 읽게 될 이야기 내용에 대한 기대감과 호기심을 유발한다.

면지 형태	그림책 정보
여운과 상상 – 많은 여백으로 여운과 상상 유도	 곤살로 모우레 글 · 알리시아 바렐라 그림/이순영 역 『공원을 헤엄치는 붉은 물고기』 북극곰(2016)
심화, 확장 – 면지에 가득한 반성문	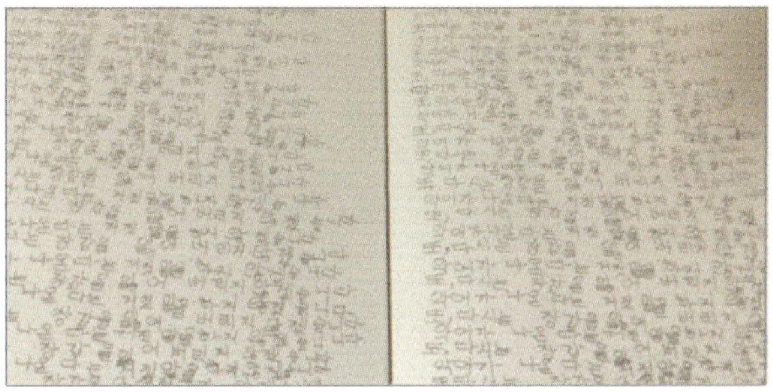 존버닝햄 글 · 그림/박상희 역 『지각대장 존』 비룡소(1995)
상징 – 앞면지는 여동생을 상징하는 벽지와 방 안과 책, 뒷면지는 오빠를 상징하는 벽돌 벽과 밖인 잔디	 앤서니 브라운 글 · 그림/장미란 역 『터널』 논장(2018)
예고 – 이야기의 내용이 예고처럼 제시	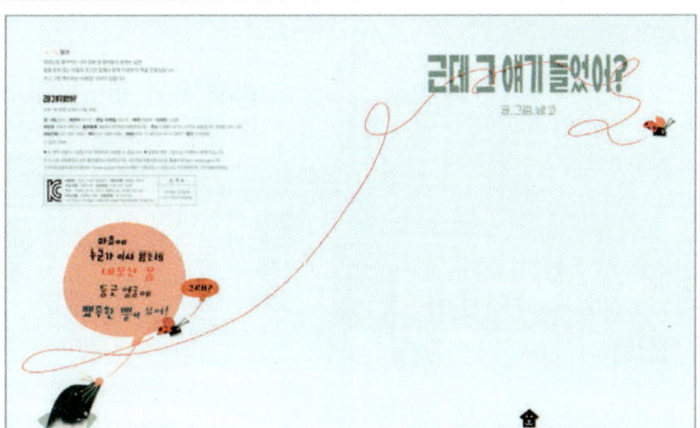 밤코 글 · 그림 『근데 그 얘기 들었어?』 바둑이하우스(2018)

(4) 속표지

속표지(표제지)는 면지 다음에 나타나며 대표 혹은 상징성 있는 그림이 표현된다. 속표지는 그림책의 이야기가 본격적으로 시작되기 전 책 제목, 작가 등을 소개하며 이야기의 시작을 알리고 그림책을 세계로 이끄는 역할을 한다. 속표지는 이야기 속에 나오는 등장인물, 사건, 장소, 소재에 대한 기본 이해를 도우며, 그림을 통해 전반적인 내용을 암시하거나 속표지에서 이야기가 시작되기도 한다.

<table>
<tr><th>속지 형태</th><th>그림책 정보</th></tr>
<tr><td>흥미 유발, 내용 암시
– 덩치는 크지만 익살스러운 표정의 괴물과 자기만 위협적인 모습으로 괴물을 쫓는 주인공 표현의 속지가 아동의 흥미를 유발하고 내용을 유추하게 함</td><td>

모리스 샌닥 글 · 그림/강무홍 역『괴물들이 사는 나라』 시공주니어(2019)</td></tr>
<tr><td>책 제목, 작가 소개
– 책 제목, 작가, 작가의 말 등을 소개하며 이야기의 시작을 알림</td><td>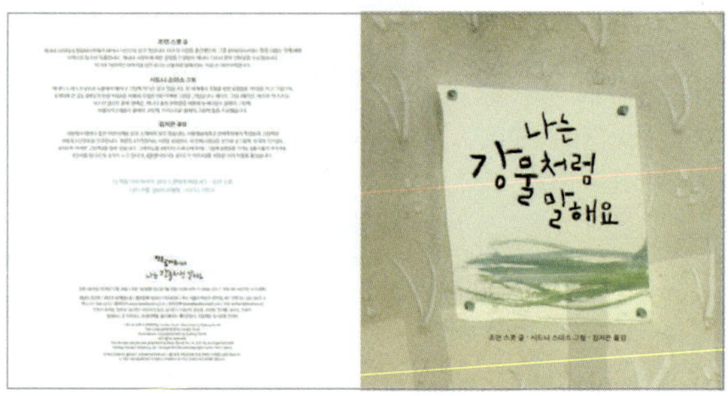

조던 스콧 글 · 시드니 스미스 그림/김지은 역『나는 강물처럼 말해요』 책읽는곰(2021)</td></tr>
<tr><td>이야기 시작
– 속표지 그림에서부터 이야기가 시작됨</td><td>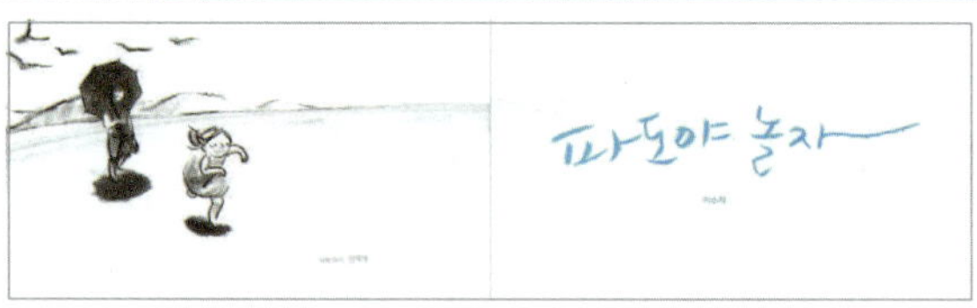

이수지『파도야 놀자』 비룡소(2017)</td></tr>
</table>

2) 문학적 구성요소

그림책의 문학적 요소는 본텍스트인 글을 의미한다. 글은 주제와 소재, 등장인물, 플롯, 배경, 문체 등 문학적 요소로 구성되어 의미를 구성한다.

(1) 주제와 소재

주제는 이야기 속에서 작가가 드러내고자 하는 핵심적 생각을 말하며 소재는 문학작품을 만드는 데 쓰이는 모든 재료를 의미한다. 그림책의 주제는 그 책에서 가장 집중적으로 초점이 맞추어져 강조되는 부분으로 이야기를 묶어놓는 틀이라고 할 수 있으며 이야기 전체에 흐르는 생각을 말한다. 그림책은 대부분 아동들이 쉽게 공감할 수 있는 간결하고 아름다우며 감동적인 내용을 담고 있다. 그림책에서는 주로 가족 이야기, 일상생활 이야기, 자연과 환경 이야기, 동물 이야기, 친구 이야기, 모험과 환상 이야기, 전통이야기 등이 주제와 소재로 다루어진다.

김현희와 박상희(1999)는 유아들에게 바람직한 그림책의 주제를 다음과 같이 정리하였다. 첫째, 전 세계적으로 보편타당한 진리를 담고 있어야 한다. 둘째, 유아의 기본적인 욕구를 만족시켜주는 주제이어야 한다. 특히 유아들은 사랑받고 싶은 욕구가 강하다. 셋째, 유아의 발달수준에 적합한 내용이어야 한다. 그러므로 그림책의 주제와 소재는 실제적으로 범위가 제한되지 않으며, 특히 현대사회의 변화와 다양성에 따른 다양한 주제와 소재가 다루어져야 한다.

<table>
<tr><th>주제와 소재</th><th>그림책 정보</th><th>내용</th></tr>
<tr><td rowspan="3">가족과 이웃 이야기</td><td>

세가와 추미코 글 · 모치즈키 마리 그림/ 박순철 역 『엄마, 화내지 마』 거인(2007)</td><td>마음 깊숙이 숨어 있는 목소리가 들리나요?
민수랑 싸우고 속상한 예림이의 마음을 엄마는 이해하지 못하고 화를 냈으나, 민수와 화해하고 싶은 예림이의 속마음을 할머니는 이해해주자 할머니는 마법의 귀를 가졌다고 생각하며 엄마도 마법의 귀를 가져 자신의 목소리를 들어주길 바란다.</td></tr>
<tr><td>

김미경 글 · 김희연 그림 『아빠가 너를 얼마나 사랑하는지 아니』 여름숲(2006)</td><td>새끼 치어가 부화해서 성장할 때까지, 자신의 몸을 바쳐 새끼의 탄생과 성장을 돕는 가시고기의 생물학적인 특성을 살려 새끼를 지극히 사랑하는 아빠 가시고기의 이야기를 담은 그림동화.
아기가 태어나자 아빠 가시고기는 너무나 기뻐서 "아가야, 너를 사랑한단다"라고 말한다. 아기 가시고기는 아빠에게 '사랑'이 무엇인지 꼬치꼬치 묻고, 아빠는 아기의 모습만 보아도 즐겁고, 먹는 모습만 보아도 배부르고, 잠자는 모습만 보아두 행복한 것이 사랑이라고 대답해준다.
아기는 사랑이 그런 거라면 자신도 할 수 있다고 말한다. 아빠 가시고기는 너그럽게 웃으며 아기와 여행을 떠난다.</td></tr>
<tr><td>

권정생 글 · 김용철 그림 『길 아저씨, 손 아저씨』 국민서관(2006)</td><td>눈이 먼 손 아저씨와 다리가 불편한 길 아저씨가 서로의 눈이 되고, 다리가 되어 더불어 살아간다는 이야기를 구수한 글 솜씨와 따뜻한 그림으로 표현. 특히 우리 전통의 벽이나 창호지에 비친 손 아저씨와 길 아저씨의 그림자를 통해 심리 변화를 보여주는 것이 인상적인 이야기이다.</td></tr>
</table>

<table>
<tr><th>주제와 소재</th><th>그림책 정보</th><th>내용</th></tr>
<tr><td rowspan="3">나와
친구
이야기</td><td>
마거릿 초도스 어빈 글 · 그림/민유리 역
『오늘은 무슨 옷을 입을까』 베틀북(2005)</td><td>오늘 아침 엘라가 입고 싶어 하는 옷은 분홍색 물방울무늬 바지와 알록달록 꽃무늬 원피스, 보라색 줄무늬 양말에 노란 구두 그리고 빨간 모자이다. 하지만 엄마와 아빠, 언니는 엘라가 고른 옷이 거추장스럽고 화려하고 바보 같다며 각각 다른 옷을 권해준다. 화가 난 엘라는 싫다고 외치며 자신이 고른 옷을 입고 거울 앞에 서서 만족스러운 미소를 짓는다. 그때 친구들이 찾아와 엘라가 아주 멋지다고 칭찬한다.</td></tr>
<tr><td>
샘 맥브래트니 글 · 제니퍼 이처스
그림/김서정 역 『미안해』 어린이중앙(2002)</td><td>내가 아주아주 좋아하는 여자친구가 있다. 같이 있으면 정말 기분이 좋고 항상 웃으며 지내는 친구이다. 그런데 오늘 우리는 서로 소리를 질렀다. 우리는 다시는 같이 안 놀 것이다. 하지만 내가 슬픈 것 만큼 내 친구도 슬퍼해서 "미안해"라고 말하면 "나도 미안해"라고 말할 것이다. 책 속의 두 아이는 병원놀이도 하고, 인형 아기도 서로 돌봐주며 물웅덩이에서 장난도 치며 서로의 집에 놀러 다닌다. 서로 바라보기만 해도 웃음이 나고 즐거워지지만 때로는 소리를 지르며 다툴 때도 있다. 그러고 나면 마음은 금세 표가 날 정도로 달라진다. 친구에게 "너랑 이제 안 놀아" 하고 소리 지르고 서로 못 본 체하지만 말과는 달리 마음이 아파 얼른 화해하고 싶다. 하지만 '미안해'라는 말은 쉽게 나오지 않고 친구가 먼저 '미안해'라는 말을 해주길 바란다.</td></tr>
<tr><td>
앤서니 브라운 글 · 그림/허은미 역
『꿈꾸는 윌리』 웅진닷컴(2004)</td><td>고릴라 윌리는 꿈을 꾼다. 영화배우가 되고, 가수가 되고, 일본 씨름 선수가 되고, 발레리노가 되는 꿈을 꾼다. 어떤 때는 화가, 탐험가, 유명한 작가, 스쿠버 다이버가 되는 꿈도 꾼다. 어떤 때는 도망을 못 가서 쩔쩔매거나, 하늘을 날아다니거나, 거인처럼 커지거나 콩알만큼 작아지는 꿈을 꾼다. 또 거지가 되었다가 왕이 되기도 하고, 때로는 낯선 풍경 속에 서 있거나, 넓은 바다에 떠 있기도 하고, 꿈속에서 사나운 괴물이 되거나, 영웅이 되기도 한다. 그리고 어릴 적 꿈을 꾸거나 먼 훗날의 모습을 꿈꾸기도 한다.</td></tr>
</table>

주제와 소재	그림책 정보	내용
자연 이야기	 김병하 글 · 그림 『미안해』 한울림어린이(2022)	작업실 마당 한켠에 텃밭을 만든 화가 김씨 아저씨는 몹시 바빠요. 흙을 고르고, 이랑을 파고, 상추, 배추, 옥수수, 고추, 가지, 토마토, 오이를 심고, 물 주고, 거름 주고, 벌레 잡고, 잡초 뽑고, 잎 따고, 열매 솎고…, 무럭무럭 자라는 채소들을 가꾸고 돌보느라 아저씨는 아주 많이 바쁘고 또 즐겁습니다. 오늘도 아저씨는 휘파람을 불며 텃밭을 오가요. 그런데…뽁! 어? 어… 어엇! 김씨 아저씨에게 무슨 일이 생긴 걸까요?
	 존 버닝햄 글 · 그림/박철주 역 『사계절』 시공주니어(2017)	사계절의 변화에 대한 풍경들을 시처럼 간결하게 이야기하고 있다. 봄에는 새들이 둥지를 틀고 돼지가 코로 땅을 파헤치고 새끼 양들이 뛰놀고 오리들이 물장구를 치고 꽃이 핀다. 여름에는 옥수수가 여물고 방학이 있고, 더위가 기승을 부린다. 낙엽이 흩날리고 다람쥐가 먹이를 모으고 사람들이 트랙터로 밭을 갈고, 모닥불을 피우고, 기러기들이 하늘 높이 날아오르고, 밤이 길어지는 가을이 오고 낮에 안개가 자욱이 끼고 밤에 서리가 내리고, 얼음이 얼고 눈이 내리고, 비가 줄기차게 내리고 나면 다시 봄이 시작된다.
	 정순희 글 · 그림 『바람 부는 날』 비룡소(1996)	연이 날면 아이들의 마음도 함께 하늘을 난다. 바람에 몸을 싣고 연이 날아가자 아이도 그 연을 따라 온 동네를 헤맨다. 바람이 불어 연이 날아가자 아이도 연을 쫓아간다. 놀이터에서부터 큰 길가에까지 날아간 연은 결국 물웅덩이에 빠지고, 아이는 연을 가져와 빨래줄에 널어, 다시 바람에 말린다. 생동감 있는 그림과 함께 동심의 세계를 느낄 수 있다.

<table>
<tr><th>주제와 소재</th><th>그림책 정보</th><th>내용</th></tr>
<tr><td rowspan="3">동물 이야기</td><td>권정생 글 · 김세현 그림 『엄마 카투리』 낮은산(2008)</td><td>오직 제 한 몸 밖에 가진 것 없는 미약한 존재인 어미 카투리가 불가항력적인 산불 속에서 엄마까투리는 새끼들을 모아놓고 자리에 앉아 두 날개를 펼치고 새끼들을 엄마까투리 날개 아래에 숨긴다. 모든 게 다 타버린 며칠 뒤 나무꾼 아저씨가 불탔던 산으로 올라갔다가 불에 새까맣게 탄 엄마까투리 날개 아래에서 꿩병아리 아홉 마리가 튀어나오는 것 보았고 모두 하나도 다치지 않고 살아있었다.</td></tr>
<tr><td>베르너 홀츠바르트 글 · 볼프 에를브루흐 그림 『누가 내 머리에 똥 쌌어?』 사계절(2008)</td><td>땅속에 사는 두더지는 아침마다 해가 떴나, 안 떴나를 보기 위해 땅 위로 얼굴을 쑥 내밀었다. 그러던 어느 날, 이상한 일이 벌어졌다. 두더지의 머리 위로 누가 쌌는지 모를 똥이 떨어졌으나 눈이 나쁜 두더지는 누가 쌌는지 볼 수 없었다. 두더지는 잔뜩 화가 났고 자신의 머리에 똥을 싼 누군가를 찾아 떠난다.</td></tr>
<tr><td>노니 호그로지안 글 · 그림/홍수아 역 『꼬리를 돌려주세요』 시공주니어(2001)</td><td>배가 고파 할머니의 우유를 훔쳐 먹고 할머니에게 꼬리를 잘린 여우는 꼬리를 되찾기 위해 할머니께 돌려 드릴 우유를 얻으러 돌아다니며 암소, 들판, 시냇물, 항이리, 아가씨, 파란구슬, 보따리장수, 달걀, 암탉, 곡식을 만나 요구를 들어주며 꼬리를 되찾게 되는 여정을 담아낸 이야기이다.</td></tr>
</table>

주제와 소재	그림책 정보	내용
지구와 환경 이야기	 피터 스피어 글 · 그림/김경연 역 『노아의 방주』 미래아이(2004)	「노아의 방주」는 1938년부터 수상이 시작된 칼데콧 상의 역사 이래 첫 번째로 수상한 글 없는 그림책. 세상에 있는 사람들 중에서 노아는 하나님 마음에 드는 사람이었다. 하나님은 노아에게 방주를 짓게 하시고 노아의 집안 사람들과 모든 동물을 쌍쌍이 배에 오르게 하셨다. 비가 내리고 홍수가 난 뒤 비둘기가 땅을 찾아 이파리를 가져왔다. 노아와 동물들은 새 땅에 내려 집을 짓고 포도나무를 심으며 새 삶을 시작했다. 하늘에는 무지개가 떠 있었다.
	 토미 웅거러 글 · 그림/김정하 역 『달사람』 비룡소(1996)	달 사람이 지구 사람들과 놀고 싶어서 별똥별의 꼬리를 붙잡고 지구로 오지만 달 사람은 오히려 지구 사람들을 놀라게 해서 감옥에 갇혔다. 그믐달이 되자 달 사람의 몸도 점점 작아져 쇠창살을 뚫고 나온 달 사람은 무도회장에서 지구인과 춤도 추고 돌아다니며 자연도 느끼지만 다시 경찰에게 쫓겨 다니게 된다. 도망 다니던 중에 우주선을 만들고 있는 과학자를 만나 그 과학자가 만든 우주선을 타고 달까지 무사히 돌아오게 된다.
	 아시에 일드림 글 · 휘세인 쉰메자이 그림/명혜권 역 『집을 잃은 소라게의 외침』 맛있는 책(2023)	고둥 껍데기를 집으로 삼는 소라게에게는 몸을 보호하기 위해 껍데기가 꼭 필요하다. 하지만 껍데기를 찾아 나서는 소라게들에게 새집을 찾기란 여간 힘든 일이 아니다. 해변에는 소라 껍데기 대신 해양 쓰레기들이 가득하기 때문이다. 새집을 찾지 못한 소라게들은 버려진 플라스틱 컵, 깡통, 깨진 유리병 등을 집으로 삼고 살아가다가 결국 죽게 된다.

주제와 소재	그림책 정보	내용
일상생활 이야기	 마가렛 와일드 글 · 데이비드 레게 그림/김연수 역『유치원에 가는 날이에요』 중앙출판(2002)	유치원 가기를 기다리고 기다리던 판다 톰이 드디어 유치원에 가는 날이 되었다. 톰은 갑자기 아빠, 엄마와 헤어지기 싫어서 엄마, 아빠의 다리 꼭 붙잡았다. 그날 하루 종일 아빠, 엄마는 톰과 유치원에서 놀았다. 아빠와 엄마도 톰도 유치원이 정말 좋았다. 이튿날 톰은 유치원에서 아빠, 엄마를 붙잡지 않고 유치원 안으로 달려갔다. 하지만 아빠와 엄마가 유치원에 가고 싶었다. 엄마는 집에서 아빠는 회사에서 일하셨지만 유치원에서 톰이 무엇을 했는지 정말 궁금하다.
	 최민오『응가하자 끙끙』보림(2004)	여러 동물들이 변기에 앉아 혼자 응가를 한다. 염소, 개, 하마, 병아 리, 말, 악어가 '끙끙, 끄으응' 힘을 주며 서로 다른 똥을 누어도 모두 신 이 나서 '야호!' 환호성을 지른다. 아기도 변기에 앉아 '끙끙' 힘을 주는데 나오지 않는다. 동물들이 다시 한번 해보라며 응원을 해준다. 아기도 다시 한번 '끙끙', 그러자 똥이 나온다. 잘했다고 모두 함께 기뻐해 준다.
	 이와사키 치히로 글 · 그림/엄혜숙 역『눈 오는 날의 생일』미디어 창비(2018)	내일은 치이의 다섯 번째 생일. 하루 먼저 생일을 맞은 동무의 생일잔치에 초대받은 치이는 들뜬 나머지 그만 케이크의 촛불을 꺼뜨리고 만다. 창피한 마음에 도리어 토라져 버린 치이. 엄마에겐 생일 같은 건 싫다고, 내일 아무것도 필요없다고 말했지만, 별님에게만은 속마음을 털어놓는다. 별님만 알고 있는 치이의 소원은 이루어질까?

<table>
<tr><th>주제와 소재</th><th>그림책 정보</th><th>내용</th></tr>
<tr><td rowspan="3">모험과
환상
이야기</td><td>

브라이언 와일드스미스 글 · 그림/김선애 역
『데이지』 시공주니어(1996)</td><td>브라운 아저씨네 농장에서 일하는 데이지라는 소가 아저씨네 집 텔레비전을 보다가 온 세상을 구경하고 싶은 생각이 들었다. 울타리 문이 열린 어느 날 데이지는 세상 구경을 하러 이리저리 돌아다니다가 언덕배기에 있는 집 지붕으로 올라가게 되었다. 이 모습을 촬영하여 방송이 되자 영화감독이 찾아와 데이지를 빌려갔다. 데이지는 할리우드로 가서 많은 영화와 광고 모델이 되어 인기가 많아졌다. 그러나 향수병에 걸린 데이지는 비행기를 타고 고향 마을에 와서 기구타고 풀밭에 내렸다. 아저씨는 새로 산 트랙터를 타고 와서 데이지를 반겨주었다.</td></tr>
<tr><td>

존 무스 글 · 그림/천미나 역
『달을 줄 걸 그랬어』 시공주니어(2016)</td><td>칼데콧 아너상을 수상한 존 무스의 그림책
이 책은 어느 날 뒷마당으로 날아온 판다 '고요한물'이 들려주는 세 편의 우화를 수록한 액자식 구성의 그림책이다. 고요한 물이 들려주는 세 편의 이야기는 모두 어디선가 들어 봤음 직한 이야기들이다. 불교적인 가르침과 도교적인 세계관에 입각해서 집착에 대해, 욕심에 대해, 세상사를 바라보는 우리 마음가짐에 대해 전혀 새로운 시선으로 접근하고 있다. 책은 동양화의 '수묵담채화' 느낌을 살린 아름다운 수채화로 그려져 있다.</td></tr>
<tr><td>

엘렌 레빈 글 · 카디르 넬슨 그림/김향이 역
『헨리의 자유상자』 뜨인돌어린이(2015)</td><td>기쁠 때 웃는 것도, 슬플 때 우는 것도 인정되지 않는 흑인 노예로 태어나, 자유를 찾기 위해 목숨을 걸고 상자 속에 숨어 탈출한 '헨리 박스 브라운'의 실화를, 아이들이 이해하기 쉽게 재구성한 그림책이다.
이 그림책은 흑인 노예라는 이유만으로 가족과도 떨어져 지내야 한 헨리의 이야기를 들려주고 있다. 인간으로서의 마땅한 권리를 찾아 좁은 상자 속에서 27시간이나 숨죽이고서 56km를 지나 자유의 땅으로 가기까지의 헨리의 모험을 사실적인 그림과 함께 오롯이 담아냈다. 인권과 자유의 소중함을 아이들에게 일깨워준다.</td></tr>
</table>

주제와 소재	그림책 정보	내용
우리나라와 다문화 이야기	 한정아 글 · 김세진 그림 『나는 독도에서 태어났어요』 마루벌(2011)	우리나라 천연기념물 32호 독도를 알고 있나요? 옛날에도, 지금도, 앞으로도 우리의 땅, 우리의 섬인 독도! 독도에 사는 괭이갈매기를 따라 독도의 지리, 생태, 역사를 살펴보자. 우리 괭이 갈매기들은 넓은 바다에 있는 독도에서 태어났다. 우리나라에서 해가 가장 먼저 뜨는 독도의 바닷속에는 물고기도 많다. 밤이 되면 오징어잡이 배가 일을 시작하고 한여름이 되면 나무들이 열매 맺고 억새도 피어났다. 여름이 지나면 동이도 떠나고 진눈깨비도 내리겠지만 또다시 봄이 되면 애기기린초가 피고 친구 동이도 찾아올 것이다.
	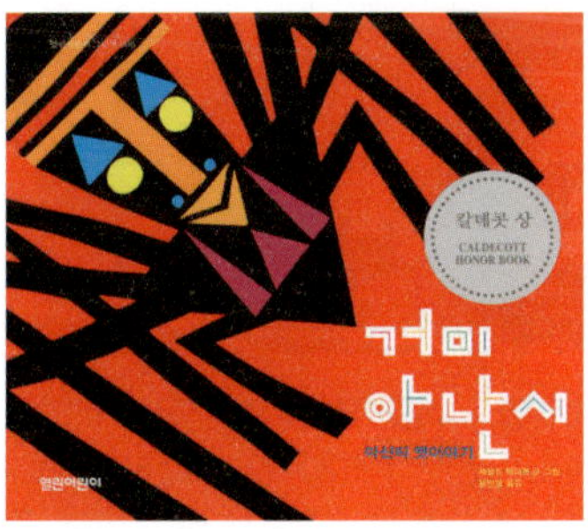 제럴드 맥더멋 글 · 그림/윤인웅 역 『거미 아난시』 열린어린이(2005)	아난시에게는 여섯 명의 아들이 있었는데……. 큰아들은 '큰일 났다', 둘째는 '길 내기', 셋째는 '강물 다 마셔', 넷째는 '먹이감 손질', 다섯째는 '돌 던져', 여섯째는 '방석'이었다. 어느 날 아난시가 집을 나서 멀리 갔다가 그만 길을 잃고서 물고기와 매에게 공격을 받아 죽을 위기에 처한다. 하지만 여섯 아들들이 각자 제 능력에 맞춰 힘을 합해 아빠를 구했다. 그래서 아주 아주 행복하게 모두 집으로 돌아오는 길에 아난시가 숲속에서 무척이나 신비스럽고 아름다운 커다란 빛구슬을 발견했다. 너무 귀하고 좋은 것이라 아난시는 이걸 아들에게 주려 하지요. 자신을 구해 준 아들에게. 하지만 여섯 아들 중 누구에게 이 상을 주어야 할까? 고민하던 아난시는 만물의 신인 니아메에게 물었다. 니아메는 이 빛구슬을 모두가 볼 수 있도록 하늘에다 갖다 두었다.
	 피터 시스 글 · 그림/윤정 역 『마들렌카』 베틀북(2010)	뉴욕에 살고 있는 마들렌카. 태어났을 때부터 줄곧 같은 집에 살고 있는 마들렌카는 어느 날 앞니가 흔들리는 걸 느끼고, 이 기쁜 소식을 세계의 모든 사람들에게 알리고 싶어 집을 나선다. 마들렌카는 동네 골목에 모여 있는 가게를 찾아다니며, 주인 아저씨와 아주머니에게 기쁜 소식을 전한다. 그리고 모두들 마들렌카에게 각 나라의 언어로 축하의 인사를 전한다. 무사히 여행을 끝낸 마들렌카는 한 뼘쯤 더 자란듯하다.

(2) 등장인물

등장인물은 그림책의 내용을 이끌고 가는 주요 역할을 수행한다. 그림책의 등장인물은 사람이거나 의인화된 동물이나 물건 등이다. 정경미, 조메리명희(2021)는 아동문학에서 그림책 등장인물의 특징을 다음과 같이 제시하였다.

첫째, 등장인물은 영유아가 동일시하고 공감할 만한 성격과 특징을 가지고 있다. 둘째, 옛이야기의 경우 등장인물 간 선악의 대립 구도가 있다. 셋째, 등장인물의 성격이나 행동 변화에는 원인이나 근거가 있다.

도요후쿠 마키코 글 · 그림/김소연 역 『발레리나 토끼』 천개의바람(2019)	에즈라 잭 키츠 글 · 그림/이진영 역 『피터의 의자』 시공주니어(2017)	앤서니 브라운 글 · 그림/허은미 역 『돼지책』 시공주니어(2022)
사람의 옷과 도구를 쓰며 사람처럼 행동하는 동물	성장기 유아의 감정과 정서변화를 잘 보여주는 주인공	가족의 일상 속에서 가족구성원이 등장인물

(3) 플롯

플롯은 이야기 속의 줄거리나 줄거리에 나오는 여러 가지 사건을 통일성 있게 짜는 일이나 수법이라고 할 수 있다. 아동문학에서 그림책의 플롯은 간단한 발단으로 시작하여 이야기가 경쾌하게 전개되다가, 절정에 이르러 만족스러운 결말을 맺게 된다. 좋은 그림책의 플롯은 잘 만들어진 이야기의 요구조건을 충족시켜야 한다. 줄거리가 명확하고 직접적이며, 움직임과 긴장이 있고 유머가 있다.

김세희(2000)는 플롯의 종류를 단선적(linear), 누적적(cumulative), 일화적(episodic), 연쇄적(chain), 순환적(circular) 형식으로 나누었다.

단선적 형식이란 기승전결의 흐름, 즉 문제의 발단, 사건의 진행, 클라이맥스, 대단원의 흐름을 갖는 것을 말하며 아동을 위한 작품에 가장 많이 사용된다.

하나의 행위가 원인이 되어 다음 행위가 생기는 결과로 이야기가 진행된다. 일화적 형식이란 한 권의 책이 여러 장으로 구성되어 있는 것처럼 여러 독립적인 에피소드들이 모여 전체적인 이야기를 구성하는 형태이다.

연쇄적 형식은 사건들이 반복은 되지만 사건들 사이에 인과관계가 없어서 중간의 어느 사건이 빠져도 줄거리 진행에 영향을 주지 않는 경우이다.

순환적 형식은 이야기 속의 사건이 시작되어 진행되다가 다시 원점으로 돌아오는 형식을 말한다.

형식	그림책 정보	내용
단선적 형식	 모리스 샌닥 글 · 그림/강무홍 역 『괴물들이 사는 나라』 시공주니어(2017)	발단: 맥스가 엄마에게 야단을 맞고 방에 갇힘 전개: 맥스가 괴물들이 사는 나라로 떠남 절정: 괴물들과 놀면서 괴물들의 왕이 되지만 허전함 결말: 다시 집으로 돌아와 엄마가 해주시는 밥 냄새 맡음
	 그림형제 글 · 베너뎃 와츠 그림/우순교 역 『빨간 모자』 시공주니어(1996)	발단: 빨간 모자가 엄마 심부름으로 할머니 댁으로 감 전개: 꽃밭에서 놀다가 늑대를 만남 절정: 늑대에게 빨간모자와 할머니 잡아 먹힘 결말: 사냥꾼이 발견하여 늑대 배에서 할머니와 빨간 모자를 끼냄

형식	그림책 정보	내용
누적적 형식	 서정오 글 · 박경진 그림 『팥죽 할멈과 호랑이』 보리(2023)	호랑이는 팥죽을 아주 잘 쑤는 팥죽 할멈을 잡아먹기 위해 밭매기 내기를 하고 내기에서 호랑이는 동짓날 팥죽 할멈을 잡아먹기로 했지만, 알밤, 자라, 개똥, 송곳, 멍석, 지게가 찾아와 호랑이를 무찌르기 위해 할머니를 도움
	 존 버닝햄 글 · 그림/이주령 역 『검피 아저씨의 뱃놀이』 시공주니어(1996)	검피 아저씨의 배에 토끼가 타고, 고양이가 타고, 개가 타고, 돼지가 타고, 양이 타고, 닭이 타고, 송아지가 타고, 염소가 하나씩 올라탔다가 배가 뒤집히고 강둑을 올라와 몸을 말리고 검피 아저씨 집에서 따뜻한 차를 마시고 헤어짐
	 알렉세이 톨스토이 글 · 헬린 옥슨버리 그림/박향주 역 『커다란 순무』 시공주니어(2000)	무룰 뽑기 위하여 할아버지가 할머니를 부르고 할머니가 손녀를 부르고 손녀가 강아지를 부르고 강아지는 고양이를 부르고 고양이는 쥐를 부르는 사건이 반복되고 시간이 흐르면서 새로운 요소가 추가됨

형식	그림책 정보	내용
일화적 형식	 앤서니 브라운 글 · 그림/공경희 역 『공원에서』 시공주니어(2021)	네 명의 목소리로 각자의 입장에서 사건을 설명하는 독특한 구성. 각 목소리 하나로도 이야기는 의미가 있지만, 각 이야기들을 요소에 연결점을 찾으며 전체를 이해하는 재미가 있음
	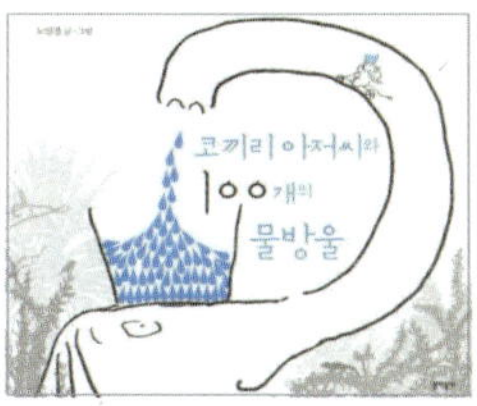 노인경 글 · 그림 『코끼리 아저씨와 100개의 물방울』 문학동네(2012)	볼로냐 국제아동도서전에서 '2012년 올해의 일러스트레이터'로 선정. 아빠 코끼리 '뚜띠'가 양동이 가득 물을 담고 집으로 가는 험난한 여정 이야기
연쇄적 형식	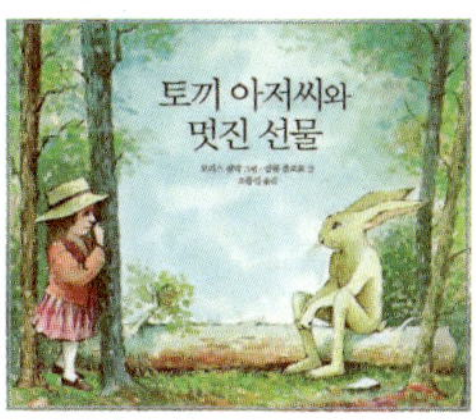 샬롯 졸로토 글 · 모리스 샌닥 그림/조동섭 역 『토끼 아저씨와 멋진 선물』 시공주니어(2015)	1963년 칼데콧 아너 상 수상. 소녀는 엄마에게 특별한 선물을 하고 싶어서 토끼 아저씨에게 도움을 청하고, 토끼 아저씨는 흔쾌히 청을 받아들이며 엄마의 선물을 찾기 위한 여정 이야기
	 팻 허친즈 글 · 그림/박현철 역 『바람이 불었어』 시공주니어(1997)	바람에 여러 가지 사물이 날아가고 물건을 잃어버리게 되는 사람이 늘어나는데 이 장면 중 한 장면이 삭제되어도 이야기 진행에 무리가 없음

형식	그림책 정보	내용
순환적 형식	 임정자 글 · 김영수 그림 『내 동생 싸게 팔아요』 미래앤아이세움(2006)	말썽꾸러기 동생을 시장에 팔러 가는 누나가 동생을 팔려다 못 팔고 돌아오는 길에 같은 사람을 만나지만 동생이 아깝다는 생각이 들어 집을 다시 돌아옴
	 마이클 로젠 글 · 헬린 옥슨버리 그림/공경희 역 『곰 사냥을 떠나자』 시공주니어(2022)	집안 식구들이 곰 사냥을 떠났다가 막상 곰을 보니 겁이 나서 황황히 집으로 돌아와 이불 속에 숨는 이야기. 의성어와 후렴처럼 반복되는 문장이 흥주며 모험꾼들의 마음 졸임과 부모와 자식 간의 기분 좋은 사랑이 산뜻한 수채화로 표현되어짐

(4) 배경

배경은 이야기의 시간적, 공간적 요소이다. 시간적 배경은 과거, 현재, 미래 또는 아침인지 저녁인지 등과 같은 것을 말하고, 장소적 배경은 도시인지 아니면 시골인지, 다락방인지 지하방인지, 환상세계인지 아니면 현실인지, 유치원인지 가정집인지 등과 같은 곳을 말한다. 그림책은 그림을 통하여 이야기가 요구하는 배경에 관한 정보를 제공한다. 배경은 갈등 상황을 명료화하여 이야기의 분위기에 영향을 미친다.

이현주 글 · 김천정 그림 『의좋은 형제』 국민서관(2006)	첼리 두란 라이언 글 · 아놀드 로벨 그림/정대련 역 『힐드리드 할머니와 밤』 시공주니어(1999)	안녕달 글 · 그림 『왜냐면…』 책읽는 곰(2017)
옛날옛날에~ 과거의 불특정한 장소	밤이라는 시간적 장소	아이의 일상생활 공간이 장소

(5) 문체

문체는 작가가 내용을 전달하고자 표현하는 방식으로 언어 사용, 단어 선택, 문장 구성, 상징 등과 관계가 있다. 아동을 위한 그림책의 문체는 리듬감이 있고 반복을 사용한다. 또한 간결하며 즐거워서 아동들의 호기심을 불러일으켜야 한다. 아동을 위한 그림책 문체의 특징은 다음과 같다. 첫째, 간결한 문장과 대화로 이루어진다. 둘째, 세련되고 쉬운 언어를 사용한다. 셋째, 의성어와 의태어를 사용한다.

<table>
<tr>
<td>
</td>
<td>
</td>
<td>
</td>
</tr>
<tr>
<td>허은미 글 · 이혜리 그림 『마들렌카』 길벗어린이(2000)</td>
<td>다다 히로시 글 · 그림/정근 역 『사과가 쿵』 보림(2006)</td>
<td>마이클 로젠 글 · 헬렌 옥스버리 그림/공경희 역 『곰 사냥을 떠나자』 시공주니어(2022)</td>
</tr>
<tr>
<td>문답식 대화체 의문문 사용</td>
<td>짧은 문장으로 표현. 의성어, 의태어, 형용사, 문장부호 명확한 사용</td>
<td>리듬감 있는 의태어, 반복적 어구 사용</td>
</tr>
</table>

3) 미술적 구성요소

그림책은 글의 문학성과 그림의 예술성이라는 두 가지 요소가 어우러져 유아들에게 읽혀지고 보여지는 예술작품이다. 그림책의 예술성과 심미감을 구성하는 미술적 요소는 그림책 요소에서 매우 중요하다. 좋은 그림책에 표현된 미술적 요소는 아동의 상상력을 자극하고 마음을 따뜻하게 해주며 정서적 반응을 이끌어내므로 아동의 개별 반응을 이끌어내는 힘을 갖고 있는 것이다. 러셀(Russell, 1999)은 이러한 미술적 요소에 대해 그림책에 나타난 선(line), 색(color), 모양(shape), 공간(space), 질감(texture), 구도와 원근법(composition, perspective) 등을 통해 예술적 수준을 평가하였다.

(1) 선

그림에 나타난 선(line)은 그림책의 내용과 인물 및 사물의 특성과 윤곽을 드러내며 정서적인 반응을 암시해 준다. 그림을 그리는 화가는 글의 의미를 선을 통해 나타내며, 선의 움직임이나 선의 거리는 본문의 이야기를 설명하는 데 활용된다. 휘어진 곡선이나 원은 따뜻하고 아늑하며 안전함을 느끼게 하고, 날카롭고 지그재그형의 선은 빠른 움직임과 역동성을 보여준다. 그리고 수평선은 침착하고 안정된 느낌을 주로 표현하며, 수직선은 높이와 거리감을 나타낼 때 주로 활용된다. 또한 선의 굵기나 명암도 그림을 통한 이미지 형성에 중요한 역할을 한다.

제럴드 맥더멋 글 · 그림/김명숙 역(푸에블로 인디언 설화) 『태양으로 날아간 화살』 시공주니어(1996)	레이먼드 브릭스 『눈사람 아저씨』 마루벌(1997)	루드비히 베멀먼즈 글 · 그림/이선아 역 『씩씩한 마들린느』 시공주니어(2017)
강력한 색채와 힘 있는 직선으로 현대적이며 풍부한 상징 표현	부드러운 곡선과 둥근 모양으로 따뜻함과 유연성 표현	곧은 직선으로 수녀원의 엄격함 표현

(2) 색

색은 초록색 풀, 하얀색 구름 등 각각의 사물이나 배경이 가지고 있는 고유한 색이 있어 일정한 사용 양식의 제한이 있는 요소이다. 뿐만 아니라 색은 붉은 계열의 따뜻한 느낌, 푸른 계열의 차가운 느낌 등 일반적인 느낌을 반영하기도 한다. 색의 사회문화적, 심리적, 관습적 사용이 그림의 표현에 영향을 미치는 것은 사실이나 그림책의 내용과 유기적인 관계를 이루면서 새로운 의미를 창출하는 요소로 작용하기도 한다. 현대의 그림책에서는 색을 통해 시간의 흐름을 표현하기도 하고, 등장인물의 다양한 정서를 표현하기도 하며 특정 부분을 강조하기도 한다.

케빈 헹크스 글 · 그림/맹주열 역 『달을 먹은 아기 고양이』 비룡소(2005)	바두르 오스카르손 글 · 그림/권루시안 역 『나무』 진선출판사(2021)	에릭 칼 글 · 그림/김세실 역 『아주아주 배고픈 애벌레』 시공주니어(2022)
흑백의 대비와 단순한 선으로 표현	전체적인 초록색으로 단조롭고 간결한 묘사	원색을 덧발라 나비가 되어 가는 과정 표현

(3) 모양

그림책 그림에 나타나는 모양(shape)은 단순함과 복잡함, 실제적 또는 추상적, 자유로움 또는 고정됨 등이 표현되어 유아들의 정서적인 반응을 이끌어내는 미술적 요소를 말한다. 둥그런 원모양은 부드러움을 느끼게 하고, 사각형이나 삼각형 모양은 정지된 모습이나 움직임 등을 표현하기에 적합한 형태이다.

레이먼드 브릭스의 『눈사람 아저씨』에서 표현된 부드럽게 구부러진 둥그런 원 모양은 따뜻함과 안정감을 느끼게 해준다.

	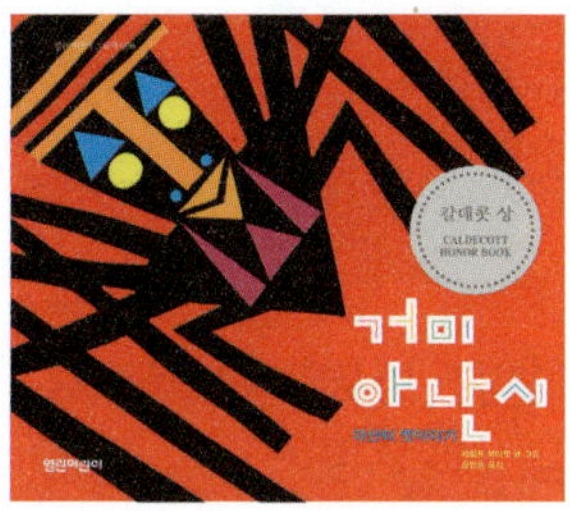	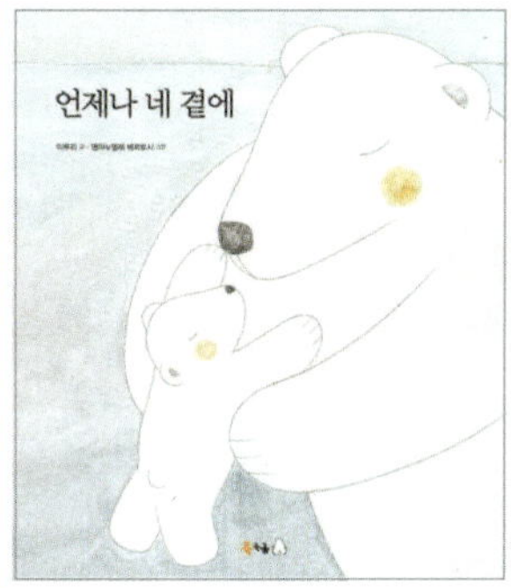
레오 리오니 글 · 그림/이경혜 『파랑이와 노랑이』 물구나무(2003)	제럴드 맥더멋 글 · 그림/윤인웅 역 『거미 아난시』 열린어린이(2005)	이루리 글 · 엠마누엘레 베르토시 그림 『언제나 네 곁에』 북극곰(2020)
둥근 모양이 조각이 되었다가 겹쳐졌다 하며 감정 표현	직선과 사각형의 모양으로 진취적이고 적극적인 모습 표현	둥근 원 모양으로 부드러운 느낌과 따듯함 표현

(4) 공간

공간은 대부분 그림책에서 빈 여백으로 인식되어 미술적 요소로 여겨지지 않기도 한다. 그러나 그림책에서 공간의 사용은 한 면에 그려진 특별한 모양들에 주의를 끌게 하며 실제로 그림책의 미술적 요소를 구성하는 중요한 요소이다. 그림책에서 공간은 독자의 주의를 끌거나 주인공의 상황과 작가의 의도를 나타내는 데 적절히 활용된다. 그림책에서 빈공간이 많으면 공허, 외로움, 고립 등을 나타낼 수 있다. 빈공간이 적으면 폐소공포감이나 혼란, 무질서를 전달할 수 있다.

안녕달 글 · 그림 『수박 수영장』 창비(2023)	조수경 글 · 그림 『마음샘』 한솔수북(2017)	모리스 샌닥 글 · 그림/강무홍 역 『괴물들이 사는 나라』 시공주니어(2017)
면을 분할하여 시간과 경과를 표현	나무를 여백처럼 처히해 숨어 있는 늑대가 드러나게 표현	서사 공간의 경계로 이야기의 분위기 고조 표현

(5) 질감

질감은 사물의 다양한 표면을 어떻게 느껴지도록 표현했는지, 어떻게 달라 보이도록 했는지에 대한 것이다. 그림책의 그림에서 나타나는 질감은 화가가 사용하는 도구에 따라 다르게 나타날 수 있다. 즉 모피, 비단, 나뭇결 등 어디에 그렸는지에 따라 질감이 다르게 나타난다. 또한 먼저 그린 그림 위에 헝겊, 톱밥 등의 질감을 이용하여 그림의 특성을 나타내기도 한다. 콜라주는 사물의 다차원성과 시각적 차이를 나타내기 위해 사용된다.

김동수 글 · 그림 『감기 걸린 날』 보림(2002)	에릭 로만 글 · 그림/ 이상희 역 『날마다 말썽 하나』 뜨인돌어린이(2014)	마르쿠스 글 · 그림/공경희 역 『무지개 물고기』 시공주니어(2010)
일기장을 찢어 붙인 것 같은 표현	판화 기법으로 표현	홀로그램으로 비늘 표현

(6) 구도와 원근법

그림책 그림이 담고 있는 각 그림의 구도와 원근은 세부 이미지들이 서로 어떻게 관계를 형성하고 있는지를 표현하므로 독자의 입장에서 사물이나 사건을 바라보는 관점에 결정적인 영향을 미친다. 아동은 그림의 각도와 위치에 따라서 그림책에 나타난 사건과 상황을 보다 더 잘 이해할 수 있게 된다.

바바라 리만 『빨강 책』 북극곰(2019)	폴라 게리슨 글 · 그림/최후죄 역 『호두』 장원교육	버지니아 리 버튼 글 · 그림/홍연미 역 『작은 집 이야기』 시공주니어(2023)
배경과 인물의 대비를 보여주는 원근법 표현	땅에서 위, 하늘에서 아래 등 다양한 구도 표현	구도와 원근법을 잘 활용하여 공간 개념 표현

3. 그림책의 평가

그림책은 유아가 접하는 최초의 문학적 경험이다. 그림책 경험 여부에 따라 책 읽기 습관에 영향을 미칠 수 있으므로 매우 중요하다. 무엇보다 그림책은 이야기를 담고 있어서 주변 환경에 대한 개념을 정교화하고 사물이나 현상에 대한 중요한 정보를 직접 혹은 간접적으로 경험할 수 있도록 도와준다. 또한 그림책은 아동의 언어발달에 있어 중요한 모델이 되며 그림책을 보는 즐거운 경험 속에 자연스럽게 읽기의 기본 능력과 문해능력을 습득하게 된다. 이러한 그림책이 갖고 있는 가치를 인식하여 아동에게 적절한 그림책을 평가하고 선정하는 것은 중요하다.

1) 좋은 그림책의 선정

좋은 그림책을 선택하는 것은 아동의 발달에 중요한 요소이다. 좋은 그림책은 아동이 행복한 미지의 세계를 제공하고, 아동의 내면세계를 변화시켜 간접적으로 삶에 도움을 줄 수 있다. 그러므로 그림책을 선택할 때는 그림책에 실려있는 그림의 예술적 요소를 고려하여 문학과 예술적 두 가지 측면을 잘 충족하였는지 살펴보아야 한다. 또한 교사와 부모는 아동에게 창의성, 성실성, 타당성, 간결성, 아름다움의 요건을 갖춘 질 좋은 책을 제공하는 데 관심을 가져야 한다. 잘롱고(Jalongo, 1988)는 그림책을 고를 때 다음에 유의해야 한다고 제안하였다.

첫째, 적절한 주제와 소재를 담고 있어야 한다. 유아기 신뢰감과 자율성을 키워가는 데 호소력을 가진 주제가 바람직하다.

둘째, 언어표현은 교육적이고 상상력이 풍부하여야 한다. 그림책 속의 글은 간결하고 음악적이며 창의적으로 표현되어야 한다.

셋째, 직선적인 플롯이어야 한다. 어린 유아들을 위한 그림책일수록 이야기가 명확하고 단순한 플롯이 이해하기에 좋다.

넷째, 만족스러운 결말이어야 한다. 유아에게 좋은 그림책은 결말이 빨리 나와야 하며, 행복하고 긍정적인 결말이 있어서 유아들이 위안을 느끼고 반복이 있어 그 책을 읽고 싶어 해야 한다.

그림책 평가기준(Purves & Monson, 1984)

- 그림책의 그림이 이야기나 시에 대한 정서적인 반응과 맞는가?
- 그림책의 그림이 저자가 의도하였던 분위기를 잘 반영하고 있는가?
- 이미 잘 알려진 시나 민담, 환상동화의 경우 여러 그림 작가의 그림 중 나의 정서적 반응에 가장 부합되는 그림책은 어떤 것인가?
- 그림이 매력적이며 잘 고안되었는가?
- 그림이 본문의 의미를 더 명확하게 해주며 아이디어를 확장시켜 주는가?
- 그림이 이야기를 이해하도록 나의 상상력을 더 발휘하도록 격려하는가?
- 그림이 본문의 내용에 맞도록 적절하게 그려져 있는가?
- 페이지와 그림이 잘 맞는가?
- 그림이 이야기 윤곽을 잘 전개시키고 있는가?
- 페이지 여백은 분위기 조성이나 주인공의 행동전개에 도움을 주도록 활용되고 있는가?

〈그림책에서 그림의 기능〉

- 그림은 본문의 내용을 명료하게 하며, 본문에 없는 정보를 줄 수 있음
- 그림책을 쓴 작가의 의도를 해석하고 확장시켜줌으로 작가의 의도 이해에 도움을 줌
- 이야기에 배경 설정 및 적절한 분위기 조성에 기여함
- 이야기의 주인공 및 등장인물의 특성과 감정, 상황 등의 생생한 묘사

*출처: 황은순, 김현경, 이보영, 오미경, 이지영(2017). 유아문학교육.

2) 아동문학교육에 대한 논의

지금까지의 문학교육은 작가-텍스트 위주의 교육으로서 문학현상의 또 다른 주체인 학습자의 역할을 상대적으로 등한시한 채 이루어져 왔으나(조원혜, 2003) 이제는 종전의 텍스트 위주의 문학교육이 문학교육의 전부가 아니라는 인식이 보편적이 되었다. 문학작품은 이제 더 이상 스스로 존재하는 객관적인 존재가 아니라 사람들 사이에서 읽히고 이해되고 감상되는 해석과 수용의 대상이다.

이대균 외(2021)는 교사가 문학교육을 계획하고 전개할 때 고려해야 할 점을 다음과 같이 제시하였다.

첫째, 교사가 문학교육에 어떻게 접근하느냐에 따라 아동문학교육의 방향과 효과가 달라짐을 명심한다.

둘째, 아동문학교육의 가장 첫 번째 가치가 문학적 경험에 대한 즐거움이라는 점을 인식해야 한다.

셋째, 아동 각각의 차이와 다양성을 소중히 여기는 관점을 지녀야 한다.

넷째, 단순히 문학작품을 소개하는 것으로 끝나서는 안 되며 아동 스스로 경험하고 내면화할 수 있도록 도와야 한다.

다섯째, 교사는 아동들의 문학에 관한 관심과 지식을 북돋우기 위해 다양한 전략과 활동자료, 장치 등에 대하여 폭넓게 알고 있어야 한다.

여섯째, 교사는 유아들을 위한 이야기나 동시에 대하여 폭넓은 지식을 가지고 있어야 한다.

문학교육의 내용과 방법을 고려한 논의점을 정리해 보면 다음과 같다.

첫째, 문학적 경험의 필요성 및 요구가 어떻게 교육과정 차원에서 조직되어야 할 것인가 하는 문제이다. 둘째, 문학제재의 특수성에 따른 다양한 수업모형 개발에 대한 문제이다. 셋째, 문학교육에서 내면화 과정에 대한 평가와 통제의 문제이다. 문학교육의 궁극적인 목표는 내면화 과정으로 요약된다. 그러나 내면화의 핵심단계인 가치화, 인격화, 사회화의 과정은 가시적 과정으로 드러나지 않는 게 보편적이다. 이러할 때 교수전략의 가능성을 모색하고 한계를 극복할 수 있도록 해야 한다(구인환 · 우한용 · 박인기 · 최병우, 2004).

아동문학교육의 목표

- 즐거운 마음으로 문학적 경험을 한다.
- 문학적 경험에 관심을 가진다.
- 다양한 문학적 경험을 통하여 미적 감수성과 미적 의식을 기른다.
- 언어적 표현에 관심을 가지고 자신의 느낌과 생각을 표현한다.
- 문학적 경험을 통하여 상상력과 창조력을 기른다.
- 문학감상을 통하여 인간 삶의 간접 경험을 한다.

*출처: 황은순, 김현경, 이보영, 오미경, 이지영(2017). 유아문학교육.

생각 다지기

- 그림책을 선정하여 그림책의 구성요소를 살펴보아요.

이영경 글 · 그림 『아씨방 일곱 동무』
비룡소(2009)

- 글과 그림의 관계는 어떠한가요?
- 그림책 표지와 그림책의 내용은 어떠한가요?
- 주제가 무엇인가요?
- 등장인물은 아동에게 어떤 흥미를 줄까요?
- 어떤 플롯으로 구성되었나요?
- 문체는 어떤 느낌을 주나요?

PART 2

문학으로 배우기

Chapter 5

연령별 발달 특성과 아동문학

학습목표

- 연령에 따른 아동 발달 특성과 아동문학의 관련 요소를 알 수 있다.
- 연령에 따른 기본적 욕구와 아동문학의 관련 요소를 알 수 있다.
- 문학에 대한 연령별 접근법의 기초를 이해한다.

생각 열기

- 나의 최초의 문학적 경험은 어떤 것이었나요?
- 영아에게도 문학적 경험이 필요할까요? 왜 그렇게 생각했나요?
- 문학을 이해하는 데 문자의 해득은 필수적인 요소일까요?

1. 발달이론과 아동문학

발달이론을 이해하는 것은 아동에게 어떠한 문학작품이 발달적으로 도움이 되는지 알 수 있는 방법이다. 어른들과 다른 사고 방식과 문제 대처 능력을 가진 영유아들의 세상을 이해함으로써 문학작품이 가지는 의미를 되새겨 볼 수 있다.

본 장에서는 욕구이론, 인지발달이론, 심리성적 발달이론, 심리사회적 발달이론에 대한 개관을 통해 아동의 성장과 아동문학이 밀접한 관련이 있는지 살펴보고자 한다.

1) 욕구이론과 아동문학

매슬로(Maslow)의 욕구단계설(Maslow's hierarchy of needs)에 따르면 인간은 다양한 욕구를 가지고 있으며 생존의 기본적인 욕구에서 자아실현과 같은 상위 욕구까지 단계별로 충족해 나가고자 한다. 대개 하위 단계에 있는 욕구가 만족되었을 때 그다음 단계의 욕구를 충족하고자 하는 관심이 발생하기 때문에 가장 하위 단계의 욕구가 가장 강력한 강도를 지니고 있다[그림 5-1].

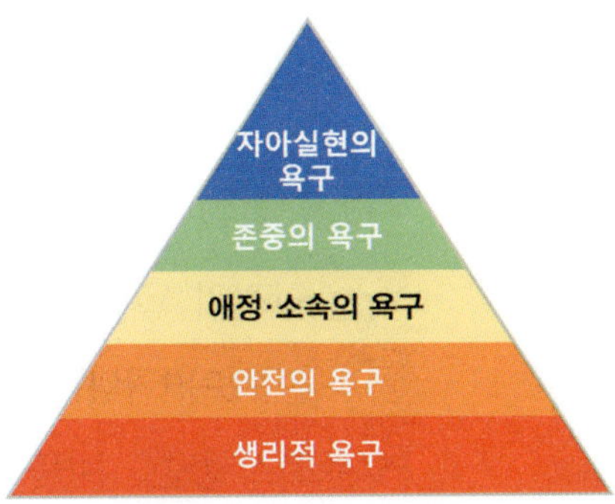

[그림 5-1] 매슬로의 욕구 단계와 아동의 욕구

아동문학에는 아동의 여러 가지 욕구가 반영되어 있다. 유아는 문학작품 속 주인공과 자신을 동일시하거나 텍스트와 그림이 설명해주는 내용을 간접 경험하여 욕구를 충족한다. 이러한 욕구 충족의 만족감은 아동의 건강한 성장 · 발달에 지대한 영향을 미치게 된다.

■ 생리적 욕구(physiological)와 아동문학

아동의 생리적 욕구는 음식, 수면, 배설, 보온, 갈증 해소와 같이 대개 신체 및 건강과 관련된 인간 본능이라고 할 수 있다. 유아기에 자연스럽게 나타나는 성적 호기심 또한 생리적 욕구에 포함된다.

최민오 글 · 그림 『응가 하자, 끙끙』 보림(2020)

라우라 위트네르 글 · 나탈리아 브루노 그림/문주선 역 『밤은 언제 잠이 들지』 피카주니어(2023)

정지영 글 · 그림 『나는 여자, 내 동생은 남자』 비룡소(1997)

[그림 5-2] 생리적 욕구와 관련된 문학작품

■ 안전의 욕구(safety)와 아동문학

아동은 주변 세계에 대한 감각적 발달과 더불어 대상영속성과 같은 초기 단계의 인지발달을 이룸에 따라 외부 위험에 대한 불안과 공포로부터 자신을 보호하고자 한다. 또한 자신이 가진 내적 불안에 대한 해소 욕구도 매우 크다. 아동의 정서적 · 심리적 안정감이 유아 전반적인 발달에 근본적인 영향을 미친다는 점을 감안할 때 안전에 대한 욕구가 아동문학을 통해 충족될 필요가 있다.

제네비에브 코테 글 · 그림/김이재 역 『무서운 밤, 안녕!』 책속물고기(2024)

김정란 글 · 배은정 그림 『잉잉잉』 별똥별(2022)

한솔 글 · 그림 『불안구슬』 노란돼지(2024)

[그림 5-3] 안전의 욕구와 관련된 문학작품

■ 애정 · 소속 욕구(love/belonging)와 아동문학

성장하면서 점차 사회화되어 가는 영유아는 자신이 속한 집단이나 공동체 속에 소속되고 그 속에서 따뜻한 관계를 형성하기를 원하게 된다. 가정에서 잘 형성된 애착은 영유아교육기관에서 만나는 교사나 또래 관계 형성에 도움이 되고 이를 통해 얻어진 정서적 안정감은 영유아기에 느끼는 좌절, 갈등, 위기를 극복하는 힘을 키워주게 된다.

버나뎃 로제티 슈스탁 글 · 캐롤라인 제인 처치 그림/신형건 역 『사랑해 사랑해 사랑해』 보물창고(2021)

안녕달 글 · 그림 『당근 유치원』 창비(2020)

안녕달 글 · 그림 『눈아이』 창비(2021)

[그림 5-4] 애정 · 소속의 욕구와 관련된 문학작품

■ 존중의 욕구(esteem)와 아동문학

인간은 다른 사람으로부터 존중받고 스스로를 존중하고자 하는 욕구를 가지고 있다. 아동은 주변인들로부터 인정받고, 관심받고자 하며, 스스로는 자유, 자신감, 유능감, 성취감을 얻고자 한다.

마야 마이어스 글 · 염혜원 그림/이상희 역 『난 완벽하지 않아』 창비(2024)

최숙희 글 · 그림 『괜찮아』 웅진주니어(2009)

또영 글 · 그림 『오늘의 동물』 계수나무(2024)

[그림 5-5] 존중의 욕구와 관련된 문학작품

■ 자아실현 욕구(self-actualization)와 아동문학

자아실현 욕구란 자신을 계속 발전하게 하고 자신의 잠재력을 최대한 발현하려는 욕구이다. 아동 역시 자신의 성장에 대한 기대와 희망을 가지고 더 나은 사람이 되고자 하는 욕구를 가지고 있다.

신순재 글 · 이희은 그림 『실패 가족』 웅진주니어(2023)

이은서 글 · 유진 그림 『겁이 나는 건 당연해』 책읽는곰(2022)

이숙현 글 · 안소민 그림 『나에게 주는 상』 호랑이꿈(2024)

[그림 5-6] 자아실현의 욕구와 관련된 문학작품

2) 인지발달이론과 아동문학

피아제(Piaget)에 따르면 인지발달은 유기체와 환경의 상호작용을 통해 이루어지는 것이다. 아동문학은 아동의 인지구조를 변화시키고 질적인 발달을 돕는 중요한 매개체가 될 수 있다.

■ 감각운동기(sensorimotor stage, 0~2세)와 아동문학

감각운동기의 영유아는 자신의 행동이나 감각에 의존하여 생활하며 대상영속성 획득이 가장 중요한 발달 과업이다. 감각의 발달이 두드러지는 시기이므로 양육자는 그림책의 문학적 내용보다는 시각, 촉각, 청각적 요소가 포함되어 있는 형태의 그림책을 제공함으로써 재미를 느낄 수 있도록 한다.

출생 직후의 아주 어린 영아의 경우 시각 발달은 완성되지 않은 상태이다. 하지만 태내에서부터 이미 청각, 촉각 발달은 거의 완성된 상태로 태어난다. 따라서 양육자가 텍스트를 읽어주는 목소리, 얼굴 표정, 스킨십 등을 통해 정서적 소통과 교감을 나눌 수 있다.

생후 6개월 이후에 영아는 시감각이 발달되어 그림의 형태를 또렷하게 볼 수 있게 되고 눈과 손의 협응이 발달하며 입으로 빨고 무는 등 적극적으로 자신의 운동능력과 감각을 이용하여 주변을 탐색하기 시작한다. 양육자는 이 시기 영아에게 줄거리가 있는 책의 내용을 전달하려는 목적을 가지지 않고 다양한 형태의 책으로 오감을 자극하고 양육자와 애착을 형성하는 상호작용의 도구로 활용하여야 한다.

잘웃는토끼 글 · 그림
『봄여름가을겨울』
블루래빗(2023)

스텔라 배곳 글 · 그림 『우리 아기 첫 손가락 놀이책: 동물 농장』 어스본코리아(2016)

이상교 글 · 윤순정 그림
『찾았다! 우리 아기』
그린북(2023)

[그림 5-7] 감각운동기 그림책 예

■ 전조작기와 아동문학

전조작기(pre-operational stage, 2~6세) 유아들의 특징은 상징적 사고(symbolic thought), 자기중심적 사고(egocentrism), 물활론적 사고(animism), 인공론적 사고(artificialism), 전환적 추론(transductive reasoning)으로 대표된다. 이러한 전조작기적 사고 특징은 다양한 아동문학의 내용에 잘 반영되어 있으며, 직관적으로 사고(intuitive thinking)하는 유아들에게 그림책은 매우 좋은 교재이다.

그림책 속의 인물과 동식물, 사물은 대부분 의인화되어 표현되어 있다. 호랑이가 말을 하고 불쌍한 토끼가 눈물을 흘리며, 막대가 사람처럼 움직인다. 이러한 비현실적 상황이 물활론적 사고를 하는 유아들에게는 오히려 더 친숙하게 다가가며 타인의 입장을 조망 수용하는 능력을 발달시키는 데 도움을 준다.

또한 이들 연령을 대상으로 하는 문학 작품은 대개 과거에서 현재에 이르는 순행적 시간 순서를 따르므로 추상적 사고가 어려운 유아들이 줄거리와 사건의 흐름을 직관적으로 인식하기에 수월하다. 이야기 속에는 논리적인 전개가 펼쳐지며 직접 경험하지 못한 원인과 결과를 간접적으로 체험하게 해줌으로써 유아들의 사고력과 문제해결 능력 발달을 돕게 된다.

시각적인 정보에 많이 의존하는 전조작기 유아에게는 그림책을 함께 보고 그것을 다양한 방법으로 표상할 수 있는 경험을 제공해주어야 한다. 또한 유아가 이해할 수 있는 단순한 구조를 가지고 인지적 개념 발달에 도움이 되는 그림책, 그리고 유머와 유아의 흥미와 관심을 담은 그림책, 그리고 유아의 실생활과 관련된 그림책, 상상의 나래를 펼칠 수 있는 환상적 그림책이 적절하다.

수세기 관련 그림책
김경희 글 · 그림 『괜찮아 아저씨』 비룡소(2017)

일상과 관련된 그림책
노인경 글 · 그림 『우유는 안 마셔』 문학동네(2022)

주인공이 의인화된 그림책
린지 글 · 그림 『구멍 하나가 있었는데』 한림출판사(2024)

[그림 5-8] **전조작기 그림책 예**

▪ 구체적 조작기와 아동문학

전조작기에 비해 논리적으로 사고하게 되는 구체적 조작기(concrete operational period, 7~11세)에는 가역성 획득으로 인해 보존 과제를 성공적으로 수행하고 탈중심화가 이루어져 타인의 감정과 사고에 관심을 가지게 된다. 또한 분류나 서열 짓기도 능숙하게 된다. 이 시기에도 여전히 그림책은 아동에게 사랑받고 유용한 매체이나 그림책을 통해 새로운 지식을 획득하거나 지식을 재구성하는 등의 교육적 가치가 더 높게 평가된다.

구체적 조작기에 적합한 아동문학은 논리적 사고 능력과 탈중심화라는 특성을 반영하여 텍스트의 양이 많아지고 내용이 복잡하거나 순행적 흐름이 아닌 줄거리이거나 액자 구조의 문학작품도 제공할 수 있다.

3) 심리성적 발달이론과 아동문학

정신분석학자 프로이트(Freud)는 인간의 본능적인 성적 에너지(libido)에 의해 사고와 행동, 감정을 결정하게 되고 특히 생의 초기 경험이 성격발달에 매우 큰 영향을 미친다고 하였다. 사람들은 어려서부터 일상생활과 학업과정에서 많은 문학적 경험을 해오고 있으며 생의 초기 경험의 많은 부분에서 영향을 받는다. 아동은 문학작품을 통해 동일시, 무의식적 갈등 해소의 카타르시스, 대리만족을 느낌으로서 심리적 어려움을 해결하기도 한다.

■ 구강기(oral stage, 0~1세)와 아동문학

구강기는 성적 에너지, 즉 리비도가 구강에 집중되어 있는 시기이다. 이 시기 영아는 물고, 빨고, 깨물고, 삼키고 싶은 욕구를 만족하려고 애쓴다. 구강 욕구가 만족되지 않으면 대인관계에서 불신감을 가질 수 있게 되는 것으로 알려져 있다. 영아가 물고 빠는 행위에도 안전한 촉감 놀이책을 제공해줄 수 있다.

■ 항문기(anal stage, 2~3세)와 아동문학

항문에 리비도가 집중되어 있는 시기인 항문기에 영아는 대소변 훈련 과정을 겪게 된다. 배변을 참거나 분출하는 자율성이 획득된 영아들은 자기조절, 독립심, 자존감의 기초를 다지게 된다. 무탈한 항문기 경험을 위해서 배변 훈련을 돕는 책, 기본적인 사회적 규범을 담고 있는 책을 제공할 수 있다.

■ 남근기(phallic stage, 4~6세)와 아동문학

남근기는 거세불안(castration anxiety)과 오이디푸스 콤플렉스(oedipus complex), 남근 선망(penis envy)과 엘렉트라 콤플렉스(electra complex)라는 대표적인 심리성적 발달 개념을 형성하는 시기이다. 이 시기에는 동성 부모와의 동일시 과정

을 통해 성역할, 기본적인 도덕성, 성 정체감, 독립심 등을 발달하게 되므로 부모의 역할을 보여주는 내용, 주인공이 역경을 이겨내고 성장하는 모습을 보여주는 줄거리의 그림책을 경험하게 해줄 수 있다.

4) 심리사회적 발달이론과 아동문학

에릭슨(Erikson)은 프로이트의 심리성적발달 단계를 좀 더 사회적이고 폭넓은 관점에서 발전시켜 전 생애에 걸쳐 8단계의 발달단계를 제시하였다. 각 단계를 성공적으로 통과하지 못하더라도 다음 단계로 발전해 나갈 수는 있으나 단계는 문화 보편적으로 불변의 순서이며, 실패한 단계와 관련한 결함은 지속적으로 나타난다고 보았다.

- 신뢰감 대 불신감(trust vs. mistrust, 0~1세)

어린 아기를 돌보는 주변의 일관성 있는 양육과 지지를 통해 영아는 세상에 대한 신뢰감을 획득하게 되지만 반대로 양육자가 비일관적인 반응을 보이거나 즉각적인 반응이 부재할 때 불신감을 얻게 된다. 발달적으로 문학적 작품을 접하기에는 어려운 시기이지만 피아제의 감각운동기, 프로이트의 구강기와 동일한 양육자의 지원이 필요하다. 즉, 따스하고 즉각적인 반응, 촉각, 시각, 청각, 후각을 만족시키는 영아기 책 놀이감으로 함께 놀아주는 양육자의 태도는 이후 발달 단계를 위한 문학적 경험 수용에 대한 기반을 마련할 수 있다.

- 자율성 대 수치심과 의심(autonomy vs. shame & doubt, 2~3세)

이 시기에 영아들은 걸음마를 하기 시작하고 배변 훈련을 통해 성취감을 획득하게 된다. 영아들은 환경을 자신의 힘으로 자유롭게 탐색하고 충분히 경험함으로써 자율성을 가지게 되지만 부적절한 양육 방식은 영아 자신의 행동에 대한 수치심이나 자신의 능력에 대한 의심을 만들어 낸다. 따라서 이 시기 영아들은 자유롭게 그림책을 장난감처럼 가지고 놀아야 하며 또한 그림책을 읽어주는 부모나 양육자 역시 그들이 즐겁게 다룰 수 있는 놀이감이 되어주어야 한다. 그러나 동시에 배변 훈련과 같은 적절한 통제와 자조적 행동을 학습해가면서 자율적인 성취의 경험을 반복할 수 있는 경험이 제공될 필요가 있다.

단순한 문장으로 되어 있는 그림책, 어구나 문장이 반복되는 그림책, 의성어와 의태어로 재미있게 읽어줄 수 있는 그림책, 영아와 부모가 주거니 받거니 할 수 있는 문답 형식의 그림책, 영아의 일상생활을 반영하는 주제로 만들어진 책을 추천할 수 있다.

■ 주도성 대 죄책감(initiative vs. guilt, 4~5세)

이 시기에는 적극적으로 자신이 하고 싶은 것을 주장하고 주변을 탐색하는 능력이 갖추어지는지 살펴보아야 한다. 자신의 주장에 대한 지나친 좌절과 실패의 경험 그리고 강제적인 압박은 유아들에게 죄책감을 가지게 만든다. 프로이트의 심리성적 발달단계의 남근기와 동일한 단계로 자신의 성장에 대한 자율적인 열망을 가지고 주변의 도움 없이도 문제를 해결하려는 태도를 배우는 단계이다. 이 시기 유아의 발달적 특성을 고려한 그림책을 일상생활 속에서 자연스럽게 제공해주어야 한다.

유아가 동일시할만한 주인공이 등장하여 난관과 어려움을 극복하는 내용, 다양한 현실적 상황에 대한 대처 방법을 포함하고 있는 내용, 자신의 상상이나 공상 및 환상을 반영하는 내용, 궁금하고 알고 싶어하는 정보를 제공하는 내용, 비밀스러운 소원이나 소망이 이루어지는 내용 등의 그림책을 제공해줄 수 있다.

2. 연령별 특성과 문학 접근법

아동은 발달적 개인차를 고려하더라도 대체로 월령별, 혹은 연령별로 유사한 보편적 발달 특성을 가지고 있다. 앞선 단원에서 발달이론을 개관하였으므로 각각의 발달이론을 망라하여 공통적으로 보여지는 영유아의 발달적 특성에 맞는 문학 접근법을 알아보고자 한다.

1) 영아 초기(0~12개월) 발달 특성과 문학 접근법

영아기는 감각적 활동과 신체적 움직임을 통해 세상을 인식한다. 또한 주변 양육자의 섬세한 보호와 즉각적이며 따뜻한 반응으로 인해 기본적 욕구를 충족시켜 나가며 빠르게 성장해 나간다. 아직 글을 읽거나 책의 줄거리를 파악하는 능력이 부재한 어린 영아들에게는 무엇보다 발달 수준에 맞는 책 형태의 놀이감을 통해 양육자와 자신을 둘러싼 환경과의 정서적 교감을 나누고 신체적 접촉을 촉진하고자 하는 목적을 가질 필요가 있다. 영아들의 구체적인 발달적 특성과 발달특성을 고려한 문학 접근 방법은 다음과 같다.

- 영아 초기 신체발달 특성
  - 신체적 활동(움직임)을 통해 운동 기술을 습득해 나간다.
  - 오감을 사용하여 직접 경험하는 것을 즐긴다.
  - 6개월 이전에 귀에 익은 목소리를 구별하고 높은 여성의 목소리를 선호한다.

- 출생 후 11개월경까지 시각이 점차 발달해 나가면서 점차적으로 시각적으로 주의집중을 할 수 있게 된다.

■ 영아 초기 인지발달 특성

- 8개월경에는 눈에 보이지 않는 물건이 계속 존재한다는 것을 알고 숨긴 곳을 찾아볼 수 있다.
- 자신의 행동이 미치는 영향을 관찰함으로써 인과 관계를 탐색한다.
- 자신의 의도를 몸짓으로 표현하는 능력을 점차 획득해 간다.

■ 영아 초기 언어발달 특성

- 3개월 이전에 자신의 요구를 울음으로 표현할 수 있다.
- 8개월이 지나면 몸짓을 통해 '싫어', '안녕' 등의 간단한 의사소통을 전할 수 있다.
- 9개월경에는 간단한 한 단어를 따라 말할 수 있다.
- 대개 12개월경까지는 한 단어만으로 문장을 표현하는 단일 언어 시기를 보낸다.

■ 영아 초기 사회 · 정서발달 특성

- 주양육자와 애착과 기본적인 신뢰관계를 형성해 나간다.
- 낯가림, 격리불안 등의 행동이 나타난다.
- 거울을 보고 나를 인식하고 다른 사람과 나를 구별해 나간다.
- 자기가 스스로 하려는 행동을 보인다.

헝겊책, 비닐책, 크기가 작고 두꺼운 보드북, 큰 그림과 패턴의 책, 만지면 소리가 나는 책, 친숙한 사람의 얼굴이 담긴 앨범 책, 친숙한 사물을 명명할 수 있는 책, 아기에게 친숙한 사진이나 그림이 포함된 책, 조작하면 소리가 나거나 감촉이 느껴지는 책, 목욕 시간에 사용할 수 있는 플라스틱 또는 비닐책, 양육자가 조종할 수 있는 손인형이 부착되어 있는 책, 안전 거울이 포함되어 있는 책, 아기 스스로 넘길 수 있는 보드북 또는 플라스틱 북

헝겊책

비닐책

라주 글 · 그림/고향옥 역 『맛있다, 냠냠』
시공주니어(2022)

크기가 작고 두꺼운 보드북

『고래야 놀자!』 블루래빗

만지면 소리가 나는 책

영아 초기 발달에 적합한 문학

2) 영아 후기(12~24개월) 발달 특성과 문학 접근법

영아 전기와 달리 만 1세가 넘어가면 영아들은 성인의 도움 없이도 스스로 걸어 자신이 원하는 것을 획득할 수 있는 이동 능력이 생긴다. 시력이 완성되며 눈과 협응 능력도 이전보다 발전하여 책의 형태에 큰 제약을 받지 않고 책장을 넘길 수 있게 된다. 이는 곧 좀 더 폭넓은 문학작품을 경험할 발달적 준비가 완료되었음을 시사한다.

- 영아 후기 신체발달 특성
  - 소근육이 발달하여 정교하게 행동하려고 한다.
  - 걷기와 달리기 등의 큰 근육의 움직임에 능숙해지고 왕성한 움직임을 보인다.
  - 12개월 직전에야 성인과 같은 망막 발달이 완성되어 시력이 갖추어진다.

- 영아 후기 인지발달 특성
  - 12개월~18개월 사이에는 눈앞에서 물건을 숨기면 여러 곳으로 변경하더라도 찾아낸다.
  - 단순한 개념에 대한 이해가 가능하다.
  - 사물에 대한 호기심이 증가한다.
  - 초보적인 수 세기와 수 개념이 획득되어 간다.
  - 아직은 타인의 의도, 타인의 입장을 이해하는 것이 어렵다.

- 영아 후기 언어발달 특성
  - 18~20개월경에는 많은 어휘를 습득하게 되고 문장을 만들어내기 시작한다.
  - 24개월경이 되면 비교적 자유로운 언어 표현을 구사하고 의문문 등의 간단한 문법도 활용할 수 있게 된다.
  - 운율, 리듬, 노래를 즐길 수 있다.
  - 사물 및 대상의 이름, 색깔, 소유자 등을 구분하고 말할 수 있다.

- 영아 후기 사회 · 정서발달 특성
  - 18개월이 지나면 대상영속성 개념이 확고해져서 어머니가 보이지 않아도 있다는 것을 알게 되고 분리불안이 줄어든다.
  - 점차 낯가림이 줄고 안정된 애착을 기반으로 주변을 적극적으로 탐색한다.
  - 또래에게 관심을 보이게 되지만 상호작용하기보다는 각자 독자적으로 혼자 놀이를 한다.
  - 자신의 신체나 물건을 가지고 놀이하는 경향이 높다.

책에 대한 관심을 높일 수 있는 다양한 형태의 책, 영아가 주도적으로 스스로 넘겨도 안전한 형태로 제본된 책, 익숙한 사물뿐만 아니라 새로운 단어가 포함되어 있는 책, 사실적 사진 또는 세밀화로 되어 정확한 형태적 개념을 익힐 수 있는 책, 책과 책에 제시된 실물이 함께 제공되는 책, 영아의 일상생활과 관련된 동요, 영아가 경험할 수 있는 이야기가 담긴 짧은 책, 영아가 특별히 좋아하는 내용이 담긴 책, 글보다 그림이 주가 되는 책, 단어와 문장이 반복되는 책, 다음 장을 예측하기 쉬운 책

Ledesma, Sophie 글/Sophie Ledesma 그림
『이럴 때 내 기분은』 블루래빗(2022)

영아가 경험할 수 있는 이야기가 담긴 짧은 책

『모여라! 농장 동물』 애플비

실물이 함께 제공되는 책

영아 후기 발달에 적합한 문학

3) 유아기(만 3~5세) 발달 특성과 문학 접근법

피아제(Piaget)의 인지발달단계 중 전조작기에 해당되며 우리가 흔히 생각하는 유아기적 특성이 가장 두드러진 시기이며 보다 성장한 발달 수준으로 인하여 다양한 문학적 접근이 가능해진다. 대개 이 시기의 유아들은 영유아교육기관을 이용하면서 형식적 교육과정으로 문학을 접하게 될 뿐만 아니라 가정에서도 문학교육의 교육적 가치의 중요성을 염두에 두고 집중하는 때라고 할 수 있다.

- 유아기 신체발달 특성
  - 신장과 체중의 급격한 변화를 보이며 체지방이 감소하기 시작한다.
  - 세발자전거를 타거나 한쪽 다리로 서고 뛰다가 방향을 바꾸는 등의 몸의 균형감각이 발전한다.
  - 동작이나 신체표현 능력이 정교해지고 자신의 생각을 그림으로 표현할 수 있는 눈과 손의 협응력이 갖추어진다.

- 유아기 인지발달 특성
  - 놀이를 통해 학습하는 것을 좋아한다.
  - 자신이 인지능력을 반영하여 그림 그리기를 할 수 있다.
  - 막대기를 말이라고 가작하여 놀이하는 등 상징놀이를 할 수 있다.
  - 정확한 인과관계 개념이 발달해 나가는 과정에 있다.
  - 수와 양의 보존개념이 발달해 나가는 과정에 있다.
  - 기억용량이 늘어나고 기억한 것을 인출해내는 데 큰 어려움이 없다.

- 유아기 언어발달 특성
  - 만 5세경이 되면 성인과 의사소통하는 데 전혀 어려움이 없다.
  - 문장을 세련되게 사용하고 문법적 오류가 적어진다.
  - 말이 글로 옮겨지는 과정을 알고 글자에 관심을 가지고 취학 직전 스스로 글을 읽고 쓰는 능력을 갖추기도 한다.
  - 타인의 욕구나 관점을 고려한 초보적인 사회적 언어를 사용하여 의사소통할 수 있다.
  - 또래와 언어적으로 상호작용함으로써 함께 놀이한다.

- 유아기 사회 · 정서발달 특성
  - 혼자서 옷을 입을 수 있으며 기본적이 자조능력이 갖추어진다.
  - 자기중심성으로 인하여 타인의 마음을 완벽히 이해하지는 못하지만 유아기 동안 꾸준히 다른 사람의 정서표현을 인지하고 해석하는 능력이 발전해 나간다.
  - 성도식과 성역할 개념이 발달해 나간다.
  - 타율적인 도덕성 단계로 벌을 피하기 위해 규칙을 지켜야 한다고 믿으며 의도보다는 결과를 보고 옳고 나쁨을 구분한다.
  - 충동적인 특성도 있지만 모험심을 펼쳐간다.
  - 단체생활의 규칙을 배워나간다.
  - 스스로 선택과 주도성을 가질 때 더욱 잘하려고 한다.

모험과 도전 및 상상을 다루는 그림책, 다양한 주제로 놀이의 소재가 될 수 있는 내용의 책, 움직임을 따라 할 수 있는 그림책, 시간의 흐름에 따라 내용이 전개되는 줄거리의 그림책, 학습적 개념 다루는 그림책, 환상적 요소가 포함된 그림책, 말놀이 그림책, 전래동화 그림책, 성개념을 다룬 그림책, 정서와 감정을 다룬 그림책, 유아가 일상생활에서 겪을 수 있는 사건을 다루는 그림책, 선과 악이 명확한 내용의 그림책, 내용이 반복되어 뒷 내용을 예측할 수 있는 그림책

모리스 샌닥 글 · 그림/강무홍 역
『괴물들이 사는 나라』 시공주니어(2017)

환상적 요소가 포함된 그림책

오진원 글/송연우 그림
『빨간 부채 파란 부채』 애플비북스(2022)

전래동화 그림책

유아기 발달에 적합한 문학

4) 유아 후기(만 5~7세) 발달 특성과 문학 접근법

초등교육기관에 입학하여 저학년 시기에 해당하는 유아 후기는 아동의 일생에서 급격한 변화와 새로운 사회생활에 대한 도전기이다. 이전보다 확장된 인지능력과 사회적 경험을 통해 아동이 선택할 수 있는 책의 범위가 넓어지며 관심사에 따라 도서를 주도적으로 이용할 수 있다. 하지만 여전히 유아기와 마찬가지로 글자로만 이루어진 책보다 그림책이 유용하며 부모나 교사가 읽어주는 책을 통해 정서적 안정감과 문해능력을 발달시켜 나간다.

■ 유아 후기 신체발달 특성

- 뇌의 구조 측면에서 6세경에 뇌의 무게가 거의 성인 수준에 이른다.
- 근육이 성장하면서 체중이 늘어난다.
- 유치가 영구치로 바뀌어 간다.
- 운동 기능이 속도, 정확성, 안전성, 호응성, 역량 면에서 발달된다.
- 정교한 공예품을 만드는 등의 소근육 사용이 원활하다.

■ 유아 후기 인지발달 특성

- 논리적인 사고가 점차 가능해진다.
- 보존개념이 획득되어 가며 타인의 입장을 추론할 수 있는 조망수용능력을 습득하게 된다.
- 추상적인 사고를 할 수 있다.
- 환상과 실제를 구분할 수 있다.

■ 유아 후기 언어발달 특성

- 8세 이후에는 자기중심적 표현이 줄어들고 내적 언어가 크게 발달한다.
- 구어와 문어의 차이를 이해하기 시작한다.
- 복잡한 문장 구조를 이해하고 사용할 수 있게 된다.
- 독립적으로 문자를 해독(decoding)할 수 있고 글로 생각을 쓰는 능력이 발달해 간다.
- 사회적 상황에 맞게 말을 바꾸거나 화법에 맞는 말을 할 수 있는 능력이 정교화되어 간다.

■ 유아 후기 사회·정서발달 특성

- 무언가 만들고 성인들과 유사한 과업을 하려는 모습을 보인다.
- 학교 교육을 경험하면서 학습 성취 또는 실패를 경험해 나간다.

- 다른 또래와 자신의 능력을 비교하며 상대적인 자각을 할 수 있다.
- 부모보다는 또래와의 관계를 점차 더 중요하게 인식한다.
- 외모와 이성의 성차에 호기심을 가진다.

장애, 이혼/재혼, 입양, 죽음, 전쟁 등의 특별한 주제를 지닌 그림책, 성적 호기심을 다루는 그림책, 긍정적인 또래 관계에 관한 그림책, 경험을 확장시키고 다양한 지식을 습득할 수 있는 책, 과학 및 자연현상에 관한 책, 자아의 성장과 정서적 안정을 주는 책, 철학적 사유를 담은 책, 유머가 담긴 책

핌 판 헤스트 글 · 닌케 탈스마 그림/정낙선 역
『우리는 한가족이야』 고인돌(2011)

특별한 주제의 그림책

하늘땅 글/김잔디 그림
『나는 심장을 뛰게 해요』 아람북스

과학 및 자연현상에 관한 책

유아 후기 발달에 적합한 문학

생각 다지기

- 글자를 읽거나 언어를 제대로 이해하지 못하는 12개월 미만의 영아들에게 책을 제공하는 것은 영아의 발달에 어떠한 의미를 가지는지 생각해보세요.
- 아이가 혼자 글을 읽을 수 있습니다. 그럼에도 불구하고 아동기 전반에 걸쳐 부모가 읽어주는 책은 왜 중요할까요?
- 〈죽음〉, 〈전쟁〉, 〈차별〉 등과 같은 다소 무거운 주제들의 문학작품은 왜 아동에게 어떤 의미가 있으며 그것을 아동에게 제공하는 것이 타당한지 그렇지 않은지 생각해보세요.

Chapter 6

연령별 환경구성 및 교사의 역할

학습목표

- 아동문학교육을 위한 환경구성의 중요성을 이해할 수 있다.
- 아동문학교육을 위한 연령별 환경을 구성할 수 있다.
- 아동문학교육을 위한 환경을 구성하는 교사 역할을 설명할 수 있다.

생각 열기

- 어떤 환경에서 책을 읽고 싶은지 상상해보고 시각화하여 표현해보세요.
- 아동이 문학을 가까이하고 사랑하도록 하려면 '나'는 어떤 노력을 하여야 할까요?

1. 문학교육을 위한 연령별 환경구성

아동은 자신을 둘러싼 모든 것들로부터 영향을 받는다. 가정환경은 물론 교육기관의 환경이 문학과 친숙해질 수 있도록 준비되어 있다면 부모나 교사는 특별한 지도 없이도 아동으로 하여금 문학에 대한 동기를 유발시킬 수 있다. 문학교육에 대한 정확한 이해와 세심한 배려가 있다면 아동은 스펀지가 물을 흡수하듯 문학적으로 준비되어 있는 환경을 받아들이게 될 것이다. 이전 장에서 다루었던 연령별 발달 특성과 그에 알맞은 문학작품 접근법을 반영하여 다음과 같이 문학적 환경을 제안하고자 한다.

1) 영아 초기(0~12개월)를 위한 환경구성

어린 영아들은 교사나 부모가 읽어주는 책을 가만히 듣고 있기보다는 그것을 만지고 다루어 보고 싶어 한다. 또한 영아 초기의 발달 특성을 고려해볼 때 어린 영아들은 책을 놀이감으로 인식하고 그것을 제공하는 양육자와 상호작용하면서 즐기는 것을 알 수 있다. 책의 작품성보다는 책의 형태와 콘텐츠가 얼마나 영아의 흥미를 끌 수 있으며 안전하게 가지고 놀 수 있는지를 우선으로 살펴보고 배치해야 한다. 구체적인 방법은 다음과 같다.

■ 영아에게 안전한 환경

구강기에 해당하는 어린 영아들은 손에 잡히는 모든 것을 입으로 가져간다. 영아용으로 제작된 놀이책의 재질은 안전한지 반드시 확인하고 섬유로 만들어진 책일 경우 염료의 안전성도 확인하여야 한다.

촉감각의 발달을 위해 만들어진 책들의 일부는 입체적인 소재가 별도로 부착되어 있거나 플라스틱 소재가 포함되어 있을 수 있는데 치아 발달이 시작된 영아의 경우 그것이 떨어져 나와 삼킬 위험이 있다. 고무 재질의 경우 호흡기를 막거나 치아에 달라붙을 수 있고 과도하게 견고한 플라스틱 책의 경우 치아를 부러뜨릴 수도 있다. 종이로 된 보드 북의 경우 모서리가 둥글게 처리되어 있어야 안구나 피부를 상하게 할 위험을 줄일 수 있다.

책을 보관하거나 전시하는 가구는 견고하고 영아가 당기고 미는 힘으로 쓰러지지 않아야 하며, 회전되는 가구의 경우 영아가 끼이거나 부딪힐 수 있음을 주의해야 한다. 책을 담아 놓는 바구니는 먼지의 유무, 위생 상태를 상시 점검해야 하며 쉽게 부러져 날카로운 면이 드러나는 것은 아닌지 살펴보아야 한다.

모서리가 둥글게 제본된 플랩북

모서리가 둥글게 처리되어 있는 영아용 책장

[그림 6-1] 영아의 안전을 고려한 문학적 환경

▪ 영아에게 흥미로운 환경

영아의 흥미를 끈다는 것은 발달적으로 영아에게 적합하다는 의미가 될 수 있다. 접었다 펼치는 팝업 북, 손인형이 포함되어 있어 책을 읽어주는 사람과 상호작용할 수 있는 헝겊 책, 버튼을 누르면 음악이나 소리가 나는 사운드 북 등 주의를 오랫동안 유지하기 어려운 영아들이 즐길 수 있는 거리를 다양하게 배치한다.

영유아교육기관에서는 어린 영아에게 별도의 흥미영역으로 도서영역을 구성할 수도 있지만 다른 흥미를 끄는 놀잇감이나 인형, 소품 등와 가까이에 책을 함께 배치함으로써 접근성을 높일 수 있다. 또한 이불이나 편안한 쿠션, 영아의 신체 크기에 알맞은 의자나 소파를 함께 배치하면 책을 가지고 노는 것과 더불어 편안하고 즐거운 정서를 함께 제공할 수 있다.

영아용 의자

목욕할 때 볼 수 있는 방수 그림책

재질에 따라 소리가 나는 헝겊책

[그림 6-2] 영아의 흥미를 끄는 문학적 환경

2) 영아 후기(12~24개월)

스스로 걷기 시작하고 언어적 상호작용을 시작한 영아들은 책에 대해 주도적으로 접근할 수 있게 된다. 자신이 보고 싶은 책을 골라 성인에게 읽어주기를 요청할 수도 있고 양육자와 책을 보며 간단한 대화를 주고받음으로써 의사소통과 정서적 교감이 가능하게 된다. 영아 전기와 마찬가지로 무엇보다 영아에게 안전하고 흥미로운 형태와 내용의 그림책을 선택하는 것은 기본적인 기준이다. 더불어 이제 영아에게 그림책은 입에 가져가서 먹는 것이 아니라 특별하고 소중한 물건으로 다루어지게 되며 양육자나 교사에게도 영아에게 문학을 제공하는 것이 즐겁고 행복한 시간으로 여겨지게 된다.

▪ 영아의 일상생활 속에 녹아든 문학적 환경

책은 반드시 책꽂이에 꽂혀 있어야 하고 영아를 위해 마련된 놀이공간에만 존재해야 하는 것은 아니다. 아침에 기상하거나 혹은 잠들기 전 무료한 시간에 침실 내 손 닿을 수 있는 바구니 속에 영아의 하루 일과, 배변, 수유 및 수면에 관한 일상적 그림책을 배치한다. 또한 식사나 간식을 먹는 공간에는 그날의 식재료와 관련된 책을 전시해 놓고 영아가 원한다면 함께 읽으며 음식을 먹어보는 경험도 할 수 있다. 욕실이나 화장실에는 배변을 즐겁게 경험하게 하는 내용의 그림책, 목욕시간이 즐거워지는 그림책을 넣어둘 수 있다.

보육기관에서는 여러 명의 영아가 함께 생활하고 영아가 머무는 시간이 정해져 있으므로 가정에서처럼 영아의 손 닿는 모든 곳에 그림책을 둘 수는 없다. 영아를 맞이하는 인사 공간에 영아의 흥미를 끌 수 있는 놀이 그림책을 두어 부모로부터 분리되는 것을 도울 수 있으며, 도서영역에 보육실에 함께 있는 영아들의 전반적인 발달 수준을 고려한 그림책을 배치한다.

보육기관에서의 놀이 그림책들은 여러 명의 유아가 사용하는 것이므로 부서지거나 찢어졌을 때 즉시 교체하고 위생의 문제를 염두에 두고 소독과 세척,

세탁을 정기적으로 실시한다.

▪ 영아의 발달을 돕는 문학적 환경

영아의 발달을 돕는 가장 최고의 문학적 환경은 인적 환경, 즉 책을 즐겁게 함께 읽어주는 사람이다. 영아는 자신이 좋아하는 그림책이나 그림책의 일부 내용을 반복하여 들려주는 것을 좋아한다. 책 읽어주며 영아와 상호작용하는 것과 반복하고자 하는 영아의 욕구를 인정하는 것이 준비된 성인만 있다면 문학의 종류, 책의 개수는 이차적인 필요조건이다.

보육기관에서는 전문성을 가지고 발달적 측면을 고려하여 계획적인 문학과의 만남을 설계하여야 한다. 그림책의 내용과 형태를 이용하여 충분한 상호작용할 거리가 있는 문학, 영아들이 해당 시기에 알만한 사물이나 대상을 명명할 수 있는 문학, 영아가 현재 경험하고 있는 상황을 담은 문학 등이 적당하다.

▪ 영아기 발달을 돕는 그림책 환경

그림책의 내용을 그림이나 노래, 율동으로 연결하기, 그림책 속 사물과 동일한 실물 자료 함께 배치하기, 간단한 내용을 영아와 언어로 주고받기하기, 손가락 인형 또는 퍼펫 함께 배치하기, 일정한 시간에 같은 내용의 동화 들려주기(예: 낮잠 자기 전, 밥 먹기 전)

손인형과 함께 판매되는 영아용 그림책
이영 글 · 에그 자트코스타 그림
『꾸꾸가 칭찬해요』
블루래빗(2021)

자동차 장난감과 배치할 수 있는 자동차 보드북
베뜨르 호라체크 글 · 그림
『자동차가 부릉부릉』
시공주니어(2017)

낮잠을 주제로 한 보드북
이은경 글 · 그림 『낮잠책』
길벗어린이(2023)

[그림 6-3] 영아기 발달을 돕는 그림책

3) 유아기(만 3~5세)

유아기 어린이들은 본격적으로 언어를 통한 다양한 놀이와 활동에 참여하면서 문학적 세계에 한층 더 능동적으로 접근하려 한다. '왜?'라는 질문을 끊임없이 하면서 주변 세상에 대한 호기심을 표현한다. 놀라운 속도로 어휘와 지식을 획득해나가고 상상력과 창의성을 발휘하여 문학작품을 즐길 수 있는 의지와 능력을 보여준다.

■ 통합적 접근을 제공하는 문학 환경

대개 그림책을 통해 유아는 문학 영역뿐만 아니라 예술, 과학, 사회 · 정서, 인성 등 다양한 영역을 통합한 경험을 하게 된다. 책을 언어활동의 도구 즉 읽기 · 쓰기를 가르치는 매체로 한정하지 않고 그림책 속 내용을 통해 문학작품의 가치, 아름다움, 교훈, 유머, 독창성 등을 함께 느낄 수 있어야 한다. 따라서 유아교육기관에서는 다양한 종류의 문학작품을 경험할 수 있는 그림책뿐만 아니라 그림책 관련 놀이감 및 소품의 배치, 그림책을 읽는 데에 흥미를 느낄 수 있는 편안한 물리적 환경, 관련한 쓰고 읽을 거리, 들을 거리, 그림으로 표현할 거리 등을 준비해 두어야 한다.

▪ 웃음과 즐거움을 제공하는 문학 환경

유아들은 언어적 의사소통이 활발해지고 말의 재미를 느끼면서 언어유희와 말놀이를 즐기게 된다. 또한 그림책 속 삽화에서도 재미있는 요소를 찾아내기를 좋아하며, 문학 작품의 내용이 반드시 웃음을 유발하는 내용이 아니더라도 지적으로 혹은 심미적으로 호감을 느낄 수 있다. 특히 전래동화에는 예부터 전해내려온 우리 민족의 해학과 웃음이 담겨있으면서도 등장인물의 익살스러운 등장과 징벌 등의 모습이 들어있어 만 4세 이후 많이 제공할 수 있다.

또한 도서영역 자체가 유아들의 흥미와 의견을 반영하여 융통성 있게 변화될 수 있게 해주며 자신들이 꾸민 도서환경에서 만족감을 느끼도록 지원할 수도 있다.

▪ 놀이로 접근하는 문학 환경

유아기는 놀이로 학습을 하는 시기이다. 책 읽기가 딱딱한 수업활동이 되지 않아야 하며 책 자체가 놀이 도구로 사용되는 것을 허용할 수도 있다. 책을 쌓아 담을 만들고 책을 늘어 놓아 형태를 만드는 등의 제본된 책 그 자체도 재미있는 놀이감이 된다.

또한 유아와 밀접한 관련이 있어 동일시 하기 쉬운 인물이 등장하는 내용의 그림책을 가지고 내용 자체가 놀이가 되거나 놀이를 확장하는 매개체로 사용할 수 있다. 따라서 유아기 도서영역의 책은 유아가 흥미와 필요에 따라 선택할 수 있도록 다양하고 풍부하게 배치하여야 함과 동시에 그림책을 활용하여 동적인 활동과 연결할 수 있는 융통성있는 교실 분위기가 형성되어야 할 것이다.

▪ 심리적 안정과 발달을 돕는 문학 환경

유아기는 정서발달이 보다 높은 수준으로 분화되는 시기이다. 초보적이지만 타인에 대한 공감을 보여주며 다양한 감정을 사회적으로 수용 가능한 방법으로 표현해야 하는 과업을 달성해야 한다.

유아는 실제로는 이루어질 수 없는 모험에 대한 도전, 공포스러운 대상을 물리치는 주인공의 활약, 가정 생활이나 또래 관계에서 겪는 심리적 갈등과 스트레스 등을 그림책의 내용을 통해 대리 해소, 대리 만족함으로써 심리적 안정감을 가지게 된다. 만약 학급 내에 동생이 갓 태어나 퇴행행동을 보이는 유아가 있거나 부모의 이혼으로 심리적 어려움을 겪는 아이들이 있다면 그러한 아동의 심리를 다룰 수 있는 그림책을 의도적으로 배치해 놓을 수 있다.

▪ 지식을 확장 시키는 문학 환경

실제로 많은 부모와 교사들이 아동에게 책을 제공함으로써 지식과 정보를 즐겁게 받아들이도록 유도하고 있다. 그림책 속에 있는 텍스트와 텍스트를 보완해주는 그림이 아이들의 개념 이해에 도움이 되며, 일부러 학습하지 않아도 거부감 없이 지식의 세계를 확장시키게 해준다.

정보를 주는 책을 도서 영역에 배치할 경우, 유아들의 흥미와 발달 수준을 고려하여야 하며, 자신이 아는 것을 그림이나 자신만의 책의 형태로 재현해 볼 수 있는 종이와 쓰기 도구를 가까이에 둘 수 있다. 또한 자신이 알게 된 것을 또래 혹은 성인과 의견을 나눌 수 있는 시간과 물리적 공간(소파, 책상, 의자 등)도 필요하다.

흔히 활동지라고 부르는 독후 활동을 지원하는 교사가 제작한 인쇄물도 아이들의 사고를 확장시키는 좋은 교재이기는 하나 독후 활동을 위한 과제에 그친다면 아동에게 책은 곧 숙제라는 부정적인 개념을 발생시킬 수 있어 주의하여 제공하여야 한다.

또한 아동이 알고 있는 것, 관심 있는 것을 책의 형태로 스스로 만들어 보면서 자신의 지식을 점검하고 표상할 수 있는 재료들을 준비하여 자유롭게 사용할 수 있게 준비할 수 있다.

유머가 있는 말놀이 그림책
키즈콘텐츠클럽 글 · 김일경 그림
『방귀 말놀이』
모든요일그림책(2023)

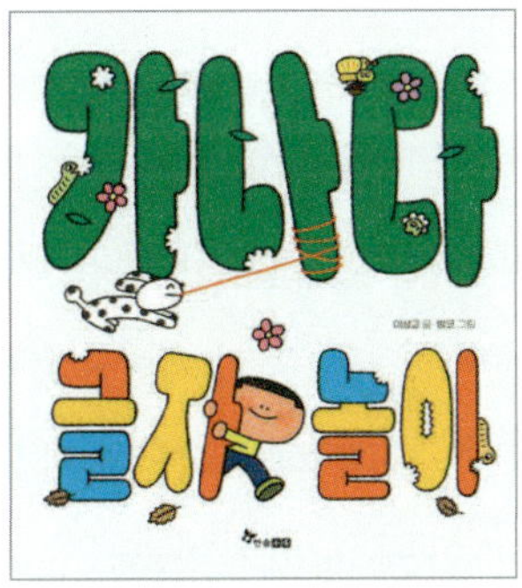

글자 놀이 그림책
이상교 글 · 밤코 그림 『가나다 글자놀이』 한솔수북(2024)

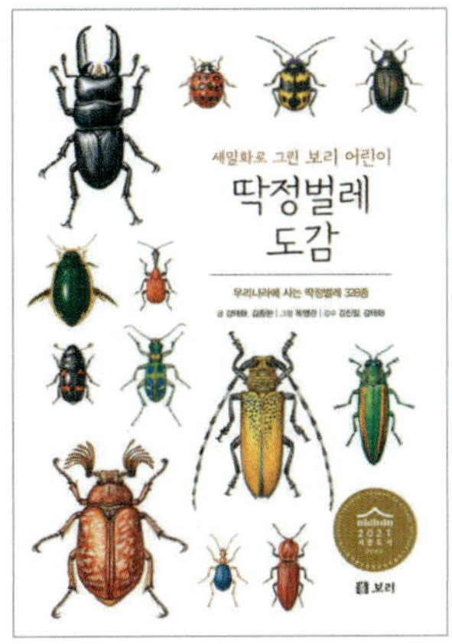

정보를 주는 도감책
강태화, 김종현 글 · 옥영관 그림
『딱정벌레도감』
보리출판사(2023)

[그림 6-4] **유아기 발달을 돕는 그림책**

4) 유아 후기(만 5~7세)

만 5세가 넘어가고 초등학교 취학할 시점에는 많은 아이들이 스스로 글을 읽고 쓰는 능력을 갖추게 된다. 그로 인해 아동이 스스로 글을 읽는 것을 기점으로 하여 부모나 교사는 혼자서 책 읽는 시간을 늘리고 읽어주는 책은 최소화하는 태도를 보이게 된다. 그럼에도 불구하고 그림책 보기와 읽어주는 그림책은 여전히 만 5세 이상의 나이에도 중요한 역할을 차지한다.

이 시기 아동들은 또래 관계가 중요해지는 정서 발달 양상을 보이므로 집단 속에서 공유하는 활동을 준비하고 그림책을 매개로 상호교류하는 다양한 방법을 즐길 수 있게 준비해준다.

■ 보다 발달된 사고력과 독서능력을 반영한 문학환경

유아 후기는 독서통장 또는 독서카드 등을 만들어 책의 제목과 간단한 개요, 재미있었던 점 등을 기록하는 습관을 만들어 가야 하는 시기이다. 이전까지 책을 가지고 즐겁게 놀이했다면 이제는 책의 줄거리와 사건의 흐름을 정확하게 파악하지 못하면 더 나은 독서능력으로 발전하기가 어렵다. 책을 읽으면 반드시 독서카드를 만들어야 한다는 것이 아니라 줄거리나 중요 사건 등을 아동이 파악했는지를 확인하고 그것을 발전시킬 수 있는 지원이 필요하다는 의미이다.

구조가 복잡한 이야기, 전쟁, 죽음 등과 같은 철학적 문제를 다루는 이야기, 주변 생활과 아동의 또래 관계, 성(性)에 대한 호기심, 사실적인 정보를 주는 과학 매거진, 글밥이 제법 많아 읽는 재미가 있는 소년 소녀 소설, 역사와 상식에 대한 지식을 보충해주는 책 등 다양한 주제의 도서를 구비한다. 이 시기 동안 만화로 된 책이나 전자 기기에 몰입하기 전에 그림책만이 주는 특별한 정서와 감정을 갖게 될 수 있어야 할 것이다.

■ 체계적인 독서 환경 조성

미취학 시기를 갓 벗어나 신체적, 정서적, 인지적 성장을 이룬 후기 유아들은 초등의 학습을 준비할 필요가 있다. 책장과 책꽂이, 몸에 맞는 책상과 의자, 알맞은 조명 등의 물리적 환경을 조성하고 책을 편안하게 읽되 스스로 정리 정돈할 수 있어야 한다.

이 시기에는 주제별로 독서 환경을 접할 수 있다. 세계 명작을 포함하여 역사, 세계사, 경제, 지리, 신화, 스포츠, 생물, 위인, 인체 등 아동의 관심사에 집중해서 읽고 즐길 목록을 작성해 본다.

규칙적 생활에 적응해야 하는 취학 초기 학교 교육과정과 연계하여 도서를 추천받고 일과 중 가장 책 읽기에 편안한 시간을 정하여 책에 몰입하다 보면 스마트 기기에 대한 의존도 예방할 수 있다.

전쟁을 소재로 한 그림책
박혜선 글 · 장준영 그림 『우리 할아버지는 열다섯 살 소년병입니다』 위즈덤하우스(2019)

초현실적 이야기와 철학적 내용을 담은 그림책
시오타니 마미코 글 · 그림/송태욱 역 『나는 달걀입니다』 비룡소(2022)

역사와 위인을 다룬 그림책
김진 글 · 정지윤 그림 『이순신을 찾아라』 천개의바람(2024)

[그림 6-5] **유아 후기 발달을 돕는 그림책**

2. 문학교육을 위한 교사 역할

앞서 밝혔듯이 문학교육에서 가장 중요한 환경은 인적 환경, 즉 부모 또는 영유아교육기관의 교사라고 할 수 있다. 영유아 스스로가 문학작품을 찾아내고 그와 관련한 다양한 활동을 계획하기에는 어려움이 있다. 하지만 교사는 학급 내 아동에게 1년간 경험할 문학작품을 선택할 수 있는 기회가 있고 국가수준 보육·교육과정에 의거하여 책과 관련된 흥미를 유발할 책임이 있다. 또한 현장의 교사들이 가장 손쉽게 구할 수 있고 다양하게 활용될 수 있는 교육 매체는 단연코 '책'이라고 할 수 있다. 교사가 문학작품을 영유아에게 제공하려고 할 때 다음과 같은 지침을 염두에 둔다면 훌륭한 교사 역할을 수행할 수 있을 것이다.

1) 영유아의 발달 반영하여 환경을 준비하는 교사

문학교육을 위한 최우선 전제는 교사가 문학교육의 필요성을 이해하고 교·보육 전문가로서 수년간 학습해 온 영유아 발달 특성에 대한 지식을 펼쳐나갈 수 있는 역량과 관심이라고 할 수 있다.

비전문가가 고르는 책과 영유아교사가 고르는 책은 영유아의 발달을 돕고 장기적인 안목에서 체계적인 문학적 환경을 조성한다는 점에서 차이가 있어야 한다. 단순히 베스트 셀러이기 때문에, 권위 있는 기관에서 수상을 했기 때문에 전시하듯이 그림책을 두는 것이 아니라 교사는 나름의 선정 기준을 가지고 있어야 한다. 그 선정 기준은 우리 학급 아이들의 연령과 발달 특성에 적합한 것이어야 하고 아동의 흥미와 선택을 반영할 수 있는 환경을 구성할 수 있는 기준을 말한다. 그러기 위해서 영유아교사는 발달과 문학교육에 대한 충분한 관심과 지식을 획득할 필요가 있다.

또한 문학작품을 선정하였다면 그것을 적절한 방법에 따라 유아에게 제시하는 능력 또한 갖추어야 한다. 단순히 영유아들이 교사가 준비해 놓은 문학작품을 보고 읽는 데서 그치지 않고 관심이 확장되고 아동 각자의 발달수준에서 즐거움 또는 배움으로 의미 있는 경험이 되는 방법을 연구하는 자세가 필요하다.

2) 문학작품을 정성껏 읽어주는 교사

최근에는 현장에서 손쉽게 스마트 기기를 활용하여 문학 작품을 읽어주거나 컴퓨터 프로그램으로 만들어진 슬라이드 쇼로 영상화된 동화를 아동에게 제공할 수 있는 환경이 갖추어져 있다. 때로는 그림책을 맛깔나게 구연하는 데에 부담감을 느껴 멋진 성우의 목소리로 대체하여 주기도 한다. 이미 글자를 해득한 유아에게는 스스로 독서를 하도록 격려하기도 한다.

그러나 문학작품의 가치가 그저 그것이 가진 내용에서 비롯된 것이 아니라 문학적 내용을 전달하는 타인과의 상호작용을 통해 얻어지는 중대한 이득이 있다는 점에서 교사가 소리 내어 읽어주는 그림책, 동시, 노랫말 등이 제공될 필요가 있다.

■ 문학작품을 읽어줄 때 주의할 점(김영훈, 2015)

교사가 문학작품을 읽어주는 순간에도 문학작품 읽기의 주체는 교사가 아니라 아동이다.

- 교사가 문학작품을 읽어주는 순간에도 문학작품 읽기의 주체는 교사가 아니라 아동이다.

- 교사가 문학작품을 읽어줄 때 아이는 글을 보는 것이 아니라 그림을 읽는다.
- 아동이 충분히 소리를 듣고 그림을 읽어내는 데는 시간이 걸린다.
- 아동이 혼자 읽기를 시작했다고 해서 문학작품 읽어주기를 그만두지 않는다.
- 혼자 읽을 때보다 읽어줄 때 얻는 것이 훨씬 더 많다.
- 가능한 매일 읽어주어야 한다. 하루하루가 쌓여 발달을 이룬다.

아동은 교사에게 전문 성우와 같은 구연을 늘 바라는 것은 아니다. 조금 부족하더라도 교사의 음성을 통해 아동과 눈을 마주치고 같은 장면에서 같은 감정을 느껴보고 궁금한 것을 즉시 해결해보고 작품의 내용을 토론하는 경험이 영유아의 두뇌발달을 돕는다.

3) 영유아의 반응을 살피고 세심하게 재반응하는 교사

영유아교육기관의 한 켠에 마련된 도서영역 혹은 원내 도서관에 영유아가 단 한 번도 들여다보지 않는 책이 있다면 교사는 어떻게 해야 할 것인가? 교사는 그 책이 아동의 흥미를 끌지 못하는지, 혹은 발달 수준에 맞지 않는지, 단순히 잘 보이지 않는 곳에 꽂혀 있어서 그러한지를 살펴보아야 한다. 마찬가지로 어떠한 책이나 문학활동 관련 교재가 아동이 자주 사용해서 해어지거나 닳아버렸다면 그것이 왜 인기가 있는지 분석해보고 견고성에 문제는 없는지 들여다볼 필요가 있다. 교사가 구성한 문학 환경이 유아에게 어떻게 도움이 되고 어떤 지원이 더 필요한지 수시로 관찰할 수 있어야 한다.

또한 문학작품을 제시할 때 교사는 영유아의 반응을 세심하게 살펴보고 그것에 대한 공감을 표현해주어야 한다. 아동은 권위 있는 성인, 즉 학급에서는 교사에게 수용받기를 원한다. 문학작품을 보고 들은 유아의 반응에 교사가 눈웃음을 지으며 고개를 끄덕이고 나아가 "와 그렇구나!"라는 언어적 표현을 해준다면 말하기 능력이 완성되지 않은 어린 영아라 할지라도 기쁨과 자신감을 느끼게 된다.

언어능력이 확장되는 시기의 영유아에게는 문학작품 내용에 대한 다양한 확산적 발문을 하고 그것에 대한 아동의 응답이 더 정교해지고 논리적으로 발전되도록 관심 있는 재반응이 필요하다. "왜 그렇게 생각했어요?", "정말 멋진 생각인데 또 다른 방법은 없나요?", "그러면 어떻게 하면 좋을까요?" 등 아동의 사고가 멈추지 않고 확장되어 나아갈 수 있도록 한다.

4) 문학작품을 놀이와 연계하여 지원하는 교사

학급에서 영유아의 놀이를 지원할 수 있는 매체와 도구는 매우 다양하다. 그 중 문학작품은 매우 다양하고 자료의 양이 방대하여 아동의 놀이 주제와 관련 있는 것을 찾아 선택하기가 매우 용이하다는 이점이 있다. 실제로 현장에서 책은 유아의 놀이에 배경지식을 제공하는 자료, 활동을 위한 도입 자료, 또는 놀이활동의 핵심 자료로 활용되고 있다.

아동의 놀이에 문학작품을 연계하고자 할 때 문학은 곧 그림책이라는 편견에서 벗어나 동시, 인형극, 동극, 노래, 말놀이, 심지어 아동용 잡지, 학급신문, 아이들이 직접 만든 이야기책 등 다양한 언어 표현 매체들을 사용할 수 있다는 것을 생각해야 한다.

아동이 그저 바깥에서 뛰어노는 것만을 항상 좋아하는 것은 아니다. 문학작품을 만드는 과정도 놀이의 과정이며 작품 속에서 발견한 것을 친숙한 사람들, 즉 교사나 부모, 또래와 공유하는 것도 의미 있는 상호작용이다. 때로는 그저 문학작품 속 주된 주제가 아니라 부수적으로 다루어졌던 내용이 아동에게 더 흥미로울 때도 있다. 영유아들이 문학작품 속에서 새로운 것을 발견하는 안목을 길러주는 방법 중 하나는 교사가 아동에게 선택과 반복의 자유로움을 허용하고 수용적이고 창의적인 발견과 발상을 장려하는 책과 노는 형태의 분위기를 제공하는 것이다.

생각 다지기

- 내가 특별히 사랑하는 문학작품이 있나요? 어떤 점에서 그러한가요? 그것을 아동에게 제시한다면 어떤 창의적인 방법들이 동원될 수 있을까요?

Chapter 7

국가수준 보육 · 교육과정과 아동문학

학습목표

- 제4차 표준보육과정에서의 아동문학 관련 내용을 이해한다.
- 2019 개정 누리과정에서의 아동문학 관련 내용을 이해한다.
- 국가수준 보육 · 교육과정을 반영한 아동문학교육 실행방법을 안다.

생각 열기

- 내가 만약 부모 또는 학급을 담당한 교사라면 언제, 어디서, 어떻게, 어떤 내용의 문학작품을 제공하고 싶은가요?
- 국가수준 보육 · 보육과정에서 '책'에 대한 강조가 두드러진 이유는 무엇일까요?

1. 문학교육과 영유아교육

교사는 유아로부터 발현된 흥미와 관심을 반영하여 하루의 교육과정을 계획하고 융통성 있게 전개하다 보니 동일한 기관 안에서도 교사와 아동에 의해 각기 특별한 학급별 교육 및 보육과정이 만들어져 간다. 마찬가지로 같은 문학작품이라도 교사의 시각과 아동의 반응에 따라 각기 경험하는 내용이 달라진다.

영유아의 경우 언어발달 특성상 읽기 능력이 제한적이어서 듣기가 더 적절하지만 교사의 지원을 통하면 읽기, 쓰기, 말하기 능력까지 사용 가능하게 된다. 국가수준 교육 · 보육과정에서는 의사소통영역이 문학교육과 가장 밀접한 관련이 있으며 듣기, 말하기, 읽기, 쓰기라는 4가지 의사소통 능력 외에 책과 이야기에 대한 경험을 강조하고 있다.

정진과 이문정(2009)은 영유아를 위한 교육과정 내에 고유한 문학의 영역을 포함할 것을 제안한 바 있다. 문학은 의사소통 능력 발달에 도움이 되는 것 이상으로 책과 이야기라는 방식을 통해 문학에 대한 태도와 이해와 감상, 그리고 창작에 도움을 줄 수 있다. 유아문학은 비유와 상징으로 가득 찬 의미예술로써 아이들에게 즐거움을 제공할 뿐만 아니라 유능한 유아들은 스스로 문학작품을 산출함으로써 또 다른 발달을 이룰 수 있다(채미영, 김경철, 2015).

또한 영유아교육기관에서는 잘 만들어진 문학교육 프로그램을 활용할 경우 유아의 그림책에 대한 선호가 상승하고 그림책에 대한 이해가 높아지며 그림책에 대한 비평은 물론 이야기 짓기 등의 창의적 표현을 할 수 있게 된다. 그림책과 친숙해진 유아들은 그림책을 시간과 공간에 구애받지 않고 놀이와 연계할 줄 아는 모습을 보여준다(서정숙 외, 2008).

따라서 문학교육은 국가수준 교육과정에서 특별한 위상을 가지게 되며, 아주 어린 영아시기부터 적어도 책을 가까이하고 즐겨하는 긍정적 태도를 기를 수 있는 보육내용이 필요하다고 볼 수 있다.

제4차 표준보육과정과 2019 개정 누리과정이 고시된 이후 유아교사들은 놀이를 중심으로 문학교육을 실시하고 이를 위해 물리적, 시간적, 공간적 환경을 지원하고 있으나 여전히 교사 개인 배경과 기관의 상황에 따라 문학교육에 대한 비중은 다양한 것으로 나타났다(임예지, 2023). 또한 유아문학교육에 대해서 유아교사들은 별도의 독립적인 교육내용으로 인식하고 있는 경향(서정숙, 김정원, 김유정, 2009)이 있다는 사실은 유아교사들 역시 문학교육의 가치를 특별하게 여기고 있음을 보여준다. 하지만 가치의 특별함과 별도로 영유아의 일상생활 속 즐거운 놀이 매체로서 문학교육의 역할은 항상 중요하게 여겨져야 할 것이다.

다음은 국가수준 교육 · 보육과정 중 문학교육과 관련된 내용을 살펴봄으로써 각 학급에서 교사와 아동이 펼쳐나갈 수 있는 기준으로서 교육 · 보육과정의 의미를 찾아보고자 한다.

2. 표준보육과정과 아동문학교육

0~2세 표준보육과정은 내용면에서 기본생활, 신체운동, 의사소통, 사회관계, 예술경험, 자연탐구의 여섯 영역으로 나누어져 있다. 하지만 여섯 영역은 실제로는 확연한 구분 없이 영아들에게 통합적인 방법, 즉 놀이로 영유아의 경험이 연계되도록 제시하도록 되어 있다. 따라서 여섯 영역이 모두 아동문학과 연결지어 영아에게 의미 있는 교육으로 제공될 수 있다고 볼 수 있다.

그러나 문학이 가진 듣고 말하고 읽기라는 기본적인 속성과 책과 이야기를 다룬다는 점에서 의사소통 영역에서 가장 밀접한 관련을 찾아볼 수 있다. 더불어 문학작품이 가진 예술적 요소를 다룬다는 점에서 예술경험 영역 역시 문학교육과 관련지을 수 있을 것이다.

다음은 제4차 표준보육과정 고시문과 해설서에 제시되어 있는 0~1세와 0~2세 각각의 의사소통영역의 목표와 내용이다.

1) 0~1세 표준보육과정 의사소통 영역

제4차 표준보육과정에서 0~1세 의사소통 영역은 일상에서 영아가 자신의 의사를 상대방에게 전달하고, 상대방의 표현을 이해하는 과정에서 다른 사람과 소통하는 다양한 방식을 경험하면서 즐거움을 느끼고 의사소통능력의 기초를 형성으로 하는 것을 목표로 한다. 이를 달성하기 위하여 책과 이야기에 관심 갖고 자유롭게 즐기는 것을 지원토록 하고 있다.

(1) 목표

의사소통 능력의 기초를 형성한다.

① 일상생활에서 듣기와 말하기를 즐긴다.

② 읽기와 쓰기에 관련된 관심을 가진다.

③ 책과 이야기에 관심을 가진다.

(2) 내용

내용범주	내용
듣기와 말하기	• 표정, 몸짓, 말과 주변의 소리에 관심을 갖고 듣는다. • 상대방의 이야기를 들으면서 말소리를 낸다. • 표정, 몸짓, 말소리로 의사를 표현한다.
읽기와 쓰기에 관심 가지기	• 주변의 그림과 상징에 관심을 가진다. • 끼적이기에 관심을 가진다.
책과 이야기 즐기기	• 책에 관심을 가진다. • 이야기에 관심을 가진다.

■ 듣기와 말하기

영아가 다른 사람의 표정, 몸짓, 말 등에 관심을 갖고 보고 들으며, 표정, 몸짓, 말소리로 자신의 의사를 표현하는 내용이다. 교사는 그림책을 읽어주며 교사의 표정, 몸짓, 소리에 관심을 갖게 하고 이에 대한 반응으로 영아가 표정, 몸짓, 말소리로 자유롭게 표현하도록 지도한다.

■ 읽기와 쓰기에 관심 가지기

0~1세 영아가 자신의 주변에 있는 친숙한 그림이나 표지판, 상표와 같은 상징에 관심을 가지고, 자유롭게 끼적이기에 관심을 가지는 내용이다. 교실에 비치되어 있는 놀잇감으로서의 다양한 책을 항상 가까이하고 살펴볼 수 있게 지원하며, 쓰기 능력의 기초가 되는 끼적임을 그리기 도구 등으로 경험해보도록 지도한다.

■ 책과 이야기 즐기기

영아가 책과 이야기에 관심을 가지는 내용이다. 0~1세 영아는 다양한 책의 형태를 탐색하면서 책에 대한 관심을 확장해 나가며 책에 있는 내용이나 요소에 즐거움을 느낄 수 있도록 한다. 영아는 교사가 자주 읽어주는 그림책의 내용에 대해서 기억하고 자신의 선호를 표현할 수도 있다.

2) 0~1세 표준보육과정 예술경험 영역

제4차 표준보육과정에서 0~1세 예술경험 영역은 일상에서 생활 속에서 감각을 통한 자극에 호기심을 가지고 반응하며 다양한 방법으로 표현하기를 즐기는 내용이다. 이를 위하여 교사는 영아가 일상 환경에서 호기심을 가지고 경험해보고 자신의 경험을 표현할 수 있는 허용적인 환경을 조성해야 한다.

(1) 목표

아름다움을 느끼고 경험한다.

① 자연과 생활에서 아름다움을 가진다.

② 예술적 경험을 표현한다.

(2) 내용

내용범주	내용
아름다움 찾아보기	• 자연과 생활에서 아름다움을 느낀다. • 아름다움에 관심을 가진다.
창의적으로 표현하기	• 소리와 리듬, 노래로 표현한다. • 감각을 통해 미술을 경험한다. • 모방 행동을 즐긴다.

■ 아름다움 찾아보기

영아가 자연과 생활 예술에서 아름다움을 느끼고 관심을 가지며 감상하는 경험을 반영하는 내용이다. 교사는 문학작품과 그림책이라는 예술작품을 영아가 일상 생활에서 자주 접하면서 그림으로 표현된 예술적 요소를 함께 찾아보는 경험을 제공해줄 수 있다. 영아들을 위해 영아에게 의미 있는 그림책의 삽화, 손인형으로 연기한 짧은 극, 동시로 만들어진 노래 등 그림책 속 내용과 관련된 노래, 춤, 미술, 놀이 등도 미학적 정서를 느끼는 데 도움이 될 수 있다.

■ 창의적으로 표현하기

영아가 자신의 느낌과 경험을 소리, 음악과 리듬, 미술경험, 모방행동 등을 통해 표현하는 과정을 즐기는 내용이다.

3) 2세 표준보육과정 의사소통영역

2세 영아는 의사소통 경험을 통해 일상의 기초적인 어휘를 습득하여 구어로 소통하는 능력이 향상되고 상징과 문자를 읽고 쓰며 문어로 소통하는 방식을 경험하여야 한다. 0~1세 시기보다 더 풍부하고 다양한 책과 이야기를 제공하고 이를 읽고 쓰기에 대한 관심으로 연결될 수 있도록 하며 이와 관련된 소통과 의사 표현의 기회를 제공한다.

(1) 목표

의사소통 능력과 상상력의 기초를 형성한다.

① 일상생활에서 듣기와 말하기를 즐긴다.

② 읽기와 쓰기에 관련된 관심을 가진다.

③ 책과 이야기에 재미를 느낀다.

(2) 내용

내용범주	내용
듣기와 말하기	• 표정, 몸짓, 말에 관심을 갖고 듣는다. • 상대방의 이야기를 듣고 말한다. • 표정, 몸짓, 단어로 의사를 표현한다. • 자신의 요구와 느낌을 말한다.
읽기와 쓰기에 관심 가지기	• 주변의 그림과 상징, 글자에 관심을 가진다. • 끼적이기에 표현하기를 즐긴다.
책과 이야기 즐기기	• 책에 관심을 상상한다. • 말놀이와 이야기에 재미를 느낀다.

■ 듣기와 말하기

영아가 다른 사람의 표정, 몸짓, 말에 관심을 갖고 듣고, 상대방의 이야기를 듣고 말하며, 표정, 몸짓, 단어로 자신의 의사를 표현하며, 자신의 요구와 느낌을 자유롭게 말하는 내용이다. 교사가 읽어준 그림책을 듣고 비언어적인 의사 표현은 물론 구어로서 자신의 의사를 표현할 수 있도록 지도한다. 교사가 들려준 그림책이 재미있거나 다시 한번 더 듣고 싶다는 등의 요구와 느낌도 표현토록 한다.

■ 읽기와 쓰기에 관심 가지기

영아가 주변의 그림과 상징, 글자에 관심을 가지고 이를 활용하여 자유롭게 끼적이며 표현을 즐기는 내용이다. 이전 시기와 마찬가지로 아직 읽기 쓰기가 능숙한 단계가 아니므로 이에 관심을 가질 수 있는 교사의 모델링이 필요하며 그림책 속 글자를 교사가 소리 내어 읽어주고 있음에 주의를 기울이게 할 수 있다. 자유롭게 다양한 크기와 종류의 종이류에 쓰기 또는 그리기 도구로 끼적이는 놀이를 격려하고 영아가 주도적으로 소통할 수 있는 기회를 주고 그것을 기록할 수 있어야 한다.

■ 책과 이야기 즐기기

영아가 다양한 책과 이야기에 관심을 가지고 상상하기를 즐기며, 말놀이와 이야기 짓기에 재미를 느끼는 내용이다. 영아가 교사가 들려주는 그림책을 읽고 노래와 리듬, 움직임과 춤, 미술 표현, 상상놀이를 통해 그림책에 대한 생각과 느낌을 자유롭게 표현토록 한다. 교사는 영아가 책에 관심을 가질 수 있는 다양한 그림책과 편안한 공간을 제공하고 극놀이 소품과 공간, 놀잇감을 제공할 수 있으며 영아가 그림책을 통해 표현하는 상상놀이와 이야기 짓기 놀이에 적극적으로 참여해 주어야 한다.

4) 2세 표준보육과정 예술경험영역

2세 영아는 자연과 생활 속에서 다양한 감각 자극을 통해 아름다움을 인식하고 이를 통해 자신의 생각이나 느낌을 자유롭게 표현하는 경험을 가지도록 하는 내용이다. 교사는 영아가 그림책의 그림이나 그림책에 대한 또래의 표현에서 아름다움을 느끼고 즐기며 찾아보도록 하며, 그림책을 읽고 노래와 리듬, 움직임과 춤, 미술 표현, 상상놀이를 통해 표현하도록 지도한다.

(1) 목표

아름다움을 느끼고 즐긴다.

① 자연과 생활에서 아름다움을 느끼고 관심을 가진다.

② 예술을 통해 자유롭게 표현한다.

(2) 내용

내용범주	내용
아름다움 찾아보기	• 자연과 생활에서 아름다움을 느끼고 즐긴다. • 아름다움에 관심을 갖고 찾아본다.
창의적으로 표현하기	• 익숙한 노래와 리듬을 표현한다. • 움직임과 춤으로 자유롭게 표현한다. • 미술 재료와 도구로 표현해 본다. • 일상생활 경험을 상상놀이로 표현한다.

■ 아름다움 찾아보기

2세 영아가 일상에서 접하는 사물, 즉 문학작품과 또래가 표현하는 작품 표현에서 아름다움을 찾고 즐기는 내용이다. 영아의 그림책에 대한 관심을 수용하고 흥미롭게 반응해주어 영아의 관심이 지속될 수 있도록 하며 그림책에서 음악적, 미술적 요소를 발견할 수 있도록 한다.

■ 창의적으로 표현하기

2세 영아가 그림책과 관련하여 리듬, 움직임, 춤, 미술적 표현, 상상놀이 등의 방법으로 생각과 느낌을 표현하는 내용으로 그림책 속 다양한 요소를 반영하여 제공할 수 있다. 이를 위해 적절한 공간과 재료, 도구를 제공한다.

3. 누리과정과 아동문학교육

현행 보육기관과 유치원을 다니는 3~5세를 대상으로 하는 국가수준 교육과정은 2019년에 고시된 2019 개정 누리과정으로 신체운동 · 건강영역, 의사소통영역, 사회관계영역, 예술경험영역, 자연탐구영역으로 구성되어 있으며 이중 의사소통영역과 예술경험영역에서 아동문학 관련 내용을 찾아볼 수 있다.

제4차 표준보육과정과 마찬가지로 2019 개정 누리과정은 유아의 흥미와 요구를 놀이를 중심으로 풀어가며 각각의 영역이 별개가 아니라 통합적 경험으로 이해하여야 함을 강조하고 있다. 유아교사는 이러한 국가수준 교육과정에 대한 깊은 이해를 바탕으로 유아가 경험하는 실제를 통해 유아의 성장과 배움을 지원하여야 한다.

1) 2019 개정 누리과정 의사소통영역

능동적인 의사소통자인 유아는 일상에서 만나는 글자나 상징에 관심을 가지고 책과 이야기를 즐기는 경험을 하게 된다. 특히 아름다운 우리말이 담긴 책과 이야기에 흥미를 가지고 언어가 주는 재미와 상상을 충분히 즐길 수 있도록 지원할 수 있다. 기본적인 의사소통능력이 완성되고 본격적으로 문학작품을 즐길 수 있는 만 3세~5세의 유아들은 동화와 동시, 말놀이와 이야기 짓기 등 일상에서 자연스럽게 문학을 즐기는 경험에 중점을 두어 '책과 이야기 즐기기' 내용범주를 새롭게 제시하고 있다.

(1) 목표

일상생활에 필요한 의사소통 능력과 상상력을 기른다.

① 일상생활에서 듣고 말하기를 즐긴다.

② 읽기와 쓰기에 관심을 가진다.

③ 책이나 이야기를 통해 상상하기를 즐긴다.

(2) 내용

내용범주	내용
듣기와 말하기	• 말이나 이야기를 관심 있게 듣는다. • 자신의 경험, 느낌, 생각을 말한다. • 상황에 적절한 단어를 사용하여 말한다. • 상대방이 하는 이야기를 듣고 관련해서 말한다. • 바른 태도로 듣고 말한다. • 고운 말을 사용한다.
읽기와 쓰기에 관심 가지기	• 말과 글의 관계에 관심을 가진다. • 주변의 상징, 글자 등의 읽기에 관심을 가진다. • 자신의 생각을 글자와 비슷한 형태로 표현한다.
책과 이야기 즐기기	• 책에 관심을 가지고 상상하기를 즐긴다. • 동화, 동시에서 말의 재미를 느낀다. • 말놀이와 이야기 짓기를 즐긴다.

■ 듣기와 말하기

만 3세~5세의 유아들은 다른 사람의 말이나 이야기를 관심 있게 듣고 자신의 경험, 느낌, 생각을 상황에 적절한 단어를 사용하여 말하고 고운 말을 사용하는 내용으로 그림책의 내용을 듣고 이전보다는 적절한 언어적 표현할 수 있도록 지원할 수 있다.

■ 읽기와 쓰기에 관심 가지기

유아가 말과 글의 관계에 관심을 가지고 주변의 상징, 글자 등을 읽으며 자신의 생각을 글자와 비슷한 형태로 표현해 보는 내용이다. 유아는 그림책 속 글자에 관심을 가지고 그것이 사람들의 생각이나 감정, 정보가 담겨있음을 이해할 수 있도록 한다. 또한 책이나 이야기에 대한 자신의 생각과 말을 글자와 비슷한 선이나 모양, 형태로 표현하는 경험을 할 수 있다.

■ 책과 이야기 즐기기

다양한 책에 관심을 가지고 상상하며, 동화, 동시에서 말의 재미를 느끼고 말놀이와 이야기 짓기를 즐기는 내용이다. 유아가 동화와 동시를 자주 들을 수 있도록 지원하며 끝말잇기, 수수께끼, 스무고개 등 다양한 말놀이를 즐길 수 있도록 한다. 또한 자신의 경험, 생각, 상상을 기초로 새로운 이야기를 만드는 과정을 즐겁게 경험토록 한다.

2) 2019 개정 누리과정 예술경험영역

2019 개정 누리과정의 예술경험영역의 내용범주는 '아름다움 찾아보기', '창의적으로 표현하기', '예술 감상하기'로 구성되어 있다. 제4차 표준보육과정의 예술경험영역의 내용범주에 '예술 감상하기' 내용범주가 추가되었음을 알 수 있다. 일상에서의 아름다움과 경이감을 느끼고 즐기며 표현하는 풍부한 감성을 가진 존재인 유아들이 다양한 예술 감상을 통해 상상력을 키우고 예술 표현이 가지고 있는 고유의 가치를 존중할 수 있는 지원이 필요하다.

(1) 목표

아름다움과 예술에 관심을 가지고 창의적 표현을 즐긴다.

① 자연과 생활 및 예술에서 아름다움을 느낀다.

② 예술을 통해 창의적으로 표현하는 과정을 즐긴다.

③ 다양한 예술 표현을 존중한다.

(2) 내용

내용범주	내용
아름다움 찾아보기	• 자연과 생활에서 아름다움을 느끼고 즐긴다. • 예술적 요소에 관심을 갖고 찾아본다.
창의적으로 표현하기	• 노래를 즐겨 부른다. • 신체, 사물, 악기로 간단한 소리와 리듬을 만들어 본다. • 신체나 도구를 활용하여 움직임과 춤으로 자유롭게 표현한다. • 다양한 미술 재료와 도구로 자신의 생각과 느낌을 표현한다. • 극놀이로 경험이나 이야기를 표현한다.
예술 감상하기	• 다양한 예술을 감상하며 상상하기를 즐긴다. • 서로 다른 예술 표현을 존중한다. • 우리나라 전통 예술에 관심을 갖고 친숙해진다.

▪ 아름다움 찾아보기

유아가 주변의 자연과 생활에서 아름다움을 느끼며 예술적 요소에 관심을 가지고 찾아보는 내용으로 교사는 유아들이 그림책의 표지, 그림책의 일러스트레이션, 색채 등의 미적인 아름다움을 발견할 수 있도록 양질의 그림책을 제공해주어 유아의 심미적 감성을 도와야 한다.

▪ 창의적으로 표현하기

자신의 느낌과 생각을 노래, 소리, 리듬, 춤, 미술로 표현하는 내용이다. 또한 유아는 자신의 경험과 지은 이야기를 자유롭게 상상하며 극놀이로 표현하는 과정을 즐길 수 있다. 교사는 유아가 문학작품의 내용을 감상하고 문학작품 속 장면, 글씨, 사건, 등장인물 등에서 느낀 감정을 창의적으로 표현할 기회를 제공해주어야 하며 문학작품을 인형극, 동극, 역할극 등으로 표현하는 과정을 지원해 주기 위하여 소품 등의 환경을 제공하여 극놀이 표현이 활성화될 수 있도록 한다.

■ 예술 감상하기

유아는 자신과 또래의 예술적 표현을 감상하고 상상하기를 즐기고 서로 다른 예술 표현을 존중하며 특히 우리 고유의 전통 예술에 친숙해지는 내용을 담고 있다. 교사는 동화와 동시와 관련하여 유아의 다양한 표현에 대해 유아들이 서로 존중할 수 있도록 하고 반응해주고 우리나라 고유의 문화를 잘 담은 그림책에 친숙할 수 있는 기회를 제공해주어야 한다.

생각 다지기

- 0~1세, 2세, 3~5세 유아를 대상으로 한 국가수준 보육 · 교육과정의 내용범주와 내용면에서 어떠한 차이가 있는지 의사소통 영역과 예술경험 영역을 중심으로 비교해보세요.
- 제7장의 국가수준 보육 · 교육과정이 제시하는 내용을 통해 영유아에게 어떠한 문학적 경험을 제공해야 할지 고민해보세요.

PART 3

실제편:
문학으로 놀기

Chapter 8

노래놀이

학습목표

- 노래놀이의 개념과 의미를 이해한다.
- 노래놀이의 형태를 설명할 수 있다.
- 노래놀이의 실제를 경험한다.

생각 열기

- 요즘 나에게 가장 의미 있는 노래가 있나요?
- 노래와 놀이는 어떤 점이 유사할까요?
- 생각나는 노래놀이를 제시해 봅시다.

그림: 강신영(고신대학교 유아교육과 강사)
(https://cafe.daum.net/copyfreeedu/BWfX/30)

1. 노래놀이의 개념과 의미

인간은 생활에서 느끼는 다양한 감정을 노래에 담아 부르며 자신의 생각과 삶의 희노애락(喜怒哀樂)을 표현한다. 노래의 어원을 살펴보면 '노래'라는 말은 '놀애'로 표기되어 있으므로 '놀다(遊)'라는 말에서 파생된 것으로 보이며 오락성 또는 연희의 성격을 명칭 자체에 이미 담고 있다(한민족문화대백과사전, 2021). 노래놀이는 노래가 곧 놀이가 되는 의미를 가진다. 즉, 노래가 놀이와 어우러져 놀이가 되는 것이다.

한국민속학회(2020)의 연구에 따르면 어린이 놀이 유형의 6가지 대분류로 구분하면서 노래놀이를 하나의 항으로 구분하고 있으며 노래놀이는 노래와 놀이가 결합하여 전개되는 형태의 놀이라고 개념화하고 있다. 즉, '노래놀이'라고 구분 지을 수 있는 범주로는 노래가 있어야 놀이가 이루어지는 조건을 갖춰야 한다는 것이다. 노래놀이에 관한 다양한 연구들에서도 세시 놀이에 나오는 노래와 놀이로 집단적 동질성을 가지고 있으며 노래와 놀이가 함께 유기적으로 연결되고, 전래동요에 나오는 노래를 통한 놀이를 노래놀이라고 한다(김명자, 1989; 전인옥, 2018). 이러한 노래놀이는 생활 속에서 노래와 함께 구현되는 전래동요나 현대적 동요는 자연스럽게 우리의 옛 문화로부터 현대의 문화를 체험하게 되는 기능을 가지게 된다. 이뿐만 아니라 유아들의 음악성과 신체적, 언어적, 인지적, 정서적, 사회성 등 전인적인 발달에 효과가 있다(전인옥, 2018).

종합하면, 노래놀이는 '전래놀이이든 현대놀이이든 구성요소 중 노래가 놀이와 결합하여 활동이 이루어지는 것이며, 노래는 가락과 가사들로 이루어져 있고 노래에 따라 다양한 방식으로 놀이가 전개되는 것'이라고 할 수 있다. 노래놀이는 '노래와 놀이는 분리되지 않고 노래가 존재하지 않거나, 놀이가 없는 노래만 있을 수 없으며 어느 한쪽이 없게 되면 어느 쪽도 즐거움과 신바람이 나지 않게 되는 것'이다.

2. 노래놀이의 형태와 필요성

노래놀이가 실제적인 형태로 잘 나타나 있는 것이 전래동요 놀이라고 할 수 있다. 놀이의 구별하는 형태들은 위와 같이 다양한 방법과 이론적인 배경으로 연구되고 구분되어 오고 있지만 노래놀이와 관련된 것을 우리나라 전통적인 놀이의 형태에서 쉽게 찾아볼 수 있다. 여기서는 오랜 전통적인 민속분류법을 참고로 아동의 전래놀이를 6가지로 대분류와 14개의 하위분류 항으로 정리할 수 있다(장장식, 정영호, 좌혜경, 김광식, 2020).

대분류	하위분류	특징	대표 놀이
놀잇감 놀이	자연놀잇감	동물, 식물, 무생물들이 소재가 되어 친환경적 요소가 가미되어 있는 놀이	공기놀이 고무줄놀이
	인공놀잇감	인공적인 놀잇감을 이용하여 편을 나누어 경기하거나 겨루기를 하여 경쟁하는 놀이	구슬치기 제기차기
맨몸놀이	숨고 찾기	숨고 찾는 형태의 놀이로 골목 놀이의 전형	숨바꼭질
	좇고 쫒기	놀잇감이 없이 맨몸으로 하는 놀이이며 누구나 언제나 어디에서나 즐길 수 있는 것이 특징	무궁화 꽃이 피었습니다.
	몸 겨루기	신체적인 능력을 겨루는 형태의 확장된 놀이	우리집에 왜 왔니?
	주문대로 하기	동물 대상으로 하는 것과 희망을 담아 주문대로 하는 놀이	대문 놀이
역할놀이	인물역할	인물의 흉내를 내면서 진행되는 놀이	소꿉놀이
	상황역할	가상의 상황에 따라 역할을 정해 진행되는 놀이	여우놀이, 수박따기
운놀이	도구 운놀이	도구 사용으로 운을 측정하여 결과를 정하는 놀이	한 고개 넘어서 윷놀이
	단순 운놀이	추측이나 차례나 가위바위보로 정하는 놀이	다리 세기
말놀이	말 만들기	주어진 조건이나 내용을 창의적으로 말을 만들어서 하는 놀이	끝말잇기 놀이
	말장난	반복 어귀나 음률에 맞춰 즐기며 노는 놀이	말풀이 놀이
춤놀이	손춤 놀이	손과 팔을 등 상체를 주로 이용하여 가사에 맞춰 춤추며 노는 놀이	손가락 유희
	몸춤 놀이	몸 전체를 이용하여 가사에 맞춰 창의적으로 춤추며 노는 놀이	강강술래

노래놀이에 속하는 아이 놀이로는 다리 세기, 우리 집에 왜 왔니, 손짱치기, 줄넘기, 한 고개 넘어서, 대문 놀이, 군사놀이, 고무줄놀이, 두껍아 두껍아 등이 있다(류지원, 2021).

노래놀이명	특징
다리 세기	'자례야 자례야, 쿵 자례야'라는 종류의 수요(數諸)를 부르면서 엇갈려 써 놓은 다리를 세어가며 놀다가 노래가 끝나는 때에 잡힌 다리를 접게 하는 놀이
우리 집에 왜 왔니	양편으로 편을 갈라 '우리 집에 왜 왔니?' 노래를 부르며 일렬횡대로 서서 전진 후퇴를 하다가 가위바위보를 하여서 이긴 편이 상대편의 사람을 한 명씩 데리고 가는 놀이
손짱치기	'푸른 하늘 은하수' 등의 노래에 맞추어 두 사람이 마주 보며 손뼉을 치면서 하는 놀이
줄넘기	각각 고무줄이나 줄 넘기를 가지고 노래에 맞추어 줄을 넘는 줄넘기 놀이
한 고개 넘어서	술래인 여우를 상대로 대화체의 노래를 주고받는 놀이로 여우가 다른 놀이꾼을 잡아 술래로 만드는 놀이
대문놀이	두 사람이 마주 서서 손을 잡고 문을 만들어 그 밑으로 놀이꾼들을 들여보내면서 노래를 부르는 대문 놀이는 노래가 끝날 때 통과하게 되는 사람을 잡는 놀이
고무줄 놀이	각각 고무줄이나 줄 넘기를 가지고 노래에 맞추어 줄을 넘는 줄넘기 놀이
두껍아 두껍아	'두껍아 두껍아' 노래를 부르면서 흙장난을 하면서 노는 놀이
여우놀이	'여우야 여우야 뭐 하니, 밥 먹는다. 무슨 반찬'으로 이어지는 문답식의 놀이
강강술래	보름밤에 예쁘게 차려입은 부녀자들이 공터에 모여 손에 손을 잡고 둥근 원을 만들어, '강강술래'라는 후렴이 붙은 노래를 부르며 빙글빙글 돌면서 뛰는 놀이
말 잇기 놀이	'원숭이 엉덩이는 빨개' 등 앞 구절의 끝 자가 뒤 구절의 첫 자가 되게 노랫말을 엮어가는 놀이에 부르는 노래

상고시대는 혈연이라는 조직으로 구성된 공동체 사회이며, 지도자와 구성원 간에 계층의 차별이 없었고 공동체가 일과 놀이에 함께 참여하는 특징을 가졌다. 이 시대의 유아와 청소년에게 주어진 일은 종교적 의식에 참여하고 수렵, 원정, 파종, 음식물 저장 등 중요한 사회적 지식을 전수하는 일과 놀이를 동시에 하는 공동체의 일원으로서의 자질을 키워 가는 것이었다(오은순, 2009).

이런 사회는 청동기 발견으로 해체되고 계급사회로의 변화를 겪게 되었다. 농경사회의 발전과 지배계급의 통치적 목적과 주변 여러 나라의 교류를 통하여 그 독자성과 우수성이 확보된 부여의 영고, 고구려의 동맹, 예의 무천 같은 제천 의식과 마한의 농경의식 같은 고대의 가무 전통이 만들어졌다(전호태,

2017).

삼국지 30권, 고구려 편에 보면, 고구려인들은 무리 지어 춤추고 노래하기를 좋아했다는 기록이 나온다. 삼국사기와 삼국유사의 기록을 보면, 신라의 헌강왕 때의 가면과 무용놀이가 등장하고 신문왕 때의 병 치료를 위한 춤 놀이가 등장한다. 통일신라시대까지도 음악과 무용이 개별적으로 발달하지 못하다가 중국의 불교와 유교의 접목으로 세시놀이라는 우리의 전통놀이로 자리를 잡기 시작하였다(오은순, 2009).

고려 시대의 경우, 불교적인 문화 속에서 신분이나 남녀노소를 불문하고 모든 백성이 자유롭게 유희나 스포츠 활동에 참여하였다(이성진, 2004). 조선 시대는 유교의 이념 속에서 문을 숭상하며 무를 도외시할 뿐만 아니라 신체적 활동을 천시하는 풍조로 인하여 체육과 관련된 활동들은 크게 위축되었다(이종구, 1998). 다만, 군사적 훈련 활동으로 시작된 격구, 창술, 검술 등이 나중에는 간이화되어 놀이로 변하여 중, 하층 민중에게 흡수 확대되어 갔다(장성수, 2009).

조선 후기에 이르러 수리시설이 개선되면서 집약적인 노동력의 필요에 따라 협력적인 조직이 필요하게 되었으며 이것이 공동체 문화 주체로서 협력단체가 조직되었고 이 노동의 협력체가 바로 '두레'이다(주강현, 2006). 이런 조직들이 마을마다 세시풍습과 결합한 마을의 놀이 문화로 발전되어 대동놀이라는 것으로 활성화가 된다(남성진, 2008). 여기에서 줄다리기, 차전놀이, 횃불 싸움, 호미씻기, 풍물굿 등 지역공동체의 조직이 등장하게 된다(김상겸, 이옥주, 1997; 임재하, 한양명, 1996).

개화기 이후부터 교육에 대한 본격화가 일어나기 시작하였다. 1885부터 선교사를 통해 유치원 교육이 시작되었으며 1913년 선교사가 운영하는 이화유치원 설립을 시작으로 본격적인 보육과 교육과 보모양성이 시작되었다. 3·1 운동을 전후로 신교육에 대한 열망이 더욱 높아져 갔다(이상금, 1991). 이 시기는 서구식 새로운 사조의 교육관과 일제 강점기 시대가 맞물려 교육적 본질로 접근하기보다 교육을 통한 나라의 힘을 길러야 한다는 애국적 교육목적으로 전통적 노래놀이 교육이나 본질적 노래놀이 중심의 교육은 많이 감소하는 시기였다.

현대 한국 공동체에서는 핵가족, 개인주의, 미디어의 발달, 4차산업 도래 등으로 인해 놀이의 형태가 변화되어 가고 있다. 서구 가치지향의 학교 교육, 핵가족화나 저출산 문제, 세대 간의 우리 놀이의 계승 기회가 점점 사라지고 동네나 또래 친구와 함께 하는 놀이의 부재, 각종 현대적 놀이 기구들의 등장 등으로 우리의 노래놀이는 점점 사라져가고 있다.

지금 유아교육현장은 놀이중심 아이중심의 교육과정이 적용되고 있으며 아이들의 놀이성을 회복시키고 행복감을 증진시키고자 노력하고 있다. 이러한 시기에 노래놀이의 적극적 활용은 아동의 놀이성과 문학성 예술성을 함양하는데 매우 적절한 것이라 할 수 있다. 조효임(2010)의 연구에서도 노랫말이 그림을 그리는 동작과 밀접한 연관이 있으므로 언어, 음악, 미술, 자연 등의 영역 통합 교과적 활동으로서 적합하다는 결론과 함께 노래놀이는 음악·미술적 예술 감각뿐만 아니라 기억력과 집중력 등을 신장을 시킬 수 있어 예술치료나 자기 주도적 학습에도 적합하므로 노래놀이의 실제적인 수행에 관한 가능성을 보여주고 있다.

그러므로, 전래 노래놀이와 창작 노래놀이를 활용하여 아동의 문학성과 예술성, 창의성, 놀이성을 증진하는 효과를 가져올 것으로 기대할 수 있다.

3. 문학과 노래놀이

1) 문학과 노래놀이의 관계

문학과 노래놀이는 여러 측면에서 밀접하게 연결되어 단순한 놀이 이상의 의미를 지니며, 유아의 다양한 발달 영역에 긍정적인 영향을 미친다. 또한 문학과 노래놀이는 상호 보완적인 관계를 형성하여 유아의 인지적, 정서적, 신체적, 사회적 발달을 촉진하는 중요한 교육적 도구의 역할을 한다.

(1) 언어 발달

문학은 유아에게 다양한 어휘와 표현을 제공하고, 이야기를 통해 상상력과 창의성을 자극한다. 책을 읽거나 들으면서 유아는 말하기, 듣기, 읽기 능력을 향상시킬 수 있다.

노래놀이는 반복적인 가사와 리듬을 통해 유아의 발음과 언어의 규칙을 자연스럽게 습득하게 하며 노래의 가사에서 새로운 단어를 접하며 어휘력을 확장할 수 있다.

(2) 정서 발달

문학은 유아가 다양한 감정을 경험하고 표현할 수 있는 기회를 제공한다. 이야기를 읽거나 듣는 동안, 유아는 등장인물의 감정을 이해하고 공감하며 감정 조절 능력을 키울 수 있다.

노래놀이는 리듬과 멜로디를 통해 유아가 자신의 감정을 자유롭게 표현하게 한다. 예를 들어, 슬픈 노래나 즐거운 노래를 부르며 기쁨, 슬픔, 분노와 같은 감정을 표현하고 이해할 수 있게 되는 것이다.

(3) 신체 발달

문학은 이야기의 전개에 맞춰 신체적인 상상력과 표현을 자극할 수 있다. 유아는 이야기 속 등장인물의 행동을 따라 하며 신체적인 상호작용을 하게 된다.

노래놀이는 리듬에 맞춰 몸을 움직이고, 손유희나 춤을 통해 신체 발달을 촉진한다. 음악의 리듬과 박자에 맞춰 몸을 흔들거나 손을 흔드는 활동은 유아의 균형 감각과 운동 능력을 키우는 데 효과적이다.

(4) 사회성 발달

문학은 이야기를 통해 사회적 규범을 배우고, 다양한 인물 간의 관계를 이해하는 데 도움을 준다. 유아는 문학 속 갈등 해결 과정이나 협력적인 상황을 배우며 사회적 기술을 익힌다.

노래놀이는 그룹 활동을 통해 협동심과 상호작용을 강화하는 데 효과적이다. 함께 노래를 부르거나 춤을 추며 친구들과의 관계를 형성하고 협력하는 법을 배운다.

2) 문학과 노래놀이의 효용성

문학과 노래놀이는 유아에게 다음과 같은 다양한 효용성을 제공한다.

(1) 언어 능력 향상

어휘 확장: 문학과 노래는 유아가 새로운 단어와 표현을 접하게 하며, 이를 통해 어휘력을 확장한다. 반복적인 노래와 이야기는 유아가 단어의 의미를 자연스럽게 습득하게 한다.

언어 구조 학습: 노래의 가사나 이야기 속 문장 구조를 이해하면서 유아는 문법적 구조와 언어 사용에 대해 배우게 된다.

(2) 창의성 및 상상력 증진

문학과 노래놀이가 결합된 활동은 유아의 상상력과 창의적 사고를 자극한다. 이야기를 창작하거나 가사를 바꾸어 노래를 부르며 창의성을 발휘할 수 있다.

예를 들어, 동화 속 등장인물의 행동을 상상하고 그 역할을 맡아 연기하거나, 동요의 가사를 바꿔보는 활동을 통해 유아는 창의적인 문제 해결 능력을 기를 수 있다.

(3) 정서적 발달 촉진

감정 표현: 노래나 이야기를 통해 유아는 다양한 감정을 표현하고 이해할 수 있다. 예를 들어, 슬픈 노래를 부르며 슬픔을, 즐거운 노래를 부르며 기쁨을 표현하며 감정의 다양성을 배운다.

정서적 안정: 노래와 문학은 유아에게 감정적인 안정감을 제공한다. 특히 부드럽고 잔잔한 노래는 유아를 진정시키고 안정감을 주며, 이야기는 유아에게 안전감을 제공한다.

문학과 노래놀이의 교육적 효과

발달 영역	발달 요소	내용
언어 발달	반복	반복되는 가사와 이야기 구성을 통해 어휘력과 표현력이 증진
	발음 및 리듬감각	노래와 리듬에 맞춰 발음과 발음 연습을 하며 언어 발음 능력 향상
	상상력	이야기 속 주인공의 감정이나 상황을 상상하며 창의력을 발휘
정서 발달	감정표현	노래나 이야기 속 감정을 인식하고 표현하는 활동을 통해 정서적으로 안정되며 자신감 향상
	자기이해	문학과 노래를 통해 자신과 타인의 감정을 이해하고 공감 능력 발달
사회성 발달	협동	그룹에서 함께 노래를 부르거나 이야기를 나누며 다른 사람과의 협동 습득
	사회적 규칙	노래와 놀이에서 차례를 지키고 규칙을 따르는 경험을 통해 사회적 규범 학습

3) 문학과 노래놀이의 활용

문학과 노래놀이는 아동에게 중요한 교육적 도구이다. 아동에게 언어적 자극을 제공하는 문학과 정서적, 신체적 발달을 돕는 노래놀이를 창의적으로 결합함으로써 아동들에게 더 풍부한 학습 경험을 제공할 수 있다.

(1) 문학과 노래의 융합

아동이 좋아하는 그림책의 내용을 바탕으로 노래를 만들거나 기존의 동요를 변형하여 가사를 창의적으로 개사하여 불러보는 활동을 통해 아동은 이야기와 노래를 동시에 경험하며 더욱 몰입하게 된다.

활동사례

『구름빵』 그림책은 구름을 빵처럼 만들어 먹으면 하늘을 나는 꿈을 꾸게 된다는 이야기로 아동의 상상력을 자극하고, 감정적으로도 아동이 쉽게 몰입할 수 있는 요소를 가지고 있다. 그림책을 읽은 후, 이야기의 주제를 바탕으로 개사를 해보고 다양한 신체 활동과 노래를 결합하여 놀이를 진행할 수 있다.

그림책	 백희나 『구름빵』 한솔수북(2007)

노래	**구름빵 오프닝** 애니메이션 '구름빵' OST(2012.01) 수록곡　　박수용 / 한빛빛소리중창단 노래  https://www.akbobada.com/musicDetail.html?musicID=69682&p=2
활동 내용	▪ 그림책 읽기 –『구름빵』 이야기 읽기 – 이야기의 주인공이 구름빵을 먹고 하늘을 나는 장면에 대해 이야기 나누기 – 구름빵을 먹고 하늘을 나는 상상하기(흰색 천을 활용하여 구름을 만들어 보며 아동의 상상력 지원) ▪ 노래 부르기 – 노래 가사와 리듬에 맞춰 노래 부르기 – 상상한 것을 기초로 노래가사 바꿔보기
확장 활동	▪ 리듬 악기로 연주하기 ▪ '구름 영상' 시각 자료와 함께 노래에 맞춰 구름 춤추기 ▪ 요리활동으로 '구름빵' 만들기

(2) 노래와 신체놀이의 결합

손유희와 동요를 활용하여 동요의 가사에 맞춰 손동작이나 신체활동을 추가하여 노래와 신체 놀이를 결합함으로 아동들의 감각 통합 능력을 향상시키고 대·소근육발달에 도움을 줄 수 있다. 또한 실로폰, 마라카스, 탬버린과 같은 리듬 악기를 이용하여 노래의 리듬에 맞춰 연주하거나 함께 노래를 부르며 즐겁게 신체를 움직이는 결합 활동을 통해 아동의 협응 능력과 리듬 감각을 향상시킬 수 있다.

활동사례

『거미가 줄은 타고 올라갑니다』 손유희를 하며 손동작을 따라하고 다양한 신체활동과 노래를 결합하여 놀이를 진행할 수 있다. 또한 손유희와 신체활동을 통해 향상된 거미에 대한 관심을 그림책 『거미 아난시』와 연계활동으로 확장시킬 수 있다.

노래

거미가 줄을 타고 올라갑니다

작자 미상 외국곡

https://youtu.be/r67nzcgGOm8?si=iJGQMx0UpxKqxlpI

활동 내용	▪ 노래 부르기 –『거미가 줄을 타고 올라갑니다』 노래를 함께 부르며 익히기 –거미와 거미줄에 대해 이야기 나누며 상상하기 ▪ 손유희 함께하기 –동요에 맞춰 손동작을 따라 하며 몸을 움직이기 –상상한 것을 몸으로 표현하기
확장 활동	▪ 관련 그림책 읽고 이야기 나누기 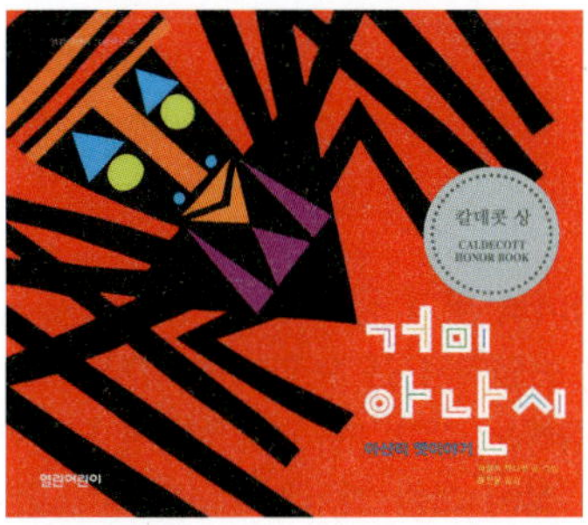 1973년 '칼데콧 아너상' 수상작. 아프리카의 민담 영웅인 거미 아난시의 모험담. 아난시의 아들들이 각자 제 능력에 맞춰 힘을 합해 아빠를 구하는 이야기. 제럴드 맥더멋 『거미 아난시』 열린어린이(2005)

(3) 역할놀이를 통한 통합적 접근

문학 속의 주요 장면을 이야기 나누고 아이들이 함께 역할극으로 재구성하여 표현해보는 놀이를 통해 아동들의 상상력과 창의력을 자극하고, 발표력을 향상시킬 수 있다. 문학작품과 관련된 노래와 역할극 통합적 아동들의 협동성과 사회성을 발달하는 데 도움이 된다.

활동사례

『작은 눈덩이의 꿈』 그림책은 작은 눈덩이의 꿈과 성장이라는 주제를 잘 드러내고, 우리의 가슴을 따뜻하게 만드는 그림책이다. 작은 눈덩이가 큰 눈덩이가 되기 위해 고난을 이겨내고 그 과정에서 만난 까마귀 친구와 함께 성장하는 이야기는 아동들에게 도전과 희망을 심어 줄 수 있으며 친구에 대한 소중함과 함께하는 삶에 대한 가치를 생각할 수 있는 이야기이다.

『눈을 굴려서』 노래를 활용하여 손유희를 하며 집중을 한 후, 그림책을 읽고 그림책에 등장하는 눈덩이들을 노래와 함께 표현해 볼 수 있고, 이야기 속 눈덩이 친구들과 동물 친구가 되어서 역할놀이를 할 수 있다.

그림책	 이재경 『작은 눈덩이의 꿈』 시공주니어(2016)
활동 내용	▪ 주의집중 – 눈을 굴려서 노래로 집중하기 ▪ 그림책 읽기 –『작은 눈덩이의 꿈』 이야기 읽기 – 이야기 줄거리 생각하기 – 작은 눈덩이가 가진 꿈과 이겨낸 어려움에 대해 이야기 나누기

	■ 역할극 놀이 구성하기 – 등장인물과 등장인물들의 대사 간추리기 – 필요한 소품 준비하기 ■ 역할극 놀이하기
확장 활동	■ 그림책 이야기에 맞추어 노래를 개사하기 ■ 개사한 노래와 함께 리듬악기 연주하기 ■ 역할놀이를 공연으로 확장하여 발표하기

■ 전래 노래놀이의 실제

강강술래

https://youtu.be/I7dhQZO9wAo?si=daC1EWuP1PGgiLll

두껍아 두껍아

https://youtu.be/SX2BYGvhqAI?si=w3v2UYYctgYhwc5k

무궁화 꽃이 피었습니다.

https://youtu.be/t91s428KJm0?si=O5Z9dURT0ejNULml

아침바람

아침바람

전래동요 / 채보 류지원

https://youtu.be/U3ZdX2m5G-M?si=7kTR6CyzYlbtHDHN

우리집에 왜 왔니?

우리집에 왜 왔니

전래동요 / 채보 류지원

https://youtu.be/JnrVkTGk_qg?si=IhF1q96kouzsYQ6i

* 악보 및 동영상 : 『노래놀이와 이야기가 있는 유아 중심 놀이지도(2023)』

* 그림 : 강신영(고신대학교 유아교육과 겸임교수)

■ 창작 노래놀이의 실제

몸짓놀이 : 손가락으로 이렇게

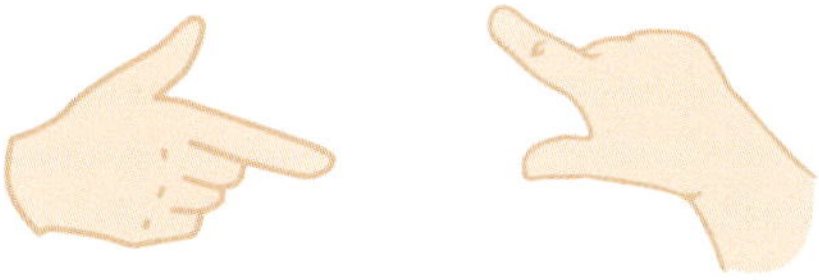

놀이방법

- 다양한 동작을 몸으로 표현하고, 친구와 함께 만들 수 있는 모양들을 만들어 보아요.

고려사항

- 손이 아닌 발이나 신체 다른 부분을 활용해도 좋아요.
- 브이가 아닌 다른 동작으로도 만들어 보아요.

https://www.youtube.com/watch?v=V32-h0Q4YaI

말놀이 : 가나다

놀이방법

- 준비물(흰 종이, 펜)을 준비해요.
- ㄱ, ㄴ, ㄷ만 적어놓은 종이를 준비해요.
- 노래에서 자음이 나올 때마다 그 자음이 그려져 있는 종이 위에 모음을 그려 단어를 완성해보아요.

고려사항

- 글자를 쓰지 못하는 상황이라면 미리 글자가 적혀있는 종이를 준비해주세요.
- 종이와 펜이 없다면 입으로 단어를 말해도 좋아요.

https://www.youtube.com/watch?v=nWDdfkekWas

함께놀이 : 구멍놀이

놀이방법

- 2명은 친구와 손을 잡고 구멍을 닫는 사람이 되어요.
- 나머지 친구들은 노래에 맞추어 구멍을 통과하면서 지나가요.
- 누가누가 빨리빨리 나올까 가사 중 마지막 '까'에 맞추어 구멍을 닫아줘요.

고려사항

- 최소 3명부터 할 수 있는 놀이
- 훌라후프를 이용하여 구멍을 만들어도 좋아요.
- 유아들이 다치지 않도록 주의해주세요.

https://www.youtube.com/watch?v=WsDueMTv_sI

아름놀이 : 색깔 보물찾기

색깔 보물찾기

김예은

놀이방법

- 노래를 부르면서 다양한 색깔을 알고 찾을 수 있어요.
- 자신이 찾은 물건에 스티커를 붙이는 게임을 할 수 있어요.

고려사항

- 굳이 게임을 하지 않아도 버스를 타며, 놀러 가며 아이와 빨간색은 어디 있지? 초록색은? 함께 색깔을 찾는 놀이를 해도 좋아요.

https://www.youtube.com/watch?v=xFTlWOG69S4

천지놀이 : 봄이 오면

봄이 오면

김예은

https://www.youtube.com/watch?v=ajAdm3_lnbA

놀이방법

- 자연을 관찰하며 자연의 아름다움과 변화를 느낄 수 있어요.
- 자연의 순환과 변화, 아름다움을 그림과 율동으로 표현해보아요.

고려사항

- 다른 계절로 가사를 바꿔 부를 수 있어요.

*출처: 『흥이 나고 신이 나는 노래놀이(2021)』

생각 다지기

- 경험했던 노래놀이를 나누어 보아요.
- 제시된 창작노래놀이를 QR을 찍어 살펴보고, 놀이해 보아요.

Chapter 9

유아교육기관에서의 문학활동 실제

사례1 그림책 중심의 놀이 주제 풀어가기

1) 한 달 그림책 프로젝트를 진행한 학급의 사례

그림책 속에는 다양한 요소가 있어 한 번 이야기를 듣고 지나가기에는 아쉬운 그림책들이 있다. 다음의 사례는 '감정'을 주제로 한 「컬러몬스터: 감정의 색깔」이라는 그림책 중 감정의 이름과 색깔의 요소를 한 달 동안 놀이 주제로 선정하였다. ○○유치원의 나무반의 ○○○○년 6월 학급기록을 통해 하나의 그림책으로 한 달간의 놀이활동을 풀어내는 방법을 살펴보고자 한다.

[그림 9-1] ○○유치원의 온라인 학급기록 화면

아나 예나스 글 · 그림/김유경 역 『컬러몬스터 감정의 색깔』 청어람아이(2020)

❖ 나무반 6월 학급기록 〈뒤죽박죽 감정연구소〉

- **놀이 주제**: [뒤죽박죽 감정 연구소]
- **주제 전개 기간**: OOOO년 6월 5일(월) ~ 6월 30일(금)
- **대상**: 나무반(만 3~5세 혼합연령 학급)
- **나무반 6월 배움의 지향점**
  - ○ 그림책 놀이를 통해서 우리가 가지고 있는 다양한 감정을 알아보고 감정과 관련된 놀이를 함께 정해봅니다.
  - ○ 자신의 감정을 놀이로 표현하면서 적절한 감정 표현 방법을 압니다.
  - ○ 나의 마음속의 부정적인 감정을 긍정적으로 해소하는 방법을 알아봅니다.
- **나무반 6월 배움 예상안**

◆ 주제선정의 배경

❤ 우리 나무반에는 3~5세 친구들이 모두 함께 있지요? 모두가 즐겁게 유치원 생활을 하고 있지만 가끔은 속상한 일도 있었을 거예요. 형님들은 동생에게 배려하고 양보하느라, 또는 동생들은 내가 스스로 하고 싶은 것을 형님들이 먼저 다 해주어서… 단체 생활을 하면서 서로가 서로에게 속상한 마음이 없진 않았을 거에요. 나무둥이들이 이러한 마음이 들었을 때 어떻게 해야 속상한 마음이 건강하게 해결할 수 있을까 고민 끝에 '컬러몬스터: 감정의 색깔'이라는 그림책을 활용하여 놀이로 감정을 표현할 수 있도록 주제를 선정해 보았습니다.

❤ 아이들은 매일 다양한 감정을 느끼지만 즐거움과 기쁨 이외의 부정적인 감정이 주는 모호함이 불안감을 주기도 합니다. 화내거나 울면 어른들이 빨리 그치라고 야단을 맞기도 하지요. 누구나 다 화가 나거나 슬프거나 짜증이 나는 부정적인 감정을 느끼게 되지만, 그 감정의 정체를 분명히 알고 스스로 다루어야 하는 것은 유아기 정서 발달에 매우 중요하답니다. 눈에 보이지 않는 추상적인 감정을 그림책과 미술활동 등 다양한 방법으로 구체화하여 아이들과 놀이하면서 제대로 된 감정 교육을 해보고자 합니다

❤ '컬러몬스터: 감정의 색깔' 그림책을 통해 나에게 있는 다양한 감정을 이해하고 표현하도록 안내하면서 나의 감정을 올바르게 인식할 수 있도록 하며 부정적인 감정도 긍정적으로 해소하는 방법도 배울 수 있을 것입니다. 더 나아가 다른 사람의 감정도 공감할 수 있는 아이로 성장할 수 있도록 한 달간 놀이로 풀어나가도록 하겠습니다.

◆ 주별 놀이 기록

1주: 감정을 연구해요(1)

6.5(월) 컬러몬스터: 감정의 색깔

글 그림 아나 예나스(2020). 컬러 몬스터: 감정의 색깔. 청어람아이 출판사.

> *감정에도 색깔이 있대! 어떤 색일까?*

여러 감정이 뒤죽박이 된 컬러몬스터를 보며 '나도 저런 적이 있었는데...'라며 공감하던 나무반 아이들. 감정들을 친숙한 사물에 빗대어 색과 연결지어 보기도 하고 컬러몬스터의 감정에 따라 변화하는 표정과 행동을 따라해보기도 하였습니다.

✔ **정서의 표현은 주요한 사회성 발달의 지표입니다. 자신의 감정을 잘 표현하고 조절하는 아이들은 다른 사람의 감정을 이해하고 배려할 수 있게 됩니다. 아이들은 자신이 이해할 수 없는 감정에 '울음'으로만 표현하기도 합니다. 슬픔, 무서움, 짜증, 놀람의 감정은 비슷해 보이지만 엄밀히 보면 다른 감정들이지요. 다양한 감정들의 이름을 알아보고 구별해보고 그러한 감정을 표현하는 어휘를 풍부하게 하는 놀이를 할 수 있도록 격려하려 합니다.** 😊

6.7(수) '기쁨'이 무엇일까? 💛

> *우리도 그림책 내용처럼 빈 유리병에 감정을 넣어 볼래요!*

그림책 속 가장 첫 등장하는 감정은 '기쁨'이었습니다. 나무반 친구들과 함께 기쁨의 감정에 대해 이야기 나누어 보고 기쁨의 감정을 어떤 놀이로 풀어 갈지 생각을 모아보았습니다. 유리병에 기뻤던 순간들을 모아보기로 하였지요.

아이들은 각기 다른 경험들에서 기쁨을 느꼈다고 이야기하면서 한 가지 감정일지라도 다양한 상황들이 있다는 것을 알게 되었답니다. 😊

6.7(수) <방과후과정> 감정을 연구해요! 👩‍🔬🧪

나무반 친구들과 오늘부터 귀가하기 전에 매일 '감정연구일지'를 써보기로 했어요. 오늘 하루 종일 어떤 일이 있었는지 되돌아보고 각 상황에서 어떤 기분이 들었는지 색깔로 표현해보는 활동이랍니다. 진지하게 오늘의 기분을 분석해보는 연구원이 되어 매일의 기록을 지속적으로 모아 보기로 했습니다.

6.8(목) [기쁨]: 노랑풍선으로 기쁘게 놀아요 😆

기쁨의 노랑풍선

친구들과 함께 한 첫번째 감정 놀이!

> *기쁜 마음은 어떤 느낌일까??*
> *아! 풍선같이 하늘 위로 떠오르는 느낌이야!*

나무반 친구들의 멋진 아이디어에 노란 풍선을 가지고 바깥놀이터로 향했습니다. 기쁜 마음들이 풍선에 담겨 두둥실 날아가기고 하고 친구와 서로 주고 받기도 하였지요. "기쁨 풍선에 기쁜 표정을 그리고 싶어요"라는 이야기에 그리고 도구를 주어 풍선에 기쁜 표정을 그려보기도 하였답니다. 😊

6.9(금) 감정 저금통 만들기

그림책에 없는 다른 감정의 색깔들을 정해보자!

- 진짜 무서운 것 말고 좋은 무서움도 있어!
- 무지개색은 행복이라고 할래

아이들이 생각하는 '좋은 무서움'은 아마도 스릴을 이야기하는 것 같았습니다. 무섭지만 짜릿하고 기분 좋은 것! 조금은 어려운 감정을 아이들은 '좋은 무서움'이라고 설명해줍니다.

6.9(금) <방과후과정> 감정놀이동요 "두근두근 내마음"

비디오 • 00:40

두근두근 내마음 🎶

> *♪기분이 어때? 기분이 어때? 네 마음을 들여다봐*

오늘은 '두근 두근 내 마음'이라는 노래를 불러보았어요. 신나는 리듬에 맞춰 활동하며 노래를 부르니 기쁨 데너지가 상승!
신나게 부르고 나서는 "너는 기분이 어때?"하고 서로 물어봐주며 대화하는 기특한 아이들입니다. 😘

2주: 감정을 연구해요(2)	6.12(월) 내가 슬프거나 화가 날 때는? 😳 😡	6.13(화) 슬픔을 표현해요 💙	6.14(수) 내가 무서울 때는? 👻 😰	6.15(목) 내가 평온함을 느낄 때 😊	6.17(토) 학부모 참여수업: "사랑" 감정놀이
	 - 엄마가 아프면 슬퍼. - 엄마가 나를 '이놈'할 때 슬퍼져. -유치원에 올 때 엄마랑 헤어져서 슬픈 마음이 들었어. -목욕할 때 엄마가 내 몸을 세게 하면 아파서 화가 나. -아빠한테 뽀뽀하지 말라고 했는데 하면 화가 나. 아이들의 귀여운 사연들로 '슬픔'과 '화'의 감정 유리병을 채워보았어요.	 슬픈 사람이 있으면 우리가 응원해주자! 슬픈 마음을 파란 색종이로 표현하고 슬픈 마음이 떠나가도록 종이를 찢고 던져 보았던 슬픔 놀이. 색종이를 눈 아래에 붙여 눈물 흘리는 사람을 표현하기도 하였고 찢은 색종이를 모아 응원도구를 만들어 슬픈 마음이 있는 친구를 응원하는 놀이를 하겠다고 하네요.  비디오 · 00:07 슬픈 친구 응원하러 가자~~!	 -내가 질 때 엄마가 토닥토닥 안해줄 때 무서워. -큰 강아지를 만나면 무서워요. -엄마가나 혼자 자라고 할 때 가장 무서워요. 아이들이 무서운 감정을 느끼는 순간 가장 필요한 건 그 이야기를 들어줄 우리 어른들이겠지요? 🌈	 *내가 평온하고 편안한 마음을 느낄 때는?* -엄마 손 잡고 유치원 갈 때 평온해요. -차 안에서 엄마 무릎에 누워있을 때 평온해요. -엄마랑 같이 소파에 앉아 있을 때 평온해요. 우리 아이들의 '평온함' 감정 유리병에는 항상 '엄마'가 있네요. **✔ 한 가지 감정에 대해 이야기를 나누면서 그림으로 표현해보는 것은 단순한 미술활동이 아닌 이 감정에 대한 나의 경험을 이끌어내는 것입니다. 나의 경험을 언어로 표현해주는 것과 더불어 그것을 미술적 요소로 표현해보는 것을 통해 '기쁨' '슬픔' '화' '무서움' '평온함' 이라는 단어의 뜻을 더욱 이해하게 되었을 것입니다!**	 2023년 1학기 나무반 학부모 참여수업 교구작업도 소개받고 부모님과 함께 사랑의 전화기 활동도 함께 해보았어요! 모든 친구들을 다 만날 수 없어 아쉬웠지만 부모님과 함께 한 '사랑의 전화기' 활동은 우리 나무둥이들의 기억 속에 또 다른 행복의 감정으로 자리 잡았을 것입니다 😊

3주: 감정 해소법 연구하기(1)

6.19(월) 무서울 때는 용기팔찌!

무서울 땐 이렇게 되어요! 몸이 얼어버리고 친구와 함께이고 싶어져요.

무서움을 이겨보자!

"혹시나 내가 혼자 있을 때 이렇게 무서움이 나에게 찾아 왔을 때 어떻게 무서움을 물리칠 수 있을까?"

"무섭다고 숨지 않고 용기를 내요!"
"무섭지 않다고 생각해야 무서움이 사라져요"

이미 정답을 알고 있는 아이들이지만 항상 무서움을 스스로 극복하긴 힘들겠지요?

교실에 빛이 들어오지 않게 불을 끄고 블라인드도 내리고 '야광팔찌'를 나누어줬습니다. 아이들은 야광팔찌가 발광하도록 뚝딱 꺾으며 **할 수 있다! 무섭지 않아!** 하고 스스로에게 용기를 불어 넣어주었어요.

6.20(화) <방과후과정> 표정이 바뀌는 접시인형 만들기

눈·코·입은 똑같은데 표정이 달라

우리 모두 눈과 눈썹, 코와 입을 가지고 있지만 내 마음에 따라 표정을 다르게 지을 수 있어요.

우리의 감정이 얼굴로 표현될 때 어떤 인상이 되는지 미술활동으로 풀어보았답니다.

비디오 · 00:23

노래로 무서움을 물리쳐라!

나무반 친구들에게 무서운것을 물어보니 '신비아파트' 애니메이션이 생각난다고 해요. 오늘만큼은 모두 함께 신비아파트 노래를 들으며 춤도 추고 용기팔찌로 무서움도 물리쳐봅니다!

6.21(수) 다양한 감정이 있어요

우리에게는 이런 감정이 있어

이 세상에는 그림책 속에 나오는 감정 말고도 더 많은 감정들이 존재하지요. 그러한 감정들 중 부정적인 감정이 생겨날 때는 어떻게 해소하는지 방법을 생각해보았어요.

"내가 너무 슬플 때는 방 안에 혼자 있고 싶어. 혼자 있다 보면 슬픔이 사라져"
"화가 날 때는 세수를 한번 하면서 천천히 생각해"

라고 이야기 해주는 친구들의 이야기를 들으며 나와는 다른 감정 해소법을 배우기도 하였답니다

6.23(금) 나만의 감정카드 만들기

아이들에게 다양한 감정의 이름들을 제시하고 그에 어울리는 표정을 지어보는 활동을 했습니다.

그림 속 아이의 표정을 만들어 보며 자신의 표정도 같이 지어보기도 하면서 표정만으로 감정을 읽어내는 힘을 길러보았어요.

✔ **어떨 때는 슬프면서도 기쁠 때도 있지요. 좋으면서도 싫은 기분... 이런 양가적 감정은 아직 아이들에게 낯설지만 많은 사회적 경험을 통해 점점 알아나갈 수 있게 부모님께서도 복잡한 감정의 세계의 성장을 위해 다양한 감정 표현을 나눠봐 주세요.**

6.23(금) <방과후과정> '날씨 감정요가'로 해소해요

우리 마음을 날씨로 표현해

- 너무 신나서 흥분을 가라앉힐 수 없을 때는 구름 위에 떠있는 것처럼 편안한 **"구름자세"**
- 부끄러운 마음이 들 때는 당당하게 빛나는 해님처럼 **"해님자세"**
- 답답한 마음이 들 때는 바람처럼 어디든지 날아갈 수 있는 **"바람자세"**
- 두렵고 무서운 마음이 들 때는 번개처럼 강인하고 용감한 **"번개자세"**
- 외로워서 눈물이 날 것 같을 때는 친구와 함께하는 **"우산자세"**
- 이랬다 저랬다 변덕을 부릴 때는 무지개처럼 다양한 감정을 표현하는 **"무지개자세"**

스트레칭을 하면서 감정을 해소하는 또 하나의 방법을 경험해보았어요.

4주: 감정 해소법 연구하기(2)

6.26(월) '감정약국' 준비하기

친구들에게 감정 약을 만들어주자

> "슬픈 마음이 있는 친구에게는 어떤 약을 주면 좋을까?"
> "슬프지 말고 행복하라고 행복약을 줘요💜"
> "발표하는 친구에게는 떨리지 말라고 용기약을 주면 좋겠어요!"

친구들을 도와주고 위로하고 싶어하는 예쁜 마음들을 전하기 위해서 '감정약국'놀이를 하기로 정했어요.

오늘은 먼저 약봉투와 알약봉투를 주어서 가위로 잘라 만들어봤어요.

6.27(화) <방과후과정>감정 알약을 만들어요

희망약은 평온한 초록색, 행복약은 보라색, 위로약은 노란색

방과후과정에서 감정 약국에서 파는 약의 종류를 아이들과 정해서 칭찬약, 행복약, 응원약, 위로약, 희망약을 알알이 만들어봤어요.
색깔별로 약의 종류가 다르니 주의하셔야 해요!

나무반 선생님의 깜짝 선물 🎁

나무둥이들이 약사가 되어 감정약(젤리)를 제조해서 집으로 가져갑니다
💕 가족과도 서로의 감정을 어루어 만져주고 감정약으로 낫기를 바래요

6.29(목) 감정 약국으로 오세요 💊

오늘 기분이 어때?

우리 친구들의 고민은 무엇일까요?

> -오늘 아침에 엄마한테 혼나서 속상해요.
> -친구랑 사이 좋게 놀고 싶은데 잘 안돼요.

나무반 친구들은 서로가 서로에게 약사가 되어 우리 친구들의 감정 고민을 신중하게 들어주고 맞춤 알약을 제조해주었습니다.

가족들과도 함께 할 수 있게 젤리 맞춤 알약을 가정으로 보내드리니 아이들과 함께 꼭 감정놀이를 해보세요!

6.30(금) <방과후과정> 감정 격파왕

내 마음속에 있던 없애고 싶은 감정을 그림으로 그려보았어요

내가 화가 나는 일이 있었을 때, 또 슬픈 일이 있었을 땔을 생각하며 글자로 적어 놓고 격파를 해보았어요. 아이들 나름의 스트레스를 신나게 해소해보는 시간을 가졌지요. 마음 깊은 곳에 아이들 스스로도 꺼내지 못했던 마음들이 모두 사라졌기를 바라요.

감정아 없어져라! 격파!!

✔ 여러 가지 상황 속에서 화가 나거나, 속상한 것은 당연한 것입니다. 하지만 그런 감정을 스스로 인식하고 건강한 방법으로 해소하는 것이 중요하겠지요. 이번 <감정>프로젝트는, 아이들이 자신의 감정을 인식하고, 상황에 맞게 적절히 해소하고 대처하는 태도를 길러내어 주는 소중한 경험을 안겨주었을 것 입니다.

◆ 반성적 저널

'컬러몬스터'라는 그림책을 활용하여 아이들과 감정에 대한 정의를 내리고 다양한 놀이로 표현해보려 하였습니다. 자신의 생각이나 감정을 스스럼없이 표현하는 아이들이라고 생각했는데 감정의 이름이나 그 감정이 생기는 이유에 대해서 아이들이 깊은 이해를 하지 못하고 있음을 알게 되었어요.

그래서 아이들과 감정의 이름과 그러한 감정이 생겼을 때의 기분, 생각, 상황에 대해 아주 긴 토론과 이야기를 하게 되었던 것 같습니다. 마침 20일에 약물오남용 예방 교육이있어서 원래 '감정 치료방' 놀이를 계획하였으나 '감정 약국'으로 자연스럽게 변경될 수 있어 상황을 잘 이용한 놀이 전개가 이루어졌었습니다.

나의 감정을 잘 표현하는 것부터 시작해서 점차적으로 다른 사람의 감정을 읽어보려는 노력까지 이어질 수 있도록 애를 썼습니다. 내 감정을 솔직하게 표현하되 어떻게 표현하는 것이 평화로운 방법인지 이야기 나눈 후에는 교실 안에서 다툼이 일어나는 일이 많이 줄어들었음을 느꼈어요.

이번 달에는 한 권의 책을 중심으로 다양한 놀이 활동을 전개해 나갔지만 감정에 다양한 다른 많은 그림책들도 함께 활용하였으면 어땠을까 하는 아쉬움이 듭니다. 그림책을 선정하고 대략의 계획은 나의 의도대로 진행되었지만 그 과정에 가능하면 아이들의 의견을 듣고 또 아이들이 선택할 수 있는 선택지를 많이 주려고 하였습니다. 이제 4개월을 나무반에서 함께 놀이를 만들어간다는 인식과 리듬이 생겼고 아이들도 점차 더 적극적으로 참여해주고 있어서 뿌듯한 마음이 듭니다.

※ 2023년 6월 ○○유치원 나무반 온라인 학급기록 중 일부 발췌

2) 그림책을 다양한 주제로 진행한 두 학급의 사례

유아들과 활동할만한 가치가 있는 그림책을 선정하고 나면 그것을 어떻게 풀어나갈지는 전적으로 교사와 학급의 영유아에게 달려 있다. 같은 그림책을 한 달 동안 두 학급에서 어떻게 다르게 활용하였는지 다음의 사례를 통해 살펴볼 수 있다. 같은 주제와 목표를 가졌지만 교사마다 글로 표현하는 방법이 다르고 결과물이 다르게 나타나게 되며 주 활동에 이르기까지의 과정이 달라진다. ○○○○년 9월 열매반과 나무반의 학급기록을 통해 각 각의 사례를 살펴보고자 한다.

❖ 열매반과 나무반의 9월 이야기

◆ **놀이 주제**

열매반	나무반
말의 힘	아름다운 마음밭 가꾸기

◆ **주제 전개 기간**: ○○○○년 9월 2일(월) ~ 9월 27일(금)

◆ **대상**: 열매반, 나무반(만 3~5세 혼합연령 학급)

◆ **9월 배움의 지향점**

열매반	나무반
○ 그림책을 바탕으로 여러 가지 놀이를 확장시키는 경험을 합니다. ○ 그림책을 통해 긍정적인 언어를 인식하고 이를 적절히 표현하는 경험을 합니다. ○ 올바른 언어로 또래 간의 긍정적인 상호작용을 주고받고 상대를 존중하는 마음을 가집니다.	○ 마음 밭 가꾸기 놀이를 통해 올바른 인성을 기르며 바르고 고운 말을 실천할 수 있습니다. ○ 바른 언어를 사용함으로써 또래 간의 긍정적인 의사소통과 유대관계를 형성합니다.

◆ 나무반 6월 배움 예상안

열매반

말의 힘

말에는 힘이 있어요
- 말에는 힘이 있어요
- 내가 듣고 싶은 말
- 동요 - 예쁜 말 메아리
- 말의 중요성 - 콩나물 실험
- 예쁜 말 O X 퀴즈
  예쁜 말 상자

가시소년

- 동화 - 가시소년
- 뾰족뾰족 나의 가시
- 가시, 이젠 안녕
- 날개 만들기
- 타임캡슐을 열어요
- 가시소년아, 내가 도와줄게!

나에게 해주는 멋진 말

- 동화 - 나에게 해 주는 멋진 말
- 멋진 말을 찾아라!
- 멋진 말 징검다리를 건너요
  멋진 말 마니또
- 멋진 말 열매가 열리는 나무
- 나를 위한 응원카드 만들기
  긍정 박수

나무반

아름다운 마음밭 가꾸기

말에도 씨앗이 있다고?

말의 씨, 마음의 씨

바른 말, 고운 말
골든벨을 울려라!

내가 좋아하는 말
내가 싫어하는 말

콩나물 실험!
<좋아해vs싫어해>

내가 듣고 싶은 말은~

말의 씨앗을 심어요!

다정한 말의 씨를 심어요

동요)예쁜 말엔 꽃이 피고

예쁜 말이 열리는 나무

예쁜 말을 전해요!

예쁜 말 우체국 / 예쁜 말 편지 보내기

예쁜 말 꽃을 피워요

고운 말 날개를 펴요

다정한 말 꽃이 피었습니다!

동화)가시소년

가시소년아! 우리가 도와줄게!

예쁜 말 고운 말 시상식

◆ 공통 선정 그림책

권자경 글 · 하완 그림『가시소년』천개의바람(2021)

◆ 주제선정의 배경

열매반	나무반
말에는 힘이 있어요. 긍정적인 말은 자신뿐만 아니라 주변 사람들에게도 좋은 영향을 미치지요. 우리 열매반 친구들도 말의 힘을 알고 긍정적인 언어 태도를 가지길 바라는 마음으로 말이 주는 힘에 대한 주제를 계획하게 되었습니다. 지금 우리 열매반 친구들에게는 무엇보다 서로를 격려해주고 칭찬해주면서 함께 자랄 수 있는 관계 맺기가 중요한 시기인 듯합니다. 9월 한 달 동안 스스로와 주변에게 힘이 되는 말을 주고받는 열매들의 모습을 기대해봅니다.	요즘 부쩍 친구들과 트러블이 잦고 트러블이 생기고 있는 나무반. 대부분 '말투' 때문에 오해가 생긴 경우가 많아요. 예쁘게 말하는 방법을 함께 알아보면 어떨까 하는 생각에 9월이 놀이주제로 정해보았습니다. 우리 마음에는 '마음밭'이 있고 마음밭에 다정한 말의 씨앗을 심으면, 다정한 말의 꽃이 피고 못난 말의 씨앗을 심으면 못난 꽃과 열매가 피지요. 우리의 마음밭을 잘 가꾸기 위해서 예쁜 말 놀이를 함께 만들고 '가시소년'이라는 그림책을 활용하여 가시 같은 나쁜 말을 예쁜 말로 바꾸어 표현하는 놀이를 계획해보았습니다. 이번 9월의 놀이를 통해 아름다운 마음을 가진 나무둥이들이 되기를 기대합니다.

◆ 놀이 기록

열매반 기록

9.3(화) 다섯 글자 예쁜 말

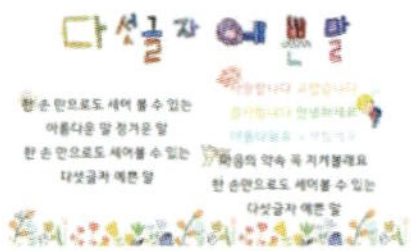

평소 노래 부르기를 참 좋아하는 열매들과 새로운 동요를 배워보았어요. 제목은 "다섯 글자 예쁜 말"이에요. 가사가 참 예쁘답니다.

> 🎶한 손 만으로도 세어볼 수 있는
> 다섯 글자 예쁜 말
> 사랑합니다 고맙습니다
> 감사합니다 안녕하세요
> 아름다워요 노력할게요
> 마음의 약속 꼭 지켜볼래요🎶

✔ **동요를 통해 다섯 글자 예쁜 말을 배우고 이를 의사소통에 활용하게 됩니다. 자연스럽게 예쁜 말을 노래하며 서로 격려하고 칭찬하는 분위기가 형성되어 사회성 또한 발달하게 되지요.**

9.3(화) 방과후: 예쁜 말 수집가!

> ***"난 다양한 말을 해. 그 중 다른 사람이 들어도, 내가 했을 때도 기분이 좋아지는 말들이 있어. 어떤 말인지 들어볼래?"***

9.10(화) 멋진 말을 건네요!

어제 그림책을 읽고 스스로에게 멋진 말을 해주었던 열매들! 오늘은 다른 친구에게 멋진 말을 해주기로 했어요. 멋진 말 열매를 받은 친구가 또 다른 친구에게 멋진 말을 해주는 거예요.😊

🧒 : ㅇㅇ아 너는 그림을 참 잘 그려!
🧒 : ㅇㅇ아 너는 너무 .... 예뻐!!
🧒 : ㅇㅇ아 팽이 만드는 거 도와줘서 참 고마웠어.

9.5(목) 내가 듣고 싶은 말

열매들에게 평소 누구에게, 어떤 말을 듣고 싶은 지 물어보니 엄마, 아빠, 선생님 등 사랑하는 사람에게 듣고 싶은 말이 많았답니다.

🧒 : 아빠가 저한테 "산에 가자" 라고 해줬으면 좋겠어요.
🧒 : 선생님이 "사랑해~" 라고 말해주면 좋겠어요!
🧒 : 엄마가 "사랑해" 그리고 "선물줄게" 라고 말했으면 좋겠어요.

9.11(수) 멋진 말 징검다리

열매반에 징검다리가 생겼어요. 바로 멋진 말 징검다리예요! 멋진 말이 적힌 징검다리만 밟아서 건너볼까요?

"너 그림 진짜 잘 그려", "사랑해", "고마워", "같이 놀자" 와 같은 멋진 말 징검다리만 밟아서 무사히 건넜어요. 멋진 말을 점점 늘려서 기다란 징검다리를 만들기도 했답니다.

✔ **멋진 말과 나쁜 말을 직접 생각하고 적어보는 과정에서 긍정적, 부정적 표현을 구분하고 적절하게 사용하는 능력을 키울 수 있습니다. 징검다리 놀이의 규칙을 따르고 멋진 말 징검다리를 밟아 다음 단계로 나아가는 과정을 통해 아이들은 문제 해결 능력과 논리적 사고를 발달시킬 수 있습니다.**

9.12(목) 예쁜 말 꽃이 피었습니다

열매들이 좋아하는 모서리게임이 "예쁜 말 꽃이 피었습니다"로 돌아왔어요! 새롭게 추가된 규칙을 익히며 즐겁게 놀이해보았답니다.

<놀이 방법>

- 4가지의 예쁜 말을 정한다.
- 술래는 "예쁜 말 꽃이 피었습니다"라고 말한 뒤 4가지 예쁜 말 중 하나를 외친다.
- 나머지 친구들은 4가지 예쁜 말 중 자신이 가고 싶은 곳에 가서 서있는다.
- 술래가 외친 예쁜 말에 서있던 친구들은 서로에게 해당하는 예쁜 말을 주고 받는다.

9.19(목) 「가시소년」

「가시소년」 글 권자경 / 그림 하완

뾰족뾰족 가시가 많은 한 소년이 있어요. 힘들고 속상하면 더 날카롭게 자라는 가시 때문에 외롭고 눈물이 난대요. 가시가 없다면 가시소년도 웃을 수 있을까요? 사실은 하고 싶은 말이 있거든요.

> *"나랑 놀자*
> *나를 안아주세요*
> *나는 너를 좋아해"*

✔ **가시소년 이야기는 자기 자신을 이해하고 수용하는 것 뿐만아니라, 다른 사람들과의 관계 속에서 어떤 말과 행동을 보여야 하는 지 깨닫게 해줍니다. 누구나 가시는 있지만 그것을 받아들이고 성장해 나가는 것이 중요하기 때문이지요.**

9.20(금) 방과후: 예쁜 말에 꽃이 피고

예쁜 말, 멋진 말을 친구들에게 전해주는 열매동이들과 예쁜 말을 쓰면 내 주변의 변화에 대해 이야기를 나누어 보았어요.

> ***"친구들에게 예쁜 말, 멋진 말을 쓰니 친구들의 어떤 표정을 지었을까?"***
> ***"얼굴이 웃고 있었어요."***
> ***"나도 그런 말들을 쓰니 나의 기분은 어때?"***
> ***"행복했었어요."***
> ***"말에는 힘이 있어 멋지고 예쁜 말들을 쓰면 우리에게 어떤 일들이 일어났어?"***
> ***"좋았어요."***

이렇게 말에는 힘이 있다는 것을 안 열매동이들과 ♬**예쁜 말에 꽃이 피고** 노래를 함께 들어보고, 가사를 살펴본 후 새노래를 배워보았답니다. ^^

9.23(월) 예쁜 말 나무 완성! 🌸

클레이로 만든 나무가 주말동안 예쁘게 말랐어요! 오늘은 흙을 부어 나무를 심어주고 예쁜 말이 적힌 꽃을 피어주었답니다.

완성한 예쁜 말 나무 참 예쁘지요? 나무를 볼 때마다 예쁜 말을 실천하는 열매들이 되길 바라요.💕

9.24(화) 가시, 이젠 안녕👋

모두에게는 가시가 있어요. 하지만 그 가시를 그대로 두면 될까요? 뾰족한 가시를 그대로 두면 나도 아프고 다른 사람도 아프게 될 거예요.

그래서 오늘은 열매반과 바깥놀이터에 있는 가시들을 모두 찾아서 안녕을 외쳐주었답니다.😆

앞으로도 아픈 가시보다는 **예쁜 말과 행동으로 나와 주변 사람들에게 긍정적인 영향을 미치는** 열매들이 되길 바라요.💛

9.24(화) 방과후: 가시소년 음악극

가시소년의 가시가 점점 털어내는거처럼 열매동이들도 친구들에게 긍정적인 말들을 하면서 긍정적인 행동들도 많이 관찰되는 모습을 보니 동화책의 힘이 어디까지인가라는 생각이 들었어요. 이런 열매동이들을 위해 가시소년의 동화를 음악극으로 함께 들어보았어요.

가시소년 음악극을 듣고 난 후 **"눈물이 왜 나지?", "기분이 좋아진다", "또 듣고 싶어요."**라고 표현해는 열매동이들!!!

여러가지 방법으로 듣고 또 들어도 지겹지가 않은 동화였답니다.

9.25(수) "예쁜 마음 상" 시상식

한 달 동안 예쁜 말을 하기 위해 최선을 다한 열매들에게 "예쁜 마음 상"을 수여했어요. 상을 받으러 앞으로 나올 때 긴장을 하기도 하고 어깨를 으쓱하며 기뻐하기도 했답니다.

여러 가지 상황마다 내 마음을 다스리기 쉽지 않지만 예쁜 말과 행동을 하기 위해 생각하고 또 노력한 열매들을 칭찬해요.❤️

✔ **시상식을 통해 예쁜 말과 행동 즉 배려, 친절, 협동 등 긍정적인 행동을 보인 아이들을 칭찬함으로써 이러한 행동이 중요하다는 것을 배우고 더 자주 실천하게 됩니다. 이 과정에서 긍정적 경험을 쌓으며 자신감있는 자아상도 형성할 수 있습니다.**

나무반 기록

9.2(월) 말의 씨, 마음의 씨

말에는 힘이 있대요! 나쁘고 속상한 말은 나를 힘 빠지게 하고 나를 응원하고 좋은 말은 나를 힘이나게 해요 **우리도 교실 속에서 친구에게 서로 힘이 되는 말을 했었던 적이 있는지 함께 이야기** 나누어보았어요.

"내가 동생한테 양보해줄 때 동생이 고맙다고 하면 더 양보해주고 싶고 기분이 좋아져요"

"예쁜 옷을 입고 왔을 때 친구가 예쁘다고 칭찬해주면 나도 친구에게 예쁜 말을 해주고 싶어요"

9.3(화) 바른 말, 고운 말 골든벨!

우리 마음 속에 다정한 말의 씨앗을 심으려면 다정한 말이 무엇인지를 알아보아야겠지요? 그리하여 오늘은 친구들과 함께 **바른 말 고운 말을 찾는 퀴즈를** 해보기로 했어요

선생님이 보여주는 두 가지 말 중 다정한 말의 씨를 찾아 가면 성공! 문제가 쉬웠던 건지(?) 우리 나무둥이들은 모두 맞추어 백점이었답니다

9.5(목) 예쁜 말 양파 나쁜 말 양파

9/12 실험중인 양파들! 예쁜 말 양파는 잘 자라고 있지만 벌써 나쁜 말 양파는 색이 변하고 아래 뿌리가 썩고 있어요

우리는 하루에 어떤 말들을 가장 많이 하게 될까요? **오고 가는 말들 속에서 상대방을 기분 좋게도 만들고 속상하게도 만드는 우리의 말!** 나무반 친구들에게 늘 바른말과 고운말을 사용하라고는 하지만 정작 아이들에게 왜 해야 하는지 **말의 중요성에 대해 시각적으로 느낄 수 있는 기회를 만들고자 양파 실험을 계획**해보았습니다.

"예쁜 말 양파에게 어떤 말을 하면 좋을까요?"

"사랑해" "고마워" "쑥쑥 잘 자라라" "넌 너무 예뻐"

"그럼 나쁜 말 양파에게는 어떤 말을 해주면 좋을까요?"

"음… 너 미워?" "너랑 안 놀꺼야" "또 뭐가 있지?"

9.9(월) 다정한 말의 씨를 심어요

> ***"예쁜 말 씨앗을 심으면 예쁜 말 꽃이 피어나고 나쁜 말 씨앗을 심으면 나쁜 말 꽃이 피어나요!"***

오늘은 나무둥이들과 함께 다정한 말의 씨앗을 나만의 나무에 심어보기로 했어요. **예쁜 말, 다정한 말에는 어떤 것이 있을까 생각**을 나누어보고 **씨앗에 다정한 말을** 담아 나무 아래에 심어주면 된답니다

친구들이 이야기한 **다정한 말 씨앗**에는 **"넌 특별해" "우린 최고야" "사랑해" "너무너무 예쁘다"** 등등 다양한 말들이 있었답니다

9.10(화) 말의 열매를 선물해요

어제 활동과 연계하여 오늘은 친구들에게 예쁜 말 열매를 선물하는 날이에요. **내가 먼저 예쁜 말을 하면 친구도 나에게 예쁜 말을 하는 것 처럼요!** 친구에게 하고 싶은 멋진 말을 열매 도안에 적고 색칠한 뒤 친구의 나무에 쏙 붙여주면 우리들의 예쁜 말 나무 완성 나 혼자 완성하는 것이 아닌 **친구와 함께 완성할 수 있는 활동**이라 우리 나무둥이들이 **더욱 적극적으로 참여해주고 즐거워하였답니다**

✔ **말이 사람에게 힘을 주기도 하고, 위로가 되어 주기도 합니다. 말 한마디에 천냥빚을 갚는 것처럼 자라는 아이들에게 자신의 생각과 마음을 올바르게 표현하며 성장할 수 있도록 하는 것이 중요한 일이라는 생각이 듭니다. 오늘의 놀이에서는 다른 사람에게 하는 다정한 말도 중요하지만, 스스로에게 해주는 긍정적인 말로 인해 자존감도 높이고 긍정적인 사고 방식을 지닐 수 있도록 '스스로에게 해주는 다정한 말'과 '친구에게 건네주는 다정한 말' 두 가지의 예쁜 말을 생각하여 놀이로 표현할 수 있도록 해보았습니다. 말의 힘과 소중함을 알고 바른 인성으로 올바른 관계를 맺을 수 있도록 뾰족뾰족한 말 보다는 따뜻한 말로 마음을 가득 채울 수 있는 나무둥이들이 되었을거라 생각합니다**

9.10(화) 방과후: 예쁜 말이 열리는 나무

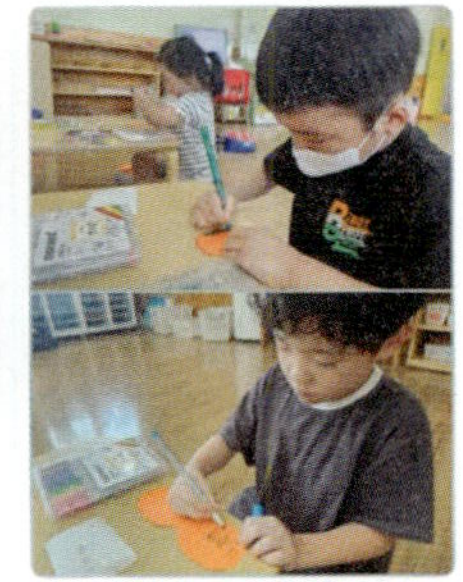

오늘은 자신의 이름이 적힌 예쁜말이 열리는 감 나무를 만들어봤어요. 과연 어떤 예쁜말 감 열매가 열릴까요~? 자신이 생각하는 예쁜말을 지난시간 활동과 같이 각 연령별로 감 열매 안에 글자를 쏘옥~ 적어놓았어요

"선생님!! 꼭지는 주황색이 아닌데? 초록색이에요"

감의 꼭지색은 주황색이 아니라며 꼼꼼하게 색을 입혀주는 나무반

"우리 친구들에게 서로 예쁜말을 주고받아볼까요?"

"친구야 사랑해♡"/"나랑 블럭놀이 해줘서 고마워"/"오늘 나한테 자리 양보해줘서 고마워"/"우리 앞으로도 사이좋게 지내자!"

친구들과 서로 예쁜말을 나누어보는 시간도 가져보았어요! 쑥스러운지 얼굴이 빨개지는 부끄럼쟁이 나무반

이제 내 이름이 적힌 예쁜말 감나무가 열리길 기다리는 날만 남았네요♡

9.19(목) 예쁜 말 우체국을 열어요

예쁜 편지지에 예쁜 말을 담아 친구들에게 전해요

나무둥이들이 서로에게 편지를 보내주기 위해 삼삼오오 모였어요 **편지를 쓰는 방법과 순서를** 알아보면서 편지에는 보내는 사람과 받는 사람을 꼭 적도록 하였어요.

"친구 이름을 잘 모르는데… 어떻게 하지?"
"아! 교구이름표에 친구 이름이 다 있으니까 가져가서 적으면 되겠다!"

서로 좋은 아이디어를 내어주고 모르는 글자가 있으면 궁금이종이를 들고 선생님에게 도움을 요청하며 **친구에게 보내는 편지를** 마음껏 적어봅니다

✔ **한글에 대한 관심이 많아진 나무반 친구들을 위하여 예쁜 말 우체국을 열어보았습니다. 유아기 시기에 아이들의 언어교육이 중요함을 느끼고 자연스러운 언어교육이 이루어 질 수 있도록 교실 한켠에 '편지영역'을 구성해 보았지요. 아이들은 편지영역에서 다양한 종이와 쓰기 도구를 활용하여 자신의 생각과 느낌을 표현해 나갑니다. 그림과 글자로 서툰 생각을 표현하지만 아이들이 느끼는 감정은 <행복함, 기쁨>으로 표현이 되는 것 같습니다.**

9.23(월) 동화)가시소년

<가시소년> 권자경 글, 하완 그림, 천개의 바람.

이 그림책에는 뾰족뾰족 가시가 많은 한 소년이 나옵니다. **가시같은 말을 내뱉는 소년을 보며** 나무둥이들은 **"저렇게 말하면 아무도 안 놀아주는데…"**라고 이야기합니다

나쁜 말을 내뱉는 가시소년의 모습을 제3자의 모습으로 관찰해보며 왜 다른 사람들에게 나쁜 말을 하면 안되는 것인지, 예쁜 말을 건네주어야 하는 이유가 무엇인지 이야기를 나눌 수 있었습니다.

✔ **가시소년 이야기는 자기 자신을 이해하고 수용하는 것 뿐만아니라, 다른 사람들과의 관계 속에서 어떤 말과 행동을 보여야 하는 지 깨닫게 해줍니다. 누구나 가시는 있지만 그것을 받아들이고 성장해 나가는 것이 중요하기 때문이지요.**

9.24(화) 예쁜말 나무를 만들어요

한 달간의 예쁜 말 프로젝트를 하며 **"우리도 진짜 예쁜 말 꽃을 피워보고 싶어요!"**라는 이야기에 예쁜 말 나무를 함께 만들어보기로 했어요.

"가시소년 책에 나오는 선인장을 만들어보자!"는 좋은 아이디어에 선생님은 연두색, 초록색 클레이를 아이들에게 제공하여 다양한 모양의 선인장을 만들 수 있도록 하였어요.

선인장을 잘 만든 뒤 꽃 도안에는 내가 생각하는 가장 예쁜 말을 골라 선인장에 꽃을 꼽아주면 완성이랍니다

예쁜 말 꽃을 피워낸 선인장 나무에요

9.24(화) 방과후: 내 마음을 들여다봐요!

"나무반 친구들의 가시가 뾰족해지는 순간은 언제인가요?"

"친구가 블럭을 뺐었을때요!"/"밀었는데 사과를 안했을때요"/"엄마한테 혼날때요"

"그럼 반대로 나를 웃게 만들 때는 언제인가요?"

"친구가 미끄럼틀을 먼저 타게 양보해줄때요"/"엄마아빠가 사랑한다고 할때요!"/"친구가 저 아팠을때 힘내라고 편지랑 선물줬었어요"

나는 언제 가시가 돋는지 나를 미소짓게 하는것은 언제인지 그림으로 표현해 보았어요.
열심히 고민하다가 "아!!저번에 친구가 내 블럭 뺐어갔었지!!!!" 하며 그려보는 귀요미들

서로의 그림을 바꾸어보고 친구들의 마음과 가시가 돋아날 때 표현하는 방법에 대해 스스로 생각해보는 시간을 가져보았답니다

9.25(수) 예쁜 말 고운 말 시상식

9월 한 달간 다양한 예쁜 말들과 멋진 말들을 찾아내어 놀이로 표현한 나무반 친구들을 위해서 작은 상장을 건네주는 시간을 보내보았습니다 이번 한 달만이 아닌 앞으로도 서로에게, 또는 가족들과도 예쁜 말을 많이 하면서 멋진 어린이가 되길 바래요

◆ 반성적 저널

열매반	나무반
	 가시같은 말을 뱉는 '가시소년'과 예쁜 말을 하는 '멋진 소년' 우리는 모두 멋진 친구들이 되어요 ♥
"말에는 힘이 있어요!" 열매들과 한 달 동안 하루도 빠짐없이 외쳤던 구호입니다. 스스로의 생각, 말, 행동을 조절하고 다스리는 건 어른들도 어려울 때가 많지요. 그런데 평균 연령 만 4세인 우리 열매반이! 말의 힘을 알고 선생님과 친구들에게 예쁜 말로 표현하는 방법을 알게 되었습니다. 열매들과 앞으로도 예쁜 말로 표현하기로 약속을 했는데 노력하고 실천하는 모습을 보시면 많은 칭찬 부탁드립니다.☆ 그리고 지난 금요일, 열매들의 유치원 생활은 어떠셨나요? 스스로 가방 정리를 하고 교구를 하고 놀이에 참여하는 모습이 언제 이렇게 컸나 싶으셨지요.☺	✔ 말에는 '힘'이 있다고 하지요? 친구들과 함께 놀이하면서 서로 배려하고 양보해야 한다는 것. 그러기 위해서는 서로 다정하고 예쁜 말을 해야 한다는 것을 교사가 알려주는 것이 아닌 '아이들이 스스로 깨우치며 서로에게 예쁜 말을 했으면 좋겠다'라는 생각에서 시작된 9월의 놀이였습니다. ✔ 예쁜 말 우체국 놀이를 준비하며 아직 글자를 읽고 쓰는데에 익숙하지 않은 만 3, 4세 아이들에게 어려운 점은 없을까 많은 고민을 하였어요. 교사는 '사랑해' '고마워'와 같은 아이들이 잘 아는 통글자는 글자카드로 미리 만들어 제공해주고 또 다른 말들은 궁금이종이를 활용하는 방법

부모님과 함께 있는 열매들을 보니 아직 작고 작은 아가 같은데 평소 씩씩하게 유치원에 와서 생활하는 게 기특하고 대견하게 느껴졌습니다. 마지막 노래 선물을 드릴 때는 같이 눈물이 날 것 같아서 꾹 참기도 했지요.☆ 학부모님들이 계시기에 열매들이 있고 열매들이 있기에 교사로서의 저도 있습니다. 늘 감사한 마음 가지며 10월에도 열매들과 즐거운 하루들 보내도록 하겠습니다. 열매가족 감사하고 사랑합니다.☆☆	을 사용하도록 하였습니다. 걱정을 했던 것과는 달리 만 5세 형님들이 동생들에게 필요한 글자가 있을 때 글자를 읽으면서 도와주거나, 궁금이종이를 활용하는 법을 알려주며 작은 선생님 역할을 톡톡히 해내었답니다.☆ ✔ 또한 이번 9월에는 학부모님을 초대하여 함께 놀이를 한 참여수업이 있었어요. 이번 놀이를 통해 내 마음속 가시 같은 말은 털어서 없애고 예쁘고 다정한 말이 오고가는 나무반 가족들이 되었으면 좋겠습니다.☆ 가정에서도 '다정한 말 챌린지' 함께해 주세요!❤

※ 2024년 9월 ○○유치원 열매반, 나무반 온라인 학급기록 중 일부 발췌

◎ 위의 사례를 참고하여 앤서니 브라운의 [꿈꾸는 윌리(2004)] 그림책을 중심으로 놀이 주제를 전개하는 가상의 계획을 세워보세요.

1. 그림책 분석하기: [꿈꾸는 윌리]의 텍스트와 일러스트레이션을 읽고 이 그림책의 특성과 흥미점, 주제를 생각해보세요.

2. 나의 생각 펼치기: [꿈꾸는 윌리]의 특성, 흥미점, 주제와 관련해서 떠오르는 모든 단어와 상황, 놀이, 활동 등을 가능한 한 많이 나열해보세요.

3. 타인의 생각 참조하기: 웹서칭이나 문헌고찰을 통해 [꿈꾸는 윌리]와 앤서니 브라운에 대해 조사해보고 2번의 단계에 추가하고 싶은 것들을 찾아보세요.

4. 유목화하여 주제 선정하기: 2~3번의 과정을 되돌아보며 비슷한 요소끼리 묶어보고 소주제를 정하고, 대표 주제를 선정해보세요. 또한 주제에 맞지 않거나 유아수준에 적당치 않은 것을 골라 삭제하세요. 그리고 그것을 그림이나 도표(주제망)로 시각화해보세요.

5. 활동 선정하기: 정리된 시각화 자료(주제망)를 바탕으로 유목화된 나의 생각 중 놀이화할 수 있는 것들을 골라 적절한 단어로 바꾸는 등의 수정 작업을 통해 활동을 선정하고 어떤 순서로 경험토록 할 것인지 결정하세요.

6. **문서화하기:** 결정된 내용을 아래 보기를 참고하여 워드 프로세서, 파워포인트 등 다양한 방법을 통해 문서화해보세요.

- 놀이주제명:
- 놀이 전개 시기 및 기간:
- 대상 연령 및 인원:
- 주제 선정의 배경:
- 배움의 지향점(목적):
- 배움 예상안(월교육예상안):

※ 그림 또는 도표로 제시

- 주제 전개 시 유의점:
- 주제 전개를 통해 기대되는 효과:

앤서니 브라운 글 · 그림/ 허은미 역 『꿈꾸는 윌리』 웅진주니어(2004)

사례2 가정과 연계한 유치원 독서 프로그램

1) 원내 도서교환 프로그램 사례

다음은 한 유치원의 원내 도서교환 프로그램 사례이다. 도서교환은 일차적으로 '다독(多讀)'을 장려하며 정기적인 책 바꿔 읽기를 통해 지속적인 독서에 대한 관심을 유지하는 데 도움이 될 수 있다. 대개 기관에서는 그림책을 대상으로 하지만 동시집, 정보책, 유아용 잡지 등도 포함될 수 있다.

아래의 사례는 유치원 도서관에 구비된 도서를 포함하여 어린이날에 학부모로부터 선물을 받지 않는 대신 도서 목록을 제공하여 그림책을 지원받음으로써 책의 다양성을 확보할 수 있다는 장점이 있다. 단, 책을 가져온 유아가 정해져 있기 때문에 도서가 분실되거나 파손되지 않도록 책을 소중히 보는 사전 교육이 필요하다. 프로그램이 종료된 이후에는 부모로부터 동의를 얻어 해당 책을 기증받거나 유아의 가정에 다시 돌려보낸다. 교환한 도서를 가정에서 읽고 부모와 그림책을 통한 상호작용을 지원할 수 있는 연령별 독후활동지를 제공하되 그림책 읽기가 곧 독후활동이라는 부담감이 생기지 않도록 주의하여야 한다.

◆ 목적

다양한 그림책을 접함으로써 문학작품과 친숙해지는 유치원 및 가정환경을 조성하고 독서의 즐거움을 알고 책을 사랑하는 유아로 성장하도록 지원한다.

◆ 운영 방법

[표 9-1] 원내 도서교환 프로그램 운영 사례

시기	항목	내용	비고
2월	도서교환 계획 수립	• 도서교환 연간 계획 수립	
3월~4월	도서교환 도서 구비 및 정비	• 유치원 도서관 도서 정비 • 도서대장 정리 • 연령별 구입 도서 목록 작성	파손된 도서는 정리하고 도서대장에 기입 연령 수준에 맞는 도서인지 그림책 내용 확인
5월	도서교환 프로그램 실시	• 학부모 대상 안내문 배부 • 프로그램과 함께 실시한 연령별 독후활동지 배부 • 연령별로 어린이날 선물을 대신한 그림책과 유치원에 구비된 선정도서를 주 1회 교환	어린이날 학부모 선물을 받지 않는 대신 그림책 1권으로 요청
7월	도서교환 도서 정비	• 1학기 교환한 그림책의 파손 여부 확인 • 2학기 도서교환 프로그램 준비	2학기 필요 그림책 구입 및 도서대장 기록
8월~12월	2학기 도서교환 프로그램 실시	• 2학기 연령별 독후활동지 배부	유아의 성장과 발달을 고려한 2학기 독후활동지 준비
1월	도서교환 프로그램 평가	• 프로그램 평가 및 교원, 학부모, 유아 대상 만족도 조사 • 도서 정리	평가 결과는 차년도에 반영

[그림 9-2] 도서교환을 하는 유아의 모습과 독후활동지

2) 책 읽어주는 부모교육 사례

유아기는 유아가 스스로 그림책을 읽기보다 글자를 읽을 수 있는 경우라도 부모가 읽어주는 책을 귀로 들으면서 글자 자체에 주의를 기울이지 않음으로써 그림이 주는 정보를 자세히 살펴보고 상상력을 발휘할 수 있게 된다. 더구나 부모가 잠자리에 들기 전 읽어주는 따뜻하고 포근한 환경은 유아의 정서 발달에도 큰 도움이 된다. 따라서 기관에서는 가정에서 부모가 읽어주는 책의 중요성을 부모교육을 통해 알리고 참여하는 부모를 격려하고 지지하는 다양한 방법을 모색할 필요가 있다. 다음의 사례는 부모가 읽어준 책의 목록을 작성해 봄으로써 그러한 기록이 부모 스스로에게 칭찬과 격려가 될 수 있도록 하며 부모가 어려움을 느낄 때 도움을 줄 수 있는 역할을 하고 있다.

◆ 목적

가정에서의 독서 활동을 지원하여 학부모의 자녀양육 역량을 높이고 부모와 자녀가 함께 성장하는 유치원 문화를 조성한다.

◆ 운영 방법

[표 9-2] 부모교육을 통해 독서 프로그램 진행 사례

시기	항목	내용	비고
2월	부모교육 계획 수립	• 부모교육 연간 계획 수립	
3월~4월	프로그램 안내	• [책 읽어주는 부모] 프로그램 안내	독서 마일리지 카드 배부
5월~12월	온 · 오프라인 가정통신문 배부	• 유아기 독서교육의 중요성 • 책 읽어주기의 기적 • 부모가 실천하는 독서코칭 • 유아기 독서 습관 기르기 • 우리집 독서환경 조성방법	
1월	프로그램 종료 및 평가	• 부모님 감사장 수여 • 프로그램 평가 및 만족도 조사	

【독서 마일리지 카드】

우리의 처음, 3월			
언제?	그림책 제목	누구와 함께 했나요?	아주 멋져요!

[그림 9-3] 독서 마일리지 카드 표지와 내용 예시

3) 가정과 연계한 독후활동

많은 부모들이 독서의 중요성을 알고 그림책의 구입이나 활용에 대한 다양한 정보를 얻기를 원한다. 어떤 부모에게는 독후활동에 과제라는 부담감을 가지기도 하지만 가정에서 영유아들과 함께할 수 있는 독후활동에 대한 전문적 정보를 기관에서 얻을 수 있다면 부모로서의 양육 효능감 증진에 도움이 된다.

아래의 사례는 기관에서 다양한 독서 프로그램을 실행하면서 가정에서 활용할 수 있는 독후활동의 양식을 제공한 내용이다. 가정에서 유아들이 어떠한 그림책을 즐겨 보는지 기관에서 알 수 없기 때문에 좋은 그림책을 선정하여 읽어 보도록 권하고 독후활동으로 이어질 수 있는 자료를 제공하거나 가정에서 읽은 어떠한 그림책에도 통용될 수 있는 독후활동 소재를 제공하는 방식으로 이루어졌다. 어린 영아의 경우 독후활동을 언어적 활동보다는 부모와 함께하는 신체적, 감각적 방식으로 안내하여야 하며 독서가 독후활동으로 반드시 이어져야 한다는 부담감을 주게 되면 오히려 독서에 대한 흥미를 잃을 염려가 있을 수 있음을 주의하여야 한다.

◆ 목적

그림책을 활용한 다양한 활동 방법에 대한 정보를 부모에게 제공하여 자녀 양육 효능감을 높이고 유아의 전인적인 성장 발달을 지원한다.

◆ 운영 방법

[표 9-3] 가정과 연계한 독후활동 사례

<table>
<tr><th>구분</th><th>형태</th><th>내용</th><th>사례</th></tr>
<tr><td rowspan="3">활동지 또는 활동 자료를 통한 독후활동</td><td>종이 형태</td><td>• 다양한 그림책 활동 또는 독후 활동을 기록할 수 있는 양식을 일정 분량 또는 필요 시에 수시로 제공하여 가정에서 활용하도록 기관에서 지원함</td><td>• 주인공에게 하고 싶은 말 편지쓰기
• 뒷이야기 짓기</td></tr>
<tr><td>카드 형태</td><td>• 언어, 신체, 미술로 표현할 수 있는 질문 카드를 제공하여 부모와 유아가 해당 그림책에 알맞은 카드를 골라 활동함</td><td>• 어느 장면이 가장 재미있었니?
• 주인공의 마음을 표정으로 나타내보자
• 가장 좋아하는 등장인물을 따라 해보자</td></tr>
<tr><td>놀이꾸러미 형태</td><td>• 그림책의 내용을 소재한 놀이의 방법을 소개하고 놀이 재료(색종이, 끈, 요리재료 등)를 함께 제공함</td><td>• [달이네 추석맞이(선자은 글, 차정인 그림)]를 읽고 빨강 샅바, 파랑 샅바 꾸러미를 가지고 씨름 놀이를 해보세요.</td></tr>
<tr><td rowspan="2">온라인을 활용한 독후 활동</td><td>모든 유아가 동일한 책을 읽게 되는 경우</td><td>• 해당 그림책에만 드러나는 특별한 내용을 소재로 한 활동이나 놀이방법을 제시함</td><td rowspan="2">• 학급 밴드, 온라인 클래스, 기관 홈페이지, 기관 온라인 카페에 '그림책과 놀자' 메뉴 게시판</td></tr>
<tr><td>유아가 각기 다른 책을 읽게 되는 경우</td><td>• 어떠한 책이라도 공통적으로 가지는 특질을 다루는 내용의 활동이나 놀이를 온라인으로 게시함</td></tr>
</table>

[그림 9-4] 만 5세 유아의 독후활동 결과물

◎ 위의 사례를 실천하기 위해서는 그림책 정보에 대한 학부모의 요구가 파악되어야 하며 그 보다 우선 교사의 문학교육, 좋은 그림책과 유아기 문해능력 발달에 대한 이해가 필요하다. 아래의 주제 중 한 가지를 골라 유아기 자녀를 둔 학부모를 대상으로 한 가정통신문을 제작해 보세요.

- 좋은 그림책 고르기
- 책 읽기의 중요성
- 우리 동네 어린이도서관 활용법
- 베드타임 책 들려주기
- 독서 코칭이란?

사례3 지역사회와 연계한 독후활동

지역사회와 연계한 독후활동은 유아들이 그림책의 내용을 실질적으로 경험하고 확장된 학습을 통해 지역사회의 역할과 중요성을 이해하도록 돕는 데 목적이 있다. 본 활동은 다양한 사례를 통해 그림책을 읽는 경험을 넘어 실제적인 체험과 창의적인 학습으로 연결한다. 지역사회와 연계한 독후활동의 기대효과는 다음과 같다.

첫째, 책과 실제 경험 연결한다. 그림책의 내용을 지역사회 활동과 연계함으로써 유아들이 지식을 구체화하고 실제 삶에 적용하는 법을 배운다.

둘째, 사회적 상호작용을 강화한다. 지역사회 구성원들과의 협력과 소통을 통해 유아들이 지역의 역할과 중요성을 이해한다.

셋째, 창의력과 표현력을 향상한다. 그림책에서 얻은 영감을 창의적 활동으로 발전시키며 표현력을 키운다.

넷째, 책임감을 형성한다. 자연 보호나 공동체 활동을 통해 유아들이 스스로 할 수 있는 역할을 인식하고 책임감을 기른다.

이처럼 지역사회와 연계한 독후활동은 유아들에게 그림책의 내용을 실생활과 연결하는 기회를 제공하며, 배움의 즐거움과 지역사회 유대감을 동시에 키울 수 있는 중요한 교육적 접근법이라고 할 수 있다. 이에 유아교육기관에서 시도해볼 수 있는 지역사회 연계 독후활동을 몇 가지 소개해보고자 한다.

1) 그림책과 농업 체험 연계

◆ 활동명: 텃밭 가꾸기와 건강한 밥상 활동

◆ 활동 내용: 유아들은 『농부 할아버지와 아기 채소들』(현민경 글 · 그림/웅진주니어)를 읽고, 밭을 가꾸는 이들의 정성을 느끼고 건강한 밥상을 경험한다. 이후 농업 관련 탐방이나 체험을 해본다.

◆ 확장 활동: 아이들이 직접 가꾼 텃밭의 작물을 수확하여 요리활동을 진행해 본다. 이를 이웃주민에게 나누어주는 활동을 할 수 있다.

◆ [농부 할아버지와 아기 채소들] 연계 활동

현민경 글 · 그림 『농부 할아버지와 아기 채소들』 웅진주니어(2021)

새싹이나, 콩나물 등 비교적 쉽고 빠르게 키울 수 있는 채소 등을 길러보고 그것을 활용한 음식을 만들어 나눠 먹어 보아요. 예를 들어 새싹 비빔밥을 만들어 포장한 후 경비원, 경찰관, 소방관, 그 밖의 지역 주민 등에게 나눠드릴 수 있어요.

2) 도서관과 연계한 독후 활동

- **활동명**: 『도서관에 간 사자』 독서와 도서관 탐방
- **활동 내용**: 『도서관에 간 사자』(미셸 누드슨 글, 케빈 호크스 그림/웅진주니어)를 읽은 후, 지역 도서관을 방문하여 사서와의 대화를 통해 도서관 이용 방법을 배운다.
- **확장 활동**: 유아들이 직접 그림책을 선택하고 대출해보는 경험을 통해 독서 습관을 형성한다.

◆ [도서관에 간 사자] 연계 활동

 미셸 누드슨 글 · 케빈 호크스 그림/홍연미 역 『도서관에 간 사자』 웅진주니어(2008)	 도서관에서 책을 골라보고, 마음껏 독서 환경을 탐색해보는 시간을 가질 수 있어요. 지역의 어린이 도서관이나 지역의 유아교육진흥원에 어린이를 위해 마련된 도서 공간을 이용하면 좋아요.

3) 지역박물관과 연계한 독후 활동

- **활동명**: 『공룡이 살아있다면』과 화석 탐구
- **활동 내용**: 『공룡이 살아있다면』(엠마 드우트 글 · 정하은 역/엔이키즈)를 읽고 공룡 박물관을 방문하여 화석 전시와 공룡 발굴 체험을 진행한다.
- **확장 활동**: 유아들이 공룡을 주제로 그림과 이야기를 만들어 전시하며 창의력을 발휘한다.

◆ [공룡이 살아있다면] 연계 활동

엠마 드 우트 글 · 그림/정하은 역
『공룡이 살아있다면』 엔이키즈(2016)

지역의 공룡 화석 체험 공간이 있다면 적극 활용해 보아요. 유아들과 함께 만든 공룡 작품이나 개인작품을 전시하여 지역주민들이 볼 수 있도록 전시해보는 것도 좋아요.

[참고] 공룡박물관 정보

1. 고성공룡박물관 (경상남도 고성군 경상남도 고성군 하이면 덕명리 1470)
2. 해남공룡박물관 (전라남도 해남군 황산면 우항길 24-12)
3. 서대문자연사박물관 (서울특별시 서대문구 연희로32길 51)
4. 한국자연사박물관 (충청남도 공주시 반포면 임금봉길 49-25)
5. 파주공룡박물관 (경기도 파주시 적성면 율곡로 396)
6. 대구 달성화석박물관 (대구광역시 달성군 유가읍 테크노대로6길 60)
7. 국립과천과학관 (경기 과천시 상하벌로 110)
8. 공룡테마파크 (용인 다이노스타, 이천 덕평공룡수목원, 제주공룡랜드, 보성 비봉 공룡공원, 강화도 옥토끼우주센터)

4) 환경보호 캠페인과의 연계

- **활동명**: 『플라스틱 수프』를 활용한 환경 보호 캠페인
- **활동 내용**: 『플라스틱 수프』(김숙분 글, 이소영 그림/가문비어린이)를 읽고, 지역 환경 단체와 협력하여 환경지킴이 및 재활용 활동을 진행한다.
- **확장 활동**: 유아들이 직접 환경 보호 캠페인에 참여하며 깨끗한 자연의 소중함을 배운다.

◆ [플라스틱 수프] 연계 활동

김숙분 글 · 이소영 그림 『플라스틱 수프』
가문비어린이(2023)

폐현수막 등을 활용하여 환경 지킴 홍보 포스터를 만들어서 지역 공원 등을 돌며 홍보할 수 있어요. 유치원과 가정에서 플로깅을 하며, 직접 환경 캠페인에 참여해볼 수도 있어요.

> **[참고] 플로깅이란?**
> 산책이나 조깅을 하면서 쓰레기를 줍는 행동을 의미합니다.

5) 지역상점과의 연계

- 활동명: 『이거 얼마예요?』를 활용한 시장놀이와 지역 탐방
- 활동 내용: 『이거 얼마예요?』(최혜영 글 · 한수진 그림/밝은미래)를 읽은 후, 시장놀이도 해보고, 지역 가게를 방문하여 물건이 진열되고 판매되는 과정을 배우는 활동을 진행한다.
- 확장 활동: 유아들이 직접 상품을 고르고 구매하며, 금전 사용과 경제 개념을 익힌다.

◆ [이거 얼마예요?] 연계 활동

최혜영 글 · 한수진 그림 『이거 얼마예요?』 밝은미래(2012)

유치원에서는 시장놀이를 해보고, 직접 지역 마트나 시장에 방문하여 물건을 고르고 돈을 지불하는 경험을 해볼 수도 있어요.

6) 전통문화와의 연계

- **활동명**: 『한지돌이』를 활용한 한지 제작 체험
- **활동 내용**: 『한지돌이』(이종철 글, 이춘길 그림/보림)를 읽고 지역 한지 공방에서 한지 제작 과정을 체험한다.
- **확장 활동**: 유아들이 직접 만든 한지 작품을 전시하며 전통문화에 대한 자부심을 기른다.

◆ [한지돌이] 연계 활동

이종철 글 · 이춘길 그림
『한지돌이』 보림(2019)

한지로 만든 작품 등을 감상하면서 한지에 대해 관심을 가지고, 한지의 특징에 대해 익숙해질 수 있어요. 지역 곳곳의 한지로 만든 것을 찾아보는 경험도 해보아요.

7) 지역축제와의 연계

- ◆ **활동명**: 『축제는 즐거워』와 지역축제 참여
- ◆ **활동 내용**: 『축제는 즐거워』(이사벨 펠레그리니 글 · 프란체스카 카라벨리 그림/이수)를 읽고 지역축제에 참여하여 전통놀이와 퍼레이드 체험을 진행한다.
- ◆ **확장 활동**: 유아들이 축제에서 보고 느낀 점을 그림일기로 표현하고 공유한다.

◆ [축제는 즐거워] 연계 활동

이사벨 펠레그리니 글 · 프란체스카 카라벨리 그림
이정주 역 『축제는 즐거워』 이수(2017)

우리 지역, 우리 동네에서 하는 축제에는 무엇이 있는지 알아보고, 참여해볼 수 있으면 좋아요. 만약 그러한 경함이 어렵다면 함께 지역의 특성이나 유래 등에 대해 알아보고 축제를 만들어보는 활동도 추천해요.

8) 해외 사례: 지역사회와 독후활동 연계

- **활동명**: 『The Tiny Seed』를 활용한 씨앗 심기 프로젝트 (미국)
- **활동 내용**: 에릭 칼의 『The Tiny Seed』를 읽은 후, 화분에 씨앗 심는 활동을 통해 그림책 속 내용을 현실 세계에서 실천한다. 유아들은 꽃이나 나무, 식물을 심고 돌보는 과정에 참여하며, 환경 보호와 생태의 중요성을 학습한다.
- **확장 활동**: 식물 성장 과정을 사진으로 남기거나 관찰 기록하고 학급에서 발표회를 열어 프로젝트의 결과를 공유한다.

◆ [The Tiny Seed] 연계 활동

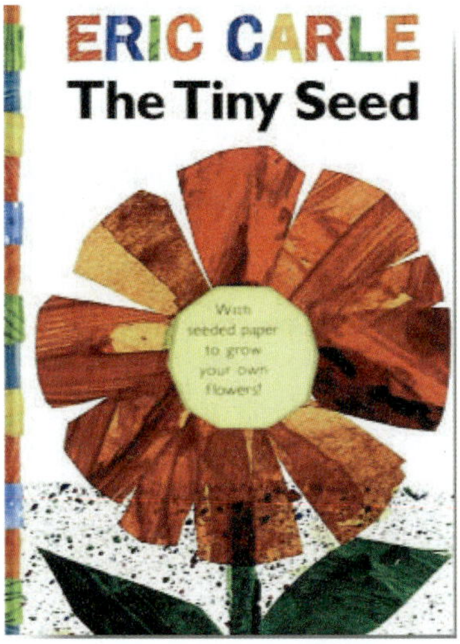

에릭 칼 『The Tiny Seed』
Simon & Schuster(2013)

유아들과 씨앗을 심고, 자라나는 모습을 관찰해볼 수 있어요. 나만의 식물 관찰 일지를 쓰면서 직접 키워낸 식물에 대한 애정을 느낄 수 있어요.

사례4 책으로 놀자(다양한 독후놀이)

놀이의 본질은 유아의 자발성과 몰입, 그리고 주도성에 있다. 책으로 하는 놀이는 책의 내용을 기반으로 유아들이 자신의 상상력과 창의성을 발휘해 자유롭게 확장할 수 있는 경험을 제공한다. 이 과정에서 책은 단순히 정보를 제공하는 도구를 넘어 놀이의 영감이 된다. 또한, 친구들과 함께 놀이 규칙을 정하고 이야기를 만들어가며 협력과 의사소통 능력이 발달하며, 다중 감각을 자극하게 된다. 즉, 다양한 독후놀이 재료와 독서 환경을 활용해 유아의 감각과 탐구 능력을 자극한다. 이를 통해, 유아는 책과 관련된 자신만의 놀이 세계에 몰입하며 즐거운 학습 경험을 한다. 이렇듯 놀이 속에서의 책은 단순한 도구를 넘어 유아의 상상력과 창의적 탐구를 자극하는 매개체로 작용한다. 유아가 책을 읽고 다양한 놀이를 통해 동화의 내용을 상기하고, 사고 확장의 경험까지 해볼 수 있는 몇 가지 주요 놀이 사례를 소개해보고자 한다.

1) 이야기 변형 놀이

- **놀이명**: 『빨간 모자』의 새로운 이야기 만들기
- **놀이 내용**: 유아들이 『빨간 모자』(그림 형제 원작)를 읽은 후, 원작의 줄거리를 변형하여 새로운 이야기를 만든다. 예를 들어, 늑대가 빨간 모자와 친구가 되는 내용으로 이야기를 재구성하거나, 등장인물에 새로운 역할을 추가한다. 그리고 종이와 크레용을 사용해 등장인물의 새로운 모습을 그려볼 수 있다.
- **자발적 확장**: 놀이 과정에서 유아들은 자연스럽게 새로운 캐릭터와 상황을 추가하며 이야기를 확장해 나간다.

◆ [빨간 모자] 놀이 연계

 김이경 글 · 릴리돌 그림(그림형제 원작) 『빨간 모자』 삼성출판사(2023)	 유아들이 그린 새로운 등장인물 그림을 소개하고, 변형된 이야기를 친구들에게 들려줄 수 있어요.

2) 공간 재현 놀이

- **놀이명**: 『이상한 나라의 앨리스』로 꾸민 이야기 공간
- **놀이 내용**: 유아늘이 『이상한 나라의 앨리스』(루이스 캐럴 원작)를 읽은 후, 교실에 이상한 나라를 재현한다. 교실 한쪽을 카드 병정의 궁전으로 꾸미고, 다른 한쪽은 토끼굴로 연출한다. 유아들은 공간 속에서 앨리스와 다양한 등장인물의 역할을 맡아 놀이를 진행한다.
- **자발적 확장**: 유아들은 새로운 캐릭터를 추가하거나 이상한 나라의 지도를 그려 놀이를 심화한다.

◆ [이상한 나라의 앨리스] 놀이 연계

 마이리 매키넌 글 · 이사벨라 그로트 그림/정회성 역(루이스 캐럴 원작) 『이상한 나라의 앨리스』 어스본코리아(2023)	 유아들이 직접 이상한 나라의 앨리스 동화의 배경처럼 교실 공간을 꾸며보고, 이야기 내용을 상기하며 놀이할 수 있어요.

3) 감각 놀이

- **놀이명**: 『구름빵』을 활용한 구름 만들기
- **놀이 내용**: 『구름빵』(백희나 글 · 그림)을 읽고, 유아들이 물감과 솜을 사용해 자신만의 구름을 만든다. 구름을 완성한 후, 각자 구름을 타고 떠나는 상상의 이야기를 만든다. 친구들과 구름 모험 놀이를 하며 이야기를 이어간다.
- **자발적 확장**: 유아들은 새로운 캐릭터를 추가하거나 이상한 나라의 지도를 그려놀이를 심화한다.

- **[구름빵] 놀이 연계**

백희나 글 · 그림 『구름빵』 한솔수북(2007)

유아들이 직접 솜 구름을 만들어 보고, 이를 활용해서 상상놀이를 할 수 있어요.

4) 자연과 연결된 놀이

- **놀이명**: 『플라스틱 섬』과 자연물 놀이
- **놀이 내용**: 『플라스틱 섬』(이명애 글 · 그림)를 읽고, 사람들이 사용한 플라스틱이 바다로 흘러 들어가 만들어낸 플라스틱 인공섬에 대해 이야기 나눈다. 유아들은 선생님과 함께 자신이 가지고 놀이할 플라스틱 장난감 대신 자연물을 직접 구하러 갈 수 있다. 직접 구해온 자연물을 가지고 새로운 놀이를 해본다.
- **자발적 확장**: 자연물을 활용한 새로운 놀이를 친구들과 공유하고, 플라스틱이 아닌 놀잇감을 가정에서 찾아보고 소개해보는 시간도 가진다.

- **[플라스틱 섬] 놀이 연계**

이명애 글 · 그림 『플라스틱 섬』 SANG(2020)

유아들은 플라스틱 장난감 대신 자신이 직접 수집해 온 자연물을 가지고 새로운 놀이를 할 수 있어요.

5) 상상 실험 놀이

- **놀이명**: 『물 아저씨는 변신쟁이』과 신비한 물 실험
- **놀이 내용**: 『물 아저씨는 변신쟁이』(아고스티노 트라이니 글 · 그림)을 읽은 후, 물의 다양한 모습에 대해 이야기 나누어 본다. 물을 활용한 다양한 놀이에 대해 생각해볼 수 있고, 다 함께 물을 얼려서 얼음낚시 놀이를 진행할 수 있다.
- 물은 아니지만, 물과 같은 성질을 가진 액체로써 우유를 얼려서 숟가락으로 살살 긁어보기도 하고 옮겨 담아보기도 하면서 얼었을 때와 녹았을 때의 차이에 대해 느껴본다. 맛있는 토핑을 준비하여 올리는 등 빙수를 만들어 먹을 수도 있다.

◆ [물 아저씨는 변신쟁이] 놀이 연계

아고스티노 트라이니 글 · 그림/유엔제이 역
『물 아저씨는 변신쟁이』 예림당(2015)

얼음낚시 놀이

재료: 얼음조각, 그릇, 소금, 털실, 나무젓가락, 투명테이프

방법:
① 나무젓가락에 긴 털실을 감아서 묶거나 테이프로 고정해 낚싯대를 만든다.
② 꽁꽁 얼린 얼음을 그릇에 담는다.
③ 얼음 사이사이에 소금을 뿌린다.
④ 털실을 얼음 사이에 내려놓고 잠시 기다린다.
⑤ 털실을 들어 올렸을 때 얼음이 대롱대롱 매달려있으면 얼음낚시 성공!

놀이응용: "누가 누가 더 많이 낚을까?"라는 주제로 얼음낚시 게임을 진행할 수도 있다. 똑같은 방법으로 활동을 진행하되, 점수판과 팀별 그릇, 얼음을 따로 더 준비하여 게임활동을 해볼 수 있다.

Tip 『물 아저씨는 변신쟁이』는 이탈리아 작가 아고스티노 트라이니의 '물 아저씨 과학 그림책' 시리즈 중 한 편입니다. '물 아저씨 과학 그림책'은 신기한 자연 현상을 탐구하는 과학 그림책입니다. 물, 공기, 해 같은 자연물을 주인공으로 삼아 자연스럽게 이야기를 풀어냅니다. 과학을 처음 시작하는 어린이도 과학 원리를 쉽게 이해할 수 있습니다.

6) 건축과 창작 놀이

- **놀이명**: 『뾰족반듯단단 도형 나라의 비밀』과 나만의 집 만들기
- **놀이 내용**: 『뾰족반듯단단 도형 나라의 비밀』(가졸, 프뤼시포름 글 · 김현아 역)을 읽고, 교실의 다양한 도형에 대해 이야기 나눈다. 유아들은 다양한 모양과 재질의 블록을 활용하여 나만의 집을 만들어본다.
- **자발적 확장**: 각자의 집을 연결해 마을을 만들고, 마을 속 이야기 놀이를 이어간다.

◆ [뾰족반듯단단 도형 나라의 비밀] 놀이 연계

 가졸, 크뤼시포름 글/김현아 역 『뾰족반듯단단 도형 나라의 비밀』 한울림어린이(2022)	 교실에 있는 다양한 모양의 블록을 활용하여 집 만들기를 하고, 서로 상호작용하며 놀이할 수 있어요.

7) 요리와 창작 놀이

- 놀이명: 『마법의 요리책』과 요리사 놀이
- 놀이 내용: 『마법의 요리책』(리퀴드 브레인 글)을 읽고, 유아들이 가상 재료를 사용하여 음식을 만드는 가상놀이를 해볼 수 있다. 교실에서 활용할 수 있는 어떠한 재료로도 가능하다. 친구들과 함께 만든 요리의 이름과 이야기를 상상하며, 우리 반 메뉴판을 만들어 본다. '마법 레스토랑' 역할 놀이로 발전한다.
- 자발적 확장: 함께 만든 메뉴판을 활용하여 '마법 레스토랑' 역할 놀이로 발전한다.

◆ [마법의 요리책] 놀이 연계

리퀴드 브레인 『마법의 요리책』 거북이북스(2012)

유아들이 장난감으로 만든 요리 모형을 가지고 레스토랑 놀이를 할 수 있어요.

8) 과학과 실험 놀이

- **놀이명**: 『바람이 쌩쌩』을 활용한 병뚜껑 날리기 놀이
- **놀이 내용**: 『바람이 쌩쌩』(다시마 세이조 글 · 그림 · 황진희 역)을 읽고, 병뚜껑과 바람을 이용한 놀이를 진행할 수 있다. 유아들은 입바람의 힘으로 병뚜껑을 움직이며 실험 놀이를 이어간다.
- **자발적 확장**: 바람의 세기를 달리하며 '바람 자동차 경주'를 하거나 새로운 실험 아이디어를 도출한다. 풍선을 활용한 놀이를 시도해볼 수도 있다.

◆ [바람이 쌩쌩] 놀이 연계

다시마 세이조 글 · 그림/황진희 역
『바람이 쌩쌩』 미래아이(2020)

입바람을 불어 병뚜껑을 날리는 놀이를 할 수 있어요. 응용하여 경주를 할 수도 있고, 방법을 바꾸어, 책상 위에 병뚜껑을 올려놓고 바람을 불어 상대편 병뚜껑을 먼저 떨어뜨리게 하는 등의 게임을 할 수도 있어요. 동화의 이야기와 연결될 수 있도록 나뭇잎을 불어 더 멀리 날려보는 놀이를 진행할 수도 있어요.

9) 퍼즐과 이야기 놀이

◆ **놀이명**: 여러 동화를 활용한 퍼즐 놀이

◆ **놀이 내용**: 여러 이야기 속 주요 장면을 퍼즐로 제작하여 놀이를 진행할 수 있다. 유아들은 퍼즐 조각을 맞추며 알고 있는 동화의 내용을 알아맞히거나, 이야기를 재구성해볼 수 있고, 자신의 이야기를 추가하며 창의적으로 놀이를 확장할 수 있다. 어떤 동화든 가능하다. 아이들에게 친숙한 동화를 활용하면 이야기를 다시 상기하며 알아맞히는 재미를 더할 수도 있고, 아이들이 모르는 동화를 활용하더라도 장면만으로 이야기를 만들거나 추리해볼 수 있고, 새롭게 들려줄 동화에 대한 흥미를 끌기에 충분하기 때문이다.

◆ **자발적 확장**: 자신만의 그림 퍼즐을 제작하여 친구들과 알아맞히는 놀이를 할 수 있다.

◆ 동화 퍼즐과 함께하는 놀이

자신만의 동화 그림 퍼즐을 만들어서 친구들과 함께 알아맞히는 놀이를 할 수 있어요.

부록 공립유치원교사 임용시험 문학교육 관련 기출문제

Ⅱ. 유아교육각론 - 의사소통

97' 기출문제 주제: 전래동화

[객관식 3번] 전래 동화의 일반적인 특징으로 볼 수 없는 것은?

① 배경의 구체성 ② 행복한 결말

③ 인물의 정형성 ④ 주제의 명확성

[답] ①

98' 기출문제 주제: 유아문학교육

[객관식 18번] 교사가 구연동화를 할 때 바람직한 방법은?

① 유아의 반응을 자세히 살펴가면서 이야기를 진행한다.

② 마지막에는 훈화를 하여 동화가 주는 교훈을 강조한다.

③ 이야기의 내용을 충분히 설명할 수 있는 간접화법을 사용한다.

④ 유아는 동적인 것을 좋아하므로 가능한 한 많은 몸짓을 사용한다.

[답] ①

99' 기출문제 주제: 그림책

[주관식 7번] 좋은 그림책의 기준을 제시하시오.

[답]

- ① : 유아에게 흥미를 줄 수 있어야 한다.
- ② : 그림책을 보게 될 유아의 연령 및 발달수준을 고려하여 제작된 것이어야 한다.
- ③ : 그림은 글을 대신하여 내용을 전달하고, 이를 통해 꿈을 길러주고, 정서를 순화시킬 수 있도록 아름다운 것이어야 한다. 그림만 보아도 내용을 이해할 수 있게 내용과 그림이 상호보완적인 그림이 있는 책을 선택한다.

11' 기출문제 주제: 전래동화

[객관식 33번] 다음은 '커다란 무'라는 동화의 일부이다. 이 동화에 대한 설명과 활용 방법 중 적절하지 않은 것은?

> ㉠ 옛날 어느 마을에 할아버지와 할머니가 살고 있었습니다. 어느 날 할아버지가 조그만 무씨 한 알을 땅에 심었습니다. 무는 커다랗고 길게 자랐습니다. 어느 날 할아버지는 무를 뽑으러 밭으로 갔습니다. ㉡ "영차, 영차." 그러나 무는 뽑히질 않았습니다. 할아버지는 할머니를 불렀습니다. 할머니는 할아버지를 잡고 할아버지는 무를 잡았습니다.
> "영차, 영차." 두 사람은 무를 잡아당겼으나 무가 뽑히질 않았습니다. ㉢ 그때 마침 어떤 아이가 지나가고 있었습니다. … (중략) … 강아지는 지나가는 고양이를 불렀습니다. … (중략) … 생쥐는 고양이를, 고양이는 강아지를, 강아지는 아이를, 아이는 할머니를 잡고, 할머니는 할아버지를 잡고, 할아버지는 무를 잡았습니다. … (중략) … "영차, 영차." 모두 함께 무를 잡아당기고, 또 잡아당기자 마침내 무가 쑥 뽑혔습니다.

① 이와 같은 유형의 동화는 작자가 미상일 경우가 많다.
② 이 동화는 누적적(accumulative) 이야기에 속한다.
③ ㉠은 이와 같은 유형의 동화가 지닌 전형적인 도입부 형식이다.
④ ㉡은 이 동화의 플롯 상 '절정'에 해당된다.
⑤ ㉢의 내용을 고려할 때 이 동화는 '그림자 동화'나 '융판 동화'로 전달될 때 유아들의 흥미를 끄는 데 효과적이다.

[답] ④

12' 기출문제 주제: 전래동화

[객관식 29번] 유치원에서는 전승문학(traditional literature) 작품을 활용하여 다양한 활동을 한다. 다음은 전승문학의 하위 장르 A, B, C의 일반적 특징이다. B가 전설(legend)일 때, (가)~(라)에 들어갈 내용을 적절하게 짝지은 것은?

장르	주인공의 특성	시 · 공간적 배경	기능 및 미학적 태도	유아를 위한 작품 사례
A	어떤 존재든 가능하며 허구적임	시간과 공간이 구체적으로 한정되어 있지 않음	(다)	(라)
B	주인공에 실제성이 부여됨	(나)	특징 지역의 애향심 고취	(생략)
C	(가)	태초의 시간과 신성한 공간 및 인간의 공간	신앙심 고취와 숭고미	(생략)

	(가)	(나)	(다)	(라)
①	어떤 존재든 가능하며 허구적임	역사적 시간 지리적 공간	오락성과 해학미	『미운 아기 오리』
②	어떤 존재든 가능하며 허구적임	시간과 공간이 구체적으로 한정되어 있지 않음	신앙심 고취와 숭고미	『단군신화』
③	신적, 초월적 존재	태초의 시간과 신성한 공간	권선징악	『콩쥐 팥쥐』
④	신적, 초월적 존재	역사적 시간 지리적 공간	오락성과 해학미	『강아지 똥』
⑤	신적, 초월적 존재	역사적 시간 지리적 공간	오락성과 해학미	『혹부리 영감』

[답] ⑤

13' 기출문제 주제: 유아문학교육

[주관식 B2번] 다음은 5세 반에서 '공룡'을 주제로 실시한 자유선택활동의 한 장면이다. 물음에 답하시오. (5점)

준　수: 선생님, 이거 보세요. 내가 ㉢ 공룡백과사전 보고 찾아서 쓰고 그린 거예요. 이거는 스테고, 이거는 아파토. 다 초식공룡이에요.
김 교사: 준수는 정말 공룡박사네!
준　수: 여기 공룡카드도 있어요. 다음 견학 갈 때 전시관 아저씨한테 줄 거예요.
김 교사: 안내해 주신 아저씨께 드릴 거야? 뭐라고 쓴 건데?
준　수: ㉣ (공룡 그림이 그려진 감사카드의 끼적인 부분을 읽는 척하며) 아저씨께, 공룡에 대해, 알게 해 주셔서, 감사합니다.

4) ㉢과 같은 백과사전은 그림책의 종류 중 ①에 속한다. ①에 들어갈 용어 1가지를 쓰시오. (1점)

(①)은(는) 세상에 대한 유아의 궁금증을 해결해 주며 특별한 지식을 얻기 위해 사용되는 그림책의 종류이다. 따라서 예술적 · 미학적 측면보다는 내용의 정확성을 우선적으로 고려하여 선정해야 한다.

• ① : **[답]** 정보그림책

14' 기출문제 주제: 유아문학교육

[주관식 B2번] (가)는 5세 반 언어 영역에서 일어난 놀이 장면의 일부이다. 물음에 답하시오. (5점)

(가)

교사: (그림책을 넘기면서) ㉠ 맥스는 ㉡ 괴물들이 사는 나라로 갔구나.
윤성: 와! 저기 맥스가 괴물들의 왕이 되었네!
태윤: 저것 봐! 집이 점점 숲으로 변해가!
윤성: 어! 맨 끝에는 맥스가 다시 방으로 돌아왔어. 아까 그 방으로 왔나? 그게 끝이야?
… (중략) …
교사: 그림책은 한 권인데 보려고 하는 친구들이 많구나. ㉢ 차례를 정해서 한 사람씩 보도록 하자.

1) 다음은 (가)와 관련하여 유아를 대상으로 활용 가능한 동화 장르에 대한 설명이다. ①에 들어갈 용어 1가지를 ㉠과 ㉡에 비추어 쓰고, ②에 들어갈 용어 1가지를 쓰시오. (2점)

> 동화의 구성요소는 주제, (①), 배경, 플롯, 시점 등이다. … (중략) … 이 중 환상동화는 시공간을 초월하며 유아의 상상력을 자극한다는 점에서 (②)동화와 유사한 점이 많다. 그러나 환상동화는 많은 작품이 현대에 창작된 것으로 시공간을 넘나들면서 열린 구조의 결말을 갖는 데 비해, (②)동화는 권선징악을 주제로 해피엔딩의 닫힌 구조를 갖는 경우가 많다.

- ① : **[답]** 인물
- ② : **[답]** 전래동화

16' 기출문제 주제: 매니와 와이즈만의 문학적 접근법

[주관식 A8번] 다음은 ○○유치원 5세반 읽기 영역에서의 활동의 일부이다. 물음에 답하시오 (5점)

> … (상략) …
> 교사: ㉡ <u>이 그림책에서 가장 재미있었던 것이 무엇이니?</u>
> 진우: 고양이가 할퀴고, 개가 멍멍하고, 당나귀가 발로 뻥 차고, 닭이 소리치는 거요.
> … (중략) …
> 교사: ㉢ <u>이 그림책 이야기 속에 어떤 동물들이 있었지?</u>
> 수미: 당나귀, 개, 고양이, 닭이요.
> 교사: 이 이야기에서 어떤 일들이 일어났니?
> … (하략) …

3) 매니(J. Many)와 와이즈만(D. Wiseman)의 질문 유형 분류에 근거하여 ㉡과 ㉢의 질문 유형과 목적을 각각 쓰시오. (2점)

- ㉡ : **[답]** 심미적 질문(경험적 접근법의 질문), 그림책 속의 이야기와 자신의 삶을 연결해 봄으로써 개인적 반응과 심미적 경험을 제공한다.
- ㉢ : **[답]** 정보추출식 질문(분석적 접근법의 질문), 그림책의 구성요소에 대한 다양한 정보를 얻도록 한다.

17' 기출문제 주제: 전래동화, 환상동화

[주관식 A7번] (나)는 박 교사가 유아들과 함께 개작 동화 내용이다. 물음에 답하시오. (5점)

(나)

민수는 초콜릿을 많이 먹었습니다. 엄마가 이 닦으라고 했지만 민수는 방으로 도망갔습니다. 엄마도 화가 나서 "이 못된 녀석, 어디 있는 거야?"하고 소리쳤습니다. 민수는 방에 숨었습니다. 갑자기 방은 숲이 되고 초콜릿 바다가 되었습니다. 민수는 배를 타고 초콜릿 나라로 갔습니다. 초콜릿 나라의 왕을 만나 초콜릿 먹기 내기를 해서 이겼습니다. 민수는 초콜릿 나라의 왕이 돼서 초콜릿만 먹고, 칫솔질도 안 하고 치과도 안 갔습니다. 매일 초콜릿만 먹다 보니 민수는 초콜릿 먹는 것에 질렸습니다. 그때, 어디선가 "얘가 어딨나?" 하는 엄마의 목소리가 들렸습니다. 민수는 "이제 집에 갈 거야. 네가 다시 왕 해."라고 말했습니다. 민수는 초콜릿 바다를 건너 숲을 지나 방으로 돌아왔습니다. 민수는 이를 닦고 잠자리에 들었습니다.

2) ① (나)의 ㉡~㉣에 공통으로 나타난 환상동화의 특징을 쓰고, ② (나)와 같이 사건이 시간의 흐름에 따라 순서적으로 이루어지는 동화의 구성 형식을 쓰시오. (2점)

- ① : **[답]** 현재의 시공을 초원하여, 현실에서는 일어나기 어려운 전혀 다른 경험의 세계를 대리 경험함으로써 다양한 삶을 경험할 수 있게 한다.
- ② : **[답]** 단선식 플롯

3) 다음은 전래동화와 환상동화의 문학적 요소에 대한 설명이다. ⓐ, ⓑ에 들어갈 말을 각각 쓰시오. (2점)

> 전래동화의 등장인물은 전형적이고 평면적인 성격 특성을 갖는 반면, 환상동화에서는 개성을 가진 입체적 성격의 주인공이 등장한다. … (중략) … 또한, 전래동화는 권선징악, 인과응보 등 (ⓐ)이/가 한정적인 반면, 환상동화는 (ⓑ) 결말을 통해 다양한 가치를 보여주는 경우가 많다.

- ⓐ : [답] 주제
- ⓑ : [답] 열린

19' 기출문제 주제: 유아문학교육

[주관식 A8번] 4) 다음의 ⓐ와 ⓑ에 해당하는 단어를 각각 쓰시오. (1점)

> 전래동화는 (ⓐ)문학의 한 유형으로, 민담이나 전설, 신화, 우화 등이 오랜 세월 동안 재화의 과정을 거쳐 유아에게 적합한 작품으로 변화한 것이다. (ⓐ)문학은 구비문학, 구전문학, 옛이야기 등으로 불린다. 현실세계에 있을 법한 실제적인 이야기를 다루는 (ⓑ)와/과 다르게 전래동화는 특정 시간이나 공간을 제시하지 않는다는 점이 특징이다. (ⓑ)은/는 창작동화의 한 유형이며 유아들의 생활경험을 소재로 사실적인 기법을 사용하고 있어 생활동화라고도 한다.

- ⓐ : [답] 전승동화
- ⓑ : [답] 사실동화

20' 기출문제 주제: 그림책

[주관식 A7번] 다음은 ○○유치원의 교사회의 장면의 일부이다. 물음에 답하시오. (5점)

김 교사: 다음 주에 글 없는 그림책을 가지고 이야기 꾸미기를 해보려고 해요.
박 교사: 글 없는 그림책은 예술성 높은 그림을 통해 아름다움을 느끼고 자기가 느끼는 대로 이야기를 만들어갈 수 있어서 상상력을 키울 수 있어요.
이 교사: 맞아요. 그런데 그림책의 예술적 요소도 중요하지만 글 없는 그림책을 가지고 이야기 꾸미기를 할 때에도 문학적 구성 요소가 중요해요. 아이들은 글자를 읽지 못하지만 그림을 통해서 일어나는 사건의 전개를 경험하게 되니까요. 유아들이 이야기를 잘 꾸미려면 문학적 요소 중 (㉠)이/가 잘 나타나는 글 없는 그림책을 선정해야 해요.

3) ㉠의 요소를 이야기 전개 순서대로 쓰시오. (1점)

- **[답]** 발단, 전개, (위기), 절정, 결말 **[해설]** ㉠은 '플롯'임

21' 기출문제 주제: 그림책

[주관식 A7번] 다음은 ○○유치원 4세 만 동시 활동의 일부와 교사의 반성적 저널이다. 게 답하시오. (5점)

누가 누가 숨었나요.
나무숲엔 누가 누가 숨었나요?
아기 토끼 바위 뒤에 숨었지요.
우리 집엔 누가 누가 숨었나요?
우리 아기 엄마 품에 숨었지요.

교사: 얘들아, 선생님이 읽어 준 동시를 들으니 어떤 느낌이 드니?
민지: 행복한 느낌요.
교사: 민지는 왜 행복한 느낌이 들었던 것 같아?
민지: (미소를 지으며 눈을 감고 몸을 웅크리며) 음…
교사: 아! 민지가 눈을 감고 몸을 웅크리면서 미소를 짓고 있네!

예원: 아기 같아요! 저도 아기처럼 엄마 품에 있을 때 포근하고 행복했어요!
교사: 예원이도 그랬구나! 그런데 얘들아, ㉠ '아기 토끼'가 어디에 숨었다고 했지?
유아들: 바위 뒤에요!

… (중략) …

어제 유아들과 동시 활동을 하였다. 이번 활동을 위해서 ㉡ 네 글자씩 띄어서 읽을 수 있고, 질문하고 답하는 구조가 반복되는 동시를 선정하였다. 유아들과 다양한 방법으로 동시를 읊어 보며 우리말에서 느낄 수 있는 감각적, 미적 즐거움을 경험해 볼 수 있었다. 오늘은 동화를 읽어 주고 유아들과 함께 「땅속 보물을 찾자!」라는 제목의 이야기로 각색해 보았다.

유아들이 만든 이야기에서 주인공인 한 아이는 어느 날 보물 지도를 발견하고 보물을 찾으러 땅속 동물들이 사는 집을 방문한다. 아이는 땅속에 사는 개미네 집에 갔다가, 지렁이네 집에 갔다가, 두더지네 집에 갔는데, 그때 갑자기 뱀이 나타난다. 뱀을 보고 놀란 아이가 다시 두더지네 집, 지렁이네 집, 개미네 집, 그리고 다시 자기 집으로 돌아온다. 피곤해진 아이가 잠이 든다. [B]

활동의 마지막에 ㉢ "땅속에 어떤 보물이 숨겨져 있었을까?"라는 질문을 하였다. 다음에는 '보물찾기'와 관련하여 ㉣ 우리나라에서 구전되어 온 옛이야기 중 유아의 수준에 맞게 각색한 동화도 찾아봐야겠다.

2) ① ㉠은 유아의 사실 이해 및 기억 회상을 의도한 발문이다. ㉠과 비교하여 ㉢의 의도를 발문의 유형적 측면을 고려하여 쓰고, ② ㉡을 통해 나타나는 시의 음악적 요소를 쓰시오. (2점)

- ① : **[답]** 이야기 내용을 상상 · 확장하게 하는 의도의 발문이다. (텍스트를 개인적으로 경험하게 하여 심미적 반응을 일으키고자 한다, 독자가 중심이 되어 있는 동안 배경과 등장인물의 이미지를 창조하도록 한다, 이야기 세계 자체에 몰입하고, 상상력, 창의성을 발휘하게 하는 발문이다. 등)
- ② : **[답]** 운율

3) ① [B]에 나타난 플롯 형식의 명칭을 쓰고, ② 동화의 종류 중 ㉣에 해당하는 것을 쓰시오. (2점)

- ① : **[답]** 순환식(회귀적) 플롯
- ② : **[답]** 전래동화

참고문헌

강미자(2020). 그림책 활용을 통한 유아의 정서 발달 연구. 유아교육연구.

강재희, 길효정, 장민영(2019). **유아문학교육**. 경기: 공동체.

고문숙, 김수향, 임영심, 손혜숙(2021). **아동문학교육**. 경기: 양성원.

공인숙, 김영주, 최나야, 한유진(2018). **아동문학**. 경기: 양서원.

교육부, 보건복지부(2019). 2019 개정 누리과정 고시문.

교육부, 보건복지부(2019). 2019 개정 누리과정 해설서.

구인환 · 우한용 · 박인기 · 최병우(2004). **문학교육론**. 서울: 정민사.

권미량, 최은지, 류지원(2023). **노래놀이와 이야기가 있는 유아 중심 놀이지도**. 경기: 양서원.

김명자(1989). 노래놀이의 연구. 이화여자대학교 대학원 석사학위논문.

김상겸, 이옥주(1997). 전통놀이문화의 발달사. **고려대학교 스포츠과학연구소**, 9, 45-63.

김숙이, 손수민, 고선옥, 김경신(2018). **아동문학교육**. 경기: 정민사.

김영애, 박선주(2016). **아동문학과 전달매체**. 경기: 양서원.

김영훈(2015). **하루 15분, 그림책 읽어주기의 힘**. 서울: 라이온북스.

김은영 외(2015). 유아기 노래놀이가 언어 발달에 미치는 영향. 한국유아교육학회지.

김정원, 전선옥, 이연규(2014). **유아문학교육**. 서울: 학지사.

김현희, 박상희(1999). **유아문학교육**. 서울: 학지사.

김현희, 박상희(2016). **유아문학 이론과 적용**. 서울: 학지사.

남성진(2008). 공동체 대동굿의 길놀이 연행방식. **비교민속학**, 36, 261-295.

노영희(2010). 포스트모더니즘 관점에서 본 Anthony Browne의 어린이 그림책 특징 연구. **열린유아교육연구**, 15(2), 273-299.

노운서, 김명화, 노명희, 박현경, 백미열(2019). **아동문학**. 경기: 양서원.

노운서, 김명화, 노명희, 박현경, 백미열(2021). **아동문학**. 경기: 양서원.

류지원(2021). 공동체에 기반한 노래놀이 유 · 초 연계 프로그램 모형 개발 연구. 고신대학교 대학원 박사학위논문.

마리아 니콜라예바 외(2015). **그림책을 보는 눈. 그림책의 분석과 비평**. 서울: 마루벌

보건복지부(2019). 제4차 어린이집 표준보육과정 고시문.

보건복지부(2019). 제4차 어린이집 표준보육과정 해설서.

색동회(2018). **동화구연-실제와 응용-**. 경기: 양서원.

서정숙, 김정원, 김유정(2009). 그림책 중심 문학교육의 실시과정에 나타난 유아교사의 문학교육에 대한 인식의 변화. **어린이문학교육연구, 10**(1), 1-22.

서정숙, 김정원, 남규(2008). 그림책 단원 중심 문학교육 프로그램의 실시 과정에서 나타난 유아의 문학적 반응에 대한 질적 탐구. **어린이문학교육연구, 9**(1), 1-29.

서정숙, 남규(2020). **유아문학교육**. 서울: 창지사.

신애선, 임경례, 신애란(2021). **아동문학교육**. 경기: 양성원.

신정아(2018). **아동문학교육**. 경기: 어가.

심성경, 이선경, 김경의, 이효숙, 김나림, 허은주(2015). **유아문학교육의 이론과 실제**. 서울: 학지사.

오은순(2009). 한국전통놀이 변천사. **몬테소리 교육연구, 14**(2), 51-60.

이대균, 백경순, 송정원, 이현정(2021). **유아문학교육(제4판)**. 경기: 공동체.

이동건(2025). **이동건의 유아임용 29년간 기출의 구조화-문제편**. 서울: 동문사.

이동건(2025). **이동건의 유아임용 29년간 기출의 구조화-요약편**. 서울: 동문사.

이상금(1991). **한국 근대 유치원 교육사**. 서울: 이화여자대학교출판부.

이선영, 우민정(2023). **유아문학교육**. 경기: 공동체.

이성진(2004). **체육사**. 서울: 교학연구사.

이종구(1998). 전통사회 놀이문화의 변천과정. **관광학 연구, 특별호 22**(2), 324-329.

임예지(2023). 놀이중심 교육과정에서 유아교사의 유아문학교육에 대한 경험. **학습자중심교과교육연구, 23**(8), 229-245.

임원재(2002). **아동문학교육론**. 서울: 신원문화사.

임재하, 한양명(1996). **한국민속사 입문**. 서울: 지식산업사.

장성수(2009). 조선시대 놀이에 대한 역사철학적 이해. **한국체육학회지, 48**(4), 25-35.

장장식, 정영호, 좌혜경, 김광식(2020). 초등 교과서 전래놀이의 교육적 적절성 분석 정책연구 최종보고서: 한국, 일본, 중국 등 문헌자료를 중심으로. 한국민속학회.

장혜순(2001). **아동문학론**. 서울: 창지사.

전인옥(2018). 전래동요를 활용한 노래놀이 활동이 유아의 음악표현과 놀이성에 미치는 효과. **미래유아교육, 25**(4), 307-328.

전혜영, 홍길회(2018). **아동문학과 동화구연**. 경기: 정민사.

전호태(2017). 고구려 놀이의 의례성과 유희성. **고고학지, 23**, 77-101.

정경미, 조메리명희(2021). **그림책 경험에 기초한 아동문학**. 서울: 창지사.

정진, 이문정(2009). 유아 문학교육의 내용선정에 관한 연구. **어린이문학교육연구, 10**(2), 45-72.

조효임(2010). 그림 노래 연구. **한국초등학교육, 20**(2), 103-132.

주강현(2006). **두레, 농민의 역사**. 서울: 도서출판 들녘.

채미영, 김경철(2015). 누리과정의 유아문학교육 개선 방향에 관한 연구. **열린유아교육연구, 20**(3), 1-17.

하연희, 김수진, 김예은, 이예주, 이혜윤(2021). **흥이 나고 신이 나는 노래놀이**. 서울: 에듀컨텐츠휴피아.

황은순, 김현경, 이보영, 오미경, 이지영(2017). **유아문학교육**. 경기: 공동체.

Edwards, G., & Saltman, J. (2010). *Picturing*. Canada, Toronto: University of Toronto Press.

Jalongo, M. R. (1988). *Young children and picture books: literature from infancy to six*. Washington, D.C.: National Association for the Education of Young Children.

Nodelman, P. & Reimer, M. (2003). *The pleasure of children's literature* (3rd ed.). NY: Allyn and Bacon.

Russell, D. L. (2005). *Literature for children: A short introduction* (5th ed.) Allyn & Bacon, Pearson Education, Inc

Schickedanz, J. A. (1995). **읽기와 쓰기를 즐기는 어린이로 기르는 방법: 유아의 읽기와 쓰기 초기단계 이해**(이영자 역). 서울: 이화여자대학교출판부. (원저는 1986년 출판)

한국민속문화대백과사전(2021). 놀이.
http://encykorea.aks.ac.ki7contents/[tenW0013055(2024.11.20. 인출)

한민족문화대백과사전(2021). 노래편.
httpT/encykcreaaks.ac.kr/Cmtents/SearcM'fevi? keyword=%EB%85%B8%EB이
ffi%¢ç8andridx=0andtot=623. (2024.11.20. 인출)

표준어국어대사전(2024). 2024.11.30.
https://stdict.korean.go.kr/m/search/searchResult.do

국립어린이청소년도서관: www.nlcy.go.kr
그림책 추천 및 활동 자료 제공.

아이누리: www.i-nuri.net
유아교육 프로그램 자료 제공.

https://namu.wiki/w/%EC%B9%BC%EB%8D%B0%EC%BD%A7%EC%83%81

https://blog.naver.com/jm111jm/222301349313

저자소개

■ 하연희

고신대학교 유아교육과 교수

■ 김초롱

고신대학교 유아교육과 교수

■ 석선화

이화유치원장

고신대학교 겸임교수, 동명대학교 겸임교수, 부경대학교 겸임교수

■ 오성숙

부산과학기술대학교 유아교육과 교수

■ 윤혜원

서일대학교 유아교육학과 교수

아동문학교육

초판 1쇄 인쇄 / 2024년 12월 27일
초판 1쇄 발행 / 2024년 12월 30일

•

공저자 / 하연희 · 김초롱 · 석선화 · 오성숙 · 윤혜원
발행인 / 이 중 수
발행처 / **동 문 사**

•

서울특별시 서대문구 홍제원 1길 12
(홍제동 137-8)
Tel : 02)736-3718(대), 736-3710, 3720
Fax : 02)736-3719
등록번호 : 1974.04.27. 제9-17호
가격 : 22,000원

•

ISBN : 979-11-6328-651-6 (93370)
E-mail : dong736@naver.com
www.dongmunsa.com